A HISTÓRIA DA EDUCAÇÃO ATRAVÉS DOS TEXTOS

A HISTÓRIA DA EDUCAÇÃO
ATRAVÉS DOS TEXTOS

MARIA DA GLÓRIA DE ROSA

A HISTÓRIA DA EDUCAÇÃO ATRAVÉS DOS TEXTOS

Prefácio do
Prof. José Antônio Tobias

EDITORA CULTRIX
São Paulo

O primeiro número à esquerda indica a edição, ou reedição, desta obra. A primeira
dezena à direita indica o ano em que esta edição, ou reedição foi publicada.

Edição	Ano
15-16-17-18-19-20-21	05-06-07-08-09-10-11

Direitos reservados
EDITORA PENSAMENTO-CULTRIX LTDA.
Rua Dr. Mário Vicente, 368 – 04270-000 – São Paulo, SP
Fone: 6166-9000 – Fax: 6166-9008
E-mail: pensamento@cultrix.com.br
http://www.pensamento-cultrix.com.br

Impresso em nossas oficinas gráficas.

Aos meus pais,
IDA e JOSÉ

ÍNDICE

PREFÁCIO   9
INTRODUÇÃO   11

CAPÍTULO I — EDUCAÇÃO GREGA

Entendimento histórico   17
Representantes   18
    Homero   18
    Aristófanes   30
    Platão   35
    Aristóteles   46

CAPÍTULO II — EDUCAÇÃO ROMANA

Entendimento histórico   61
Representantes   62
    Cícero   62
    Sêneca   71
    Quintilianus   74

CAPÍTULO III — EDUCAÇÃO CRISTÃ

Entendimento histórico   87
Representantes   88
    Clemente de Alexandria   88
    Agostinho   100
    Tomás de Aquino   106

CAPÍTULO IV — EDUCAÇÃO HUMANISTA

Entendimento histórico   117
Representantes   118
    Machiavelli   118

| Rabelais | 122 |
| Montaigne | 127 |

CAPÍTULO V — EDUCAÇÃO RELIGIOSA REFORMADA

Entendimento histórico	139
Representante	139
Lutero	139

CAPÍTULO VI — EDUCAÇÃO NO SÉCULO XVII

Entendimento histórico	151
Representantes	153
Comênio	153
Descartes	158
Locke	172
Fénelon	181

CAPÍTULO VII — EDUCAÇÃO NO SÉCULO XVIII

Entendimento histórico	191
Representantes	193
Rousseau	193
Lepelletier	214
Pestalozzi	228

CAPÍTULO VIII — EDUCAÇÃO NO SÉCULO XIX

Entendimento histórico	243
Representantes	244
Herbart	244
Froebel	262
Spencer	267

CAPÍTULO IX — A NOVA EDUCAÇÃO

Entendimento histórico	281
Representantes	283
Kerschensteiner	283
Dewey	296
Montessori	306

PREFÁCIO

Desenvolve-se, como nunca, o ensino brasileiro. O ritmo de progresso generalizado, que se observa Brasil afora, também já vai atingindo a área educacional. A Nação procura, rapidamente e de modo eficiente, recuperar o atraso de vários séculos. E a educação foi e sempre será a melhor revelação da ideologia de um povo, da operosidade de sua gente e do enriquecimento de seus filhos.

Alavanca imprescindível para os professores conseguirem manter em ritmo, cada vez mais acelerado, a este gigante, chamado Brasil, é o livro de texto. Ora, em História da Educação, livros de textos não são facilmente encontrados, mesmo nas bibliotecas, sobretudo das cidades e dos Estados distantes das maiores capitais do Brasil, constituindo isso grave lacuna da educação brasileira. E foi dentro desse espírito e com o desejo de auxiliar professores e estudantes do Brasil inteiro que a Editora Cultrix veio convidar a Prof.ª Maria da Glória De Rosa para confeccionar a presente A História da Educação Através dos Textos.

Assistente de nossa Cadeira de História e Filosofia da Educação da Faculdade de Filosofia, Ciências e Letras de Marília, a Prof.ª Maria da Glória De Rosa, do ponto de vista profissional, só tem vivido para a História da Educação. Sem falar do curso médio, há sete anos que, no magistério superior, se dedica de modo exclusivo à História da Educação. Além disso, vive, real e autenticamente, com os universitários, sendo professora elogiada por todos e acatada pelos estudantes das diversas turmas nos diferentes anos; o que, a nosso ver, é testemunho irrecusável da capacidade do professor universitário. Visto isso é que nos inclinamos, com certeza e sem tergiversação, a indicar-lhe o nome para a emérita Editora Cultrix, como pessoa digna e à altura de confeccionar o presente livro.

A História da Educação Através dos Textos, *encerra trechos de alguns dos mestres internacionais da educação. Oferece ainda comentários introdutórios, tanto às escolas educacionais quanto aos textos de cada um dos educadores. E isso é algo precioso, especialmente para o estudante, que nem sempre dispõe de uma biblioteca para consultas e, mesmo quando tem esta chance, nem sempre dispõe do tempo necessário.*

Assim sendo, aos professores e estudantes de educação em geral, especialmente aos de História da Educação, e também ao público ledor do Brasil temos a honra e a satisfação de apresentar A História da Educação Através dos Textos.

José Antônio Tobias

INTRODUÇÃO

Não se admite o ensino da História da Educação através de aulas puramente teóricas em que o aluno deva decorar local e data de nascimento de um autor, fatos pitorescos de sua vida e outras coisas que quase nada têm a ver com a matéria. Fruto desse ensino obsoleto é a confusão, no fim do curso, de um educador com outro, de uma obra com outra. E o que sobra dessa orientação superada e sem objetivo não é nada animador, nem para o mestre nem para o discípulo nem para a nação.

Quando nos decidimos a escrever esta obra tivemos o propósito de fornecer um material significativo aos professores e estudantes, a fim de que as aulas de História da Educação se possam constituir naquele diálogo fecundo e imprescindível com os grandes representantes internacionais da cultura e da educação. É vital que todos compreendam nossa intenção.

* * *

Os leitores perceberão que as figuras enfocadas são, em alguns casos, poetas, juristas, religiosos, etc., mais do que educadores. Por que, em vez de Machiavelli, não escolhemos Erasmo ou Vives que representam um acervo pedagógico mais considerável? Respondemos com as palavras de conhecido educador: "...para a compreensão de uma ou outra realidade educativa — a ideal e a real — é necessário conhecimento não só da Pedagogia, mas também da História Geral e da cultura em particular, pois sem elas a História da Educação, como a própria educação, não tem sentido" (1).

Ainda mais: nem sempre fomos colher os textos para análise naquela obra especificamente pedagógica deste ou daquele educador. Por exemplo: no que tange a Locke, em vez de traduzirmos algumas páginas de seu *Pensamentos Sobre Educação*, optamos pelo *Ensaio Sobre o Entendimento*, um tratado que reassume "a problemática teorético-epistemológica, que Descartes tinha resolvido com sua dúvida, e traz à baila a grande discussão sobre os fundamentos, o valor da verdade e a amplitude do conhecimento humano" (2). Isto porque é preciso ensinar o aluno a ler nas entrelinhas, a descobrir idéias escondidas; a correlacionar princípios sociológicos, políticos, filosóficos ou psicológicos com princípios pedagógicos.

Uma terceira explicação: cada capítulo vem precedido de um *Entendimento Histórico* que não tem a pretensão de ser um estudo exaustivo do tema. São pinceladas rápidas sobre o campo político, literário, científico, etc., de uma época ou de um povo. Nem tivemos mesmo a preocupação de estabelecer um liame associativo muito rígido entre os vários campos assinalados porque o escopo destas noções preliminares era apresentar uma visão panorâmica do assunto, *à vol d'oiseau*. O propósito foi simplesmente o de aguçar a curiosidade do leitor para uma investigação mais profunda e minuciosa.

*
* *

Não podemos nem queremos deixar de agradecer a todos que, num tocante espírito de colaboração, ajudaram-nos na feitura desta antologia. Aqui fica, portanto, nosso reconhecimento aos professores: Dr.ª. Cacilda de Oliveira Camargo, diretora e professora de Português da Faculdade

---

(1) Lorenzo Luzuriaga, *História da Educação e da Pedagogia*, trad. bras., São Paulo, Companhia Editora Nacional, 1955, Introdução.

(2) Johannes Hirschberger, *História da Filosofia Moderna*, trad. e pref. de Alexandre Correia, 2.ª ed. São Paulo, Editora Herder, 1967, p. 210.

de Filosofia, Ciências e Letras de Jaú; Gérson Rodrigues, da Cadeira de Sociologia da mesma Faculdade; Aníbal Campi, da Cadeira de Língua e Literatura Latina da Faculdade de Filosofia, Ciências e Letras de Bauru e Maria Júlia Leite Ribeiro, da Cadeira de Língua e Literatura Inglesa da Faculdade de Filosofia, Ciências e Letras de Botucatu. Agradecimentos ainda à ex-aluna Benedita Ondina Raphael e às alunas Niurka Domenicone Crespilho, Vera Regina Lotto Galvanini e Maria Ivone Modenezi pelos serviços de datilografia do manuscrito.

Uma palavra especial a dois grandes amigos: ao Dr. José Antônio Tobias, da Cadeira de Filosofia e História da Educação da Faculdade de Filosofia, Ciências e Letras de Marília, de quem sou assistente, que me abriu esta oportunidade junto à Editora Cultrix e me conferiu um crédito de confiança; a Maria Terezinha dos Santos, da Cadeira de Língua e Literatura Francesa da Faculdade de Filosofia, Ciências e Letras de Bauru, pelas valiosas sugestões dadas.

*
* *

Aqui está, pois, *A História da Educação Através dos Textos*. Ela sai ao público depois de sérias pesquisas efetuadas durante mais de sete anos no ensino superior. Endereço-a aos meus alunos e ex-alunos que lhe motivaram a confecção. Endereço-a a todos os professores que lutam com dificuldades para modernizar e vivificar suas aulas de História da Educação. Endereço-a, enfim, a todos os que se preocupam com a questão educacional.

A AUTORA

CAPÍTULO I

EDUCAÇÃO GREGA

ENTENDIMENTO HISTÓRICO

Não se conhece, com exatidão, a história grega dos tempos mais antigos. O que se sabe é narrado por um poeta, Homero, na *Ilíada* e *Odisséia*. A essa época dá-se o nome de *Tempos Homéricos* ou *Heróicos* porque, segundo a narrativa do poeta, nessa era viveram os *heróis,* espécie de semideuses — seres intermediários entre os deuses e os homens. Essa fase estendeu-se aproximadamente de 1200 a 800 a.C. e nela estão as bases de grande parte do desenvolvimento social e político dos séculos subseqüentes.

Aproximadamente em 800 a.C., as comunidades aldeãs dos tempos homéricos começam a ceder lugar a unidades políticas maiores. Surgem, como fruto da necessidade de defesa, as acrópoles (¹) em torno das quais crescia uma cidade. Dessa forma, a história grega deu origem ao aparecimento da cidade-estado. As cidades-estado mais conhecidas foram: 1. no continente, Tebas, Mégara e Atenas; 2. no Peloponeso, Corinto e Esparta; 3. na costa da Ásia Menor, Mileto; 4. nas ilhas do Egeu, Mitilene e Cálcis. Essas cidades variavam em área, em população e em costumes. É clássico o paralelo que os historiadores costumam fazer entre Esparta e Atenas. A primeira, com cerca de 800 quilômetros quadrados e uma população aproximada de 400 000 pessoas, foi uma cidade de soldados, sem preocupações artísticas ou literárias, onde o Estado era o supremo bem. A segunda, com 2 750 quilômetros quadrados e uma população como a de Esparta, foi o berço dos negociantes e artistas, a pátria da liberdade e da democracia (²).

---

(1) Do grego, *akro, pólis.* Era a parte mais elevada nas cidades gregas.

(2) "Esparta não se compara a Atenas, e Toynbee adverte-nos da inexistência do diálogo naquela e da disponibilidade permanente da segunda à discussão e ao debate das idéias. A primeira, "fechada". A segunda, "aberta". A primeira, rígida. A segunda, plástica, inclinada ao novo." Paulo Freire, *Educação Como Prática da Liberdade,* Rio de Janeiro, Editora Paz e Terra, 1967, p. 42. Mas é oportuno lembrar uma faceta meio esquecida de Esparta. Nem sempre ela foi uma cidade-estado severa e bárbara. Numa época mais remota constituiu-se em centro da civilização helênica, acolhendo os estrangeiros, as artes e a beleza. O que Atenas conseguiu ser somente no século V a.C., Esparta logrou ser antes: a metrópole da

Para o leitor ter idéia do período mais antigo, foi selecionado um texto de Homero. Incidindo sobre a fase da cidade-estado foram escolhidos textos de Platão, Aristófanes e Aristóteles (3).

REPRESENTANTES

A. *HOMERO* (século IX a.C.)

1. *Notícia sobre o autor.* A história da Grécia deve partir de Homero. Mas o historiador refere-se a ele com precaução. Nada de preciso se sabe a respeito desse poeta, a tal ponto que a crítica moderna chegou a duvidar de sua existência. A célebre *questão homérica,* durante longos anos foi objeto de percucientes estudos e intermináveis discussões. Resumindo: foram postas em dúvida a identidade do autor e a unidade da *Ilíada* e da *Odisséia.* Atualmente, considera-se demonstrada a unidade fundamental dos poemas e admite-se que sejam obras do mesmo poeta. Entretanto, a análise pormenorizada desse assunto ficaria deslocada nestas páginas.

   Como quer que seja, Homero teve excepcional importância para a cultura e educação da Grécia. Seus poemas, *Ilíada* e *Odisséia,* narrando a educação daquela época, mostram a valentia, a prudência, a lealdade, a hospitalidade, etc., como virtudes fundamentais. Esse quadro de valores, durante muito tempo, inspirou a conduta dos gregos.

2. *Odisséia.* Costuma-se dizer que *Ilíada* é epopéia guerreira, descrição dos combates, para a conquista de Ílion ou Tróia. *Odisséia* é poema de paz, amor, narrativa da volta do herói Ulisses ao lar onde Penélope, a fiel esposa, e Telêmaco, o filho, o aguardam com saudade e respeito.

   O tema da *Odisséia* são as provações de Ulisses, desde a tomada de Tróia até seu regresso ao lar. Enquanto detido na Ilha de Calipso, durante sete anos, sua esposa é perseguida pelos pretendentes e seu filho parte a sua procura. Finalmente, os deuses decidem que ele regresse. Durante a viagem, quase perece numa tempestade provocada por Posídon.

---

civilização helênica. Mas, a essa primavera precoce e florida sucede um verão rude e áspero: em 550 a.C. nota-se uma parada brusca nessa marcha de cultura, que começa a imobilizar-se e a anquilosar-se cada vez mais.

(3) Os textos desta segunda fase referem-se a pensadores que viveram em Atenas. Isso, contudo, não significa que Esparta tenha deixado de influenciar o pensamento grego, inclusive da própria Atenas. Platão, por exemplo, aderiu à organização totalitária do Estado, à supressão da família, à igualdade dos sexos, etc.

Consegue chegar à ilha dos féaces, onde é acolhido por Nausica, filha do Rei Alcino, e depois pelo próprio rei a quem relata uma série de aventuras. Os féaces proporcionam-lhe meios de voltar a Ítaca, seu reino.

Lá chegando, penetra em seu próprio palácio disfarçado de mendigo. Apresenta-se à esposa que não o reconhece. Instada pelos pretendentes, Penélope concorda em desposar quem retese o arco de Ulisses. Ninguém o consegue. Mas, eis que o mendigo recém-chegado dispõe-se a realizar a prova e obtém êxito.

Despe-se, então, dos farrapos, dá-se a conhecer e extermina os pretendentes. Retorna aos braços da esposa e volta a reinar, feliz, em Ítaca.

3. *Elementos para o comentário do texto.* O texto que será analisado foi extraído da rapsódia VI da *Odisséia* que narra a chegada de Ulisses à terra dos féaces. Atena aparece em sonho a Nausica, filha de Alcino, e aconselha-a que vá ao lavadouro. A jovem princesa consegue condução de seu pai e parte, acompanhada das criadas. À beira do rio, acontece o episódio descrito no excerto (4).

Sente-se na narrativa uma dezena de situações que podem ser gostosamente analisadas: os jogos das jovens, o caráter enérgico de Nausica, a posição de destaque da mulher, as descrições magníficas do solar de Alcino, a consideração para com o hóspede, o espírito de religiosidade, etc. Que admirável descrição de um mundo distante e que, no entanto, parece estar vivo aos olhos de quem o lê! Homero tinha o dom de saber evocar com minúcias os acontecimentos mais corriqueiros e as cenas mais banais. E, através de suas narrativas, tudo adquiria novo matiz: os fatos rotineiros transformavam-se em situações repletas de encanto e as pequeninas coisas tomavam o sabor de colorida novidade. Graças a essa maneira cativante de narrar, Homero varou os séculos e chegou até nós como testemunho único da época que remonta ao século IX a.C.!

4. TEXTO.

Chegaram ao rio de linda água corrente. Os lavadouros lá estavam como sempre cheios em qualquer estação do ano. Uma água clara saía em forma de torrentes de sob as rochas, suficiente para branquear a roupa mais encardida. As mulas,

---

(4) É de notar-se que a mulher homérica não está de forma alguma confinada em casa. O gineceu, parte da casa onde as mulheres viviam retiradas, fiando e tecendo, não é concepção homérica. As mulheres de seus poemas circulam livremente. Nausica vai sozinha com as servas, longe da cidade, lavar a roupa do palácio. Note-se, contudo, que apenas as mulheres de categoria elevada saíam acompanhadas de servas.

19

desatreladas e tiradas do carro, foram soltas ao longo das cascatas do rio, para que pastassem a erva doce como mel. As mulheres haviam tomado a roupa do carro e, levando-as nos braços para a água sombria, competiam para lavá-la. Lavaram e enxugaram toda a roupa suja; estenderam-na ordenadamente ao longo da areia onde as torrentes, algumas vezes, vinham bater na borda e lavar os cascalhos. A seguir, tomaram banho e ungiram-se de óleo fino; depois, enquanto a roupa secava à luz brilhante do sol, tomaram sua refeição às margens do rio; uma vez saciadas, escravas e amas tiraram seus véus para jogar bola [5].

Nausica de belos braços brancos conduzia o canto e a dança. Tal como Ártemis [6], a deusa do arco, corre os montes ao longo do Taígeto [7], ou joga no Erimanto [8] entre javalis e corças ligeiras, com suas ninfas, filhas de Zeus [9], portador da égide, que se distraem nos campos; e o coração de Latona [10] se alegra ao ver sua filha cuja cabeça e fronte sobressaem entre todas (sem esforço, distingue-se entre tantas belezas), assim se destaca do grupo de mulheres esta virgem sem amo [11].

Aproximava-se a hora de dobrar as belas roupas e atrelar as mulas para voltar a casa. Então, Atena [12], a deusa

---

(5) Essa cena reflete um clima alegre e aprazível; enfoca um ângulo muito agradável da educação feminina: o entretenimento, o ócio e a dança.

(6) Também conhecida como Diana e Délia, filha de Júpiter e Latona, irmã de Apolo. Muito afeiçoada a caçadas, acabou por tornar-se insensível às inclinações próprias de seu sexo. Como nenhum pretendente conseguisse lograr seu amor, foi designada *a casta*.

(7) Montanha do Peloponeso, perto de Esparta.

(8) Montanha da Arcádia.

(9) Nome grego de Júpiter. Pai soberano dos deuses.

(10) Mãe de Ártemis e Apolo.

(11) Nausica aparece como uma figura pura e simples. De uma personagem que não devia ser nova nas épocas anteriores, Homero criou um tipo encantador. A formosura de Nausica coroa todo o conjunto de qualidades com que o poeta quis rodeá-la. Daí a comparação entre a jovem e Ártemis.

(12) Atena é a deusa da inteligência que saiu completamente armada do cérebro de Zeus. Homero sabe aproveitar-se da mitologia que faz dela a inspiradora do bem e das grandes ações.

de olhos brilhantes, desejou de propósito que Ulisses despertasse e visse a encantadora virgem que o conduziria ao burgo dos féaces. Nausica lançou a bola a uma das mulheres; mas a bola, pulando a escrava, caiu na torrente de uma cascata. As jovens, imediatamente, prorromperam em altos gritos (13)! E o divino Ulisses, acordando, sentou-se! Seu espírito e seu coração não sabiam o que resolver:

ULISSES. — Ai de mim! em que país, perto de que mortais vim parar?... que ouço ao redor de mim? cristalinas vozes de jovens?... Adiante! Olhos meus, é preciso esforçar para ver!

E o divino Ulisses emergiu de dentro do mato. Sua mão forte cortou no denso bosque um ramo com folhas para esconder sua virilidade. Depois, saiu do bosque. Caminhou tal como um leão dos montes caminha, confiante em sua força, com os olhos abrasados pela chuva e pelo vento: atira-se sobre os bois e carneiros, persegue os gamos selvagens estimulado pela fome (14). Assim, em sua nudez, Ulisses avançava para as donzelas de cabelos encaracolados: a necessidade o empurrava...

Quando o horror de seu corpo todo maltratado pelo mar apareceu, foi uma correria desvairada até a orla da areia (15). Só a filha de Alcino permaneceu: Atena colocou-lhe no coração uma certa audácia e tirou-lhe o medo dos membros. De pé, ela lhe fez frente...

Ulisses refletiu: iria suplicar a esta jovem encantadora e abraçar-lhe-ia os joelhos?... ou, sem avançar, usaria apenas

---

(13) É extraordinária a psicologia de Homero. É no estudo das almas de seus personagens que ele se revela verdadeiramente grande. Esta passagem das moças jogando bola mostra um encantador quadro feminino onde não faltam nem mesmo os gritinhos nervosos.

(14) A imagem é estupenda. Nos poemas homéricos a *areté* é um valor heróico que supõe, de um lado, nobreza de espírito, refinamento de modos, palavras e sentimentos; de outro lado, força e destreza. Nesta passagem, Ulisses encarna a força física. Quanto aos atributos que dizem respeito ao espírito, poderão ser percebidos em outros momentos do texto.

(15) De novo a preocupação de Homero com o caráter dos personagens que descreve. Agora são as moças fugindo apavoradas com a presença do desconhecido, numa atitude adequada às mulheres da época.

doces palavras (a fim de indagar o caminho da cidade e com o que se poderia vestir)?... Pensou que melhor seria permanecer a distância e usar doces palavras: abraçar-lhe os joelhos poderia irritá-la. O ardiloso homem imediatamente encontrou estas palavras comoventes:

ULISSES. — Prostro-me aos teus joelhos, rainha! És deusa ou mortal([16])?

Deusa, entre as deusas, senhora do céu, deves ser Ártemis, filha do grande Zeus: o talhe, a beleza e a estatura são dela!... Se és apenas uma mortal que habita nosso mundo, três vezes sejam felizes teu pai e tua augusta mãe! três vezes felizes teus irmãos!... Em seus corações encantados, deves derramar a alegria cada vez que, na dança, eles vêem

---

(16) Qualquer desconhecido encontrado no caminho, se fosse belo, poderia ser um deus. Daí as palavras de Ulisses: "és deusa ou mortal?" A ocasião, sem dúvida, é propícia para um galanteio. E Ulisses, ardiloso como é, percebe-o muito bem. Entretanto, essa pergunta por ele formulada, ao mesmo tempo que magnífico cumprimento, é expressão de uma incerteza natural. Na *Odisséia,* a deusa Atena toma muitas formas diferentes para conseguir seus intentos: ora é Mentes, chefe dos Táfios, ora é ave, ora é Mentor. Os deuses metamorfoseavam-se. Existe em Homero essa tendência de transformar os deuses em seres como nós. Esse antropomorfismo aparece sempre nesses seres superiores com sentimentos humanos. Tal antropomorfismo foi a causa das condenações de Homero pelo filósofo Platão: "...suplicaremos (a Homero e a outros poetas) que em seus versos não figurem as deusas a chorar e a bradar (...). E se assim o fazemos com referência aos outros deuses, façamos-lhe com melhores razões a propósito do maior dos deuses a quem Homero temeràriamente deprime... (...). Se com efeito (...) nossos jovens tomarem a sério tais narrativas em vez de se rirem delas, como fraquezas indignas dos deuses, dificilmente as suporão dignas de si mesmos, que são meros homens; nem nunca se reprocharão se lhes acudir a idéia de dizer ou praticar coisas semelhantes. Ao menor sopro da desgraça entregar-se-ão, sem reação nem pejo, aos gemidos e prantos." Platão, *A República,* trad. bras., 4.ª ed. São Paulo, Atena Editora, s/d, p. 94.

Nem todos os mortais vivem numa familiaridade constante com os deuses, como os heróis da epopéia. Entretanto, todos têm possibilidade de encontrar uma divindade maior ou menor pelo caminho: na orla de um bosque, na bruma da manhã, no crepúsculo da tarde ou até mesmo na soleira de sua porta. Todos deverão estar aptos a saber reconhecer a presença do deus, saber implorá-lo e não se esquecer de prometer oferendas ou sacrifícios.

entrar este lindo rebento da família!... E até o fundo da alma, e mais que todos os outros, feliz o mortal que por seus presentes vencedores conseguir levar-te para casa! Meus olhos jamais viram coisa parecida, homem ou mulher! Teu aspecto confunde-me! Certa vez, em Delos, junto ao altar de Apolo ([17]), vi uma beleza idêntica: o rebento de uma palmeira que subia para o céu. Havia ido àquela ilha, acompanhado de muita gente, naquele trajeto que tantas angústias me iria causar! E assim, ao vê-lo, fiquei em êxtase, porque jamais havia visto coisa semelhante subindo ao Sol. Hoje, em êxtase, ó mulher! admiro-te! mas eu tremo; tenho medo de abraçar-te os joelhos. Vê minha cruel desgraça! Ontem, depois de vinte dias sobre as vagas vinosas, escapei do mar: vinte dias que, sem tréguas, desde a Ilha Ogígia ([18]), as vagas me perseguiam, com golpes impetuosos!... Agora os deuses enfim me atiraram às tuas plagas, será para encontrar aqui novos sofrimentos ([19])? Não vejo mais o fim: quantos males ainda me reserva o céu!... Ah! rainha, tem piedade! És tu a primeira que, depois de tantas desgraças, encontrei aqui; não conheço nenhum dos habitantes desta terra... Indica-me o burgo; dá-me um farrapo para colocar em minhas costas; não terias trazido alguma gualdrapa ([20])?... Que os favores dos deuses cumulem todos os teus desejos! (Que eles te dêem esposo, casa, harmonia, coisa tão bela! Não há nada melhor nem mais precioso que a perfeita concordância, em casa, de todos os sentimentos entre marido e mulher: grande despeito dos invejosos, imensa alegria dos amigos, felicidade perfeita do casal ([21])!)

---

(17) Apolo ou Febo, que conduz o carro do Sol, é muitas vezes confundido com o próprio Sol. Nasceu na Ilha de Delos que é uma das Cíclades. É filho de Latona e irmão de Diana.

(18) Ilha lendária de que era rainha Calipso.

(19) Assim como na *Ilíada,* os heróis da *Odisséia* são submissos ao destino. Se durante anos Ulisses erra pelos mares, é por efeito da cólera de Posídon. Se chega a Ítaca e obtém a vitória na luta contra os Pretendentes, é graças a Atena. Cf. nota n.º 27 deste capítulo, p. 27.

(20) Manta que se estende debaixo da sela. Xairel.

(21) Nesta época, o homem podia ter uma ou várias concubinas, mulheres compradas ou prisioneiras de guerra. Mas tinha apenas uma

Mas a virgem de brancos braços olhou-o e disse-lhe:

NAUSICA. — Sabes muito bem, estrangeiro, porque não tens cara de bobo nem de vilão, que Zeus, do Olimpo, distribui a felicidade entre os vilões e os nobres, consoante seu desejo: se ele te enviou estes males é preciso sofrê-los. Mas agora que vieste a nossa terra, não sentirás a falta nem de roupas nem de nada que se deva conceder, em semelhante encontro, ao pobre suplicante. Serei tua guia pela cidade e dir-te-ei o nome do nosso povo... Esta cidade e esta terra pertencem a nós, féaces. Sou filha do nobre Alcino, rei que tem nas mãos a força e o poder sobre os féaces ([22]).

Dirigiu-se às servas de cabelos encaracolados, dando-lhes estas ordens:

NAUSICA. — Minhas servas, voltai aqui. Por que vos pondes em fuga ao ver um único homem? Julgai acaso ter visto

---

esposa. O casamento era apenas acompanhado por uma troca de presentes. A esposa não era propriedade do marido; este podia puni-la e mesmo repudiá-la; em casos de maior gravidade, até matá-la (o que, aliás, evitava fazer para não provocar a vingança obrigatória da família da mulher). No entanto, a mulher tinha direitos vagos mas inegáveis. Um casamento, principalmente entre grandes famílias, tinha as características de um tratado. Conferia uma dignidade muito grande à esposa legítima que é descrita por Atena ao mostrar a situação de Arete ao lado de Alcino: "...Alcino a tomou (Arete) para esposa, e honrou-a, como jamais foi honrada sobre a Terra alguma dentre todas as mulheres que governam a casa, sujeitas a seu esposo. Foi sempre venerada de coração por seus filhos, pelo próprio Alcino, e pelo povo, que vê nela uma deusa e a saúda de viva voz, quando ela vai pela cidade, por ser sensata e fidalga e boa em dirimir as questões dos homens". Homero, Odisséia, trad. bras., São Paulo, Difusão Européia do Livro, 1960, p. 96.

(22) "Esta ilha dos féaces será a Corfu moderna, Creta ou a Ilha de Santorim? É, diz Homero, uma ilha separada do mundo, do mundo micênico, e não tem relações com os mortais (OD. VI, 204-205). Por outro lado, é do vento do norte, Bóreas, que Atena se serve para impeli-lo (Ulisses) a essas terras dos féaces; então ele não poderia ir nem para Creta, ainda menos para Corfu. A sua direção é para a Cirenaica onde, no período micênico, já se tinham estabelecido os aqueus. E a descrição do palácio de Alcino lembra a civilização cretense vizinha. A navegação de Cirene a Ítaca será efetuada em uma só noite: é uma viagem maravilhosa (L. Moulinier, op. cit., pp. 31 e 109-118)." Robert Aubreton, Introdução a Homero, 2.ª ed. São Paulo, Difusão Européia do Livro, 1968, p. 170.

algum de nossos inimigos?... Ele não nasceu ainda, jamais nascerá o raio que trará o desastre à terra dos féaces: os deuses amam-nos muito! Vivemos distantes, neste mar ondulado, tão longe, que nenhum mortal comercia conosco... Não tendes diante de vós senão um pobre náufrago. Porque ele está aqui, deve merecer nossos cuidados: estrangeiros, mendigos, todos vêm de Zeus (23). Vamos mulheres! pequena esmola, grande alegria! De nossas roupas lavadas dai ao estrangeiro uma estola, um hábito; depois, ao abrigo do vento, banhai-o no rio.

Ela disse e, imediatamente, as mulheres retornaram, umas animando as outras, e a ordem foi restabelecida. Quando Ulisses foi instalado ao abrigo do vento, colocaram uma roupa perto dele, uma estola, para que pudesse cobrir-se, e um frasco de ouro contendo claro óleo. Convidaram-no para o banho nas correntezas do rio.

Mas o divino Ulisses, então, disse às servas:

ULISSES. — Não permaneçais aqui perto, escravas! Sem vossa ajuda saberei muito bem limpar minhas costas desta espuma e ungi-la com este óleo que, há muito tempo, minha pele desconhece. Mas diante de vós, meter-me no banho! envergonho-me de mostrar-me nu às moças de cabelos encaracolados.

Assim falou; as mulheres afastaram-se para informar a princesa.

Então o divino Ulisses, usando a água do rio, lavou-se das espumas do mar que lhe cobriam o dorso e os largos ombros e tirou de sua cabeça os detritos do mar infecundo e nos quais ele mergulhara todo. Ungido de óleo, vestiu as roupas que lhe haviam sido dadas pela virgem sem amo, e eis que Atena, filha do grande Zeus, fê-lo parecer maior e mais forte, com caracóis de cabelo na fronte, tal como

---

(23) Os sentimentos de humanidade, a consciência do dever de hospitalidade geralmente intervêm perante um estrangeiro recém-chegado que se apresente como mendigo e que, além disso, pode ser um daqueles deuses que vão à cidade perscrutar os corações humanos.

a flor do jacinto. Em seguida, foi assentar-se, a distância, sobre a areia, resplendente de encanto e beleza ([24]).

Contemplando-o, Nausica disse às escravas de cabelos encaracolados:

NAUSICA. — Servas de brancos braços, deixai-me dizer-vos! Não é sem o consentimento unânime dos deuses, dos mestres do Olimpo ([25]), que este homem veio ter entre os di-

---

([24]) "A verdadeira *toilette* faz-se (...), geralmente, ao fim da tarde. A sala especialmente destinada a esse fim fica entre os aposentos das mulheres e está guarnecida de bacias de pedra bem polida. As servas trazem a água em caldeirões e regam o banhista desde a cabeça até os pés. Depois esfregam e secam o seu corpo que em seguida untam levemente com um óleo muito fino que às vezes é perfumado. Os longos cabelos e a barba são lavados e enxutos com um cuidado especial, como faz Ulisses no banho que toma no rio, afastado de Nausica e das suas servas. São também penteados, ou melhor desembaraçados, com a ajuda de pente natural fornecido pelos dedos. Pois Homero não se refere em parte alguma ao pente que já conhecerão os autores clássicos (...). O uso de cabelos compridos e de uma barba bem afilada é um sinal de distinção e mesmo um privilégio da nobreza e também da classe dos guerreiros. Os heróis homéricos são em geral loiros, o que é talvez um sinal de aristocracia. Mas há pelo menos uma exceção. Quando Ulisses, depois do seu banho no rio, reaparece diante de Nausica e de suas companheiras, tem a cabeça coberta de caracóis escuros "da cor da flor do jacinto". Emile Mireaux, *A Vida Quotidiana no Tempo de Homero*, trad. port., Lisboa, Edição "Livros do Brasil", s/d, pp. 44 e 45. Mas, depois esses caracóis passam a ser loiros; é o que se depreende na passagem em que a deusa Atena diz ao próprio herói: "...vou tornar-te irreconhecível a todos os mortais. Enrugarei tua esplêndida pele sobre teus ombros flexíveis, farei cair de tua cabeça os cabelos louros"... Homero, *op. cit.*, 187. A confusão aumenta quando, mais adiante, se lê: "Atena tocou-o (Ulisses) com sua varinha de ouro, pós-lhe em volta do peito um manto bem lavado e uma túnica, deu-lhe um porte mais esbelto e mais juventude. Ele recuperou a cor morena, suas faces se desenrugaram, e o queixo se lhe cobriu de bela barba preta". *Id., ibid.*, p. 222. O comentário de Mireaux dirime, em parte, essa dúvida: "É verdade que nas partes mais recentes da *Odisséia* estes caracóis voltaram a ser loiros. Talvez a moda tivesse mudado no decorrer do século. Ou talvez o loiro ritual da cabeleira dos grandes chefes fosse devido a qualquer artifício, pois a barba de Ulisses permanece negra". Emile Mireaux, *op. cit.*, p. 45.

([25]) Segundo Aubreton, não é certo imaginar nos séculos IX e VIII um culto homérico profundamente olímpico. Se esta é a concepção dominante no poeta, percebe-se também que ele conhece deuses que

vinos féaces. Confesso-o: ainda há pouco, pareceu-me vulgar; agora, assemelha-se aos deuses dos vastos céus! Escravas, dai-lhe de comer e beber.

Assim disse; e as amas, por sua vez, solícitas, colocaram perto de Ulisses comida e bebida. Avidamente então o divino Ulisses bebeu e, depois, comeu. Há muitos dias este herói resistente não se alimentava!

Mas a virgem de brancos braços, concebendo novos planos, ordenou que carregassem o belo carro com as roupas dobradas e, depois de atrelar as mulas de duros cascos, montou, e convidou Ulisses dizendo-lhe estas palavras ([26]):
NAUSICA. -- Vamos, levanta-te, hóspede! É preciso voltar à cidade! Vou conduzir-te ao palácio de meu pai: é um sábio e em casa dele poderás ver, creia-me, a flor dos féaces. Porém, escutai bem: pareces-me provido de senso. Enquanto caminharmos pelos campos e pelas culturas, segue, com minhas servas, as mulas e os carros. Aperta o passo; eu mostrarei o caminho. Ao entrarmos na cidade, verás a altura de seu muro, a beleza das portas abertas dos dois lados, seus portos estreitos com naves bem dispostas à beira do caminho, de um e de outro lado, cada uma em seu abrigo. Nesse mesmo local, o templo de Posídon ([27]) cercado pela Ágora com seus pavimentos de pedras tiradas dos montes. Perto das negras naves, os fabricantes de aprestos, velas e cordas, os polidores de remo!... (Quero evitar os ditos maliciosos; porque não faltam insolentes entre esse povo para censurar-nos pelas costas; seria suficiente que um vilão

---

habitam no interior de um templo. Robert Aubreton, *op. cit.*, pp. 131 e 132.

(26) Homero junta às qualidades que tornam a mulher atraente ao extremo, um caráter enérgico e cauto para que sua cuidada pureza se adorne com intrepidez e magnanimidade. É, inegavelmente, um belo conjunto de atributos que Homero reclama para a mulher.

(27) Deus grego do mar. O Netuno dos romanos. É representado empunhando um tridente. Esse Deus não gostava de Ulisses e perseguiu-o "até seu regresso ao país natal" (...) "por causa de um dos Ciclopes, a quem ele vazou o único olho, ou seja, por causa do divino Polifemo, o mais forte de todos os Ciclopes (...). E é por isso que Posídon, o sacudidor de terra, embora não tenha matado Ulisses, fá-lo errar longe da pátria". Homero, *op. cit.*, pp. 12 e 14.

nos reencontrasse! Ah! eu o ouço daqui: "Quem é aquele belo e grande hóspede com Nausica? onde ela o encontrou? é um marido para ela? ou é algum mendigo que ela recolheu do naufrágio? de onde pode ter vindo? Nós não temos vizinho!... Um deus atendeu a sua prece e baixou do céu!... Tanto melhor que em seus passeios ela tenha enfim encontrado lá fora um marido! Ela havia desprezado a todos os féaces que pediram sua mão; no entanto, tem seletos e nobres pretendentes!" Eis o que se diria; teria que suportar essa vergonha. E eu mesma não teria senão censuras para a filha que assim se portasse e que, tendo pai e mãe, sem o seu consentimento, fosse ter com os homens, sem esperar o dia da celebração das bodas [28]!... Não hesite, meu hóspede! Concorda comigo se queres obter de meu pai que, sem tardança, te mande reconduzir à pátria...). À beira do caminho encontraremos um bosque de gente nobre: é o bosque de Atena; dentro tem uma fonte e uma pradaria o cerca; meu pai tem lá uma tapada, uma produção de vinho [29]; é perto da cidade, ao alcance

---

(28) Aubreton compara Nausica a Telêmaco. Na *Telemaquia* vê-se o despertar do jovem para a vida de homem. Na rapsódia VI o despertar de Nausica para o amor. Em ambos, há a intervenção da deusa Atena. Esta intervém na conduta de Telêmaco a fim de que o rapaz tome consciência de sua personalidade, bem como dos fatos que se passam ao seu redor. A força repentina que penetra na alma de Nausica, quando aparece Ulisses e todas as companheiras da princesa fogem, não é um movimento natural: é algo de inesperado, excepcional, e que não pode também deixar de ser ação de um deus. E o despertar da donzela para o amor é ainda uma inspiração da divina Atena. Na véspera, Nausica era uma criança. A deusa falou em seu coração: ela tornou-se mulher e tudo lhe pareceu diferente. Robert Aubreton, *op. cit.*, pp. 218 e 250.

(29) O prestígio e a autoridade de um "rei" do clã assentam, antes de tudo, no seu nascimento e nos seus parentescos. Mas também, e cada vez mais, na sua riqueza que lhe permite manter um padrão de vida elevado. Há primeiro a riqueza em terras. Como conservá-las de geração em geração, através de partilhas de sucessão? Primeiramente, limitando o número de filhos legítimos (pois os filhos das concubinas, na hora da partilha só recebiam uma casa com um pequeno terreno). Laertes, Ulisses e Telêmaco são filhos únicos. Se a família, contudo, fosse numerosa, havia ainda um recurso: a emigração dos filhos mais novos. Envia-se o segundo filho para terras longínquas, para as novas cidades, onde cada chefe podia formar um novo genos e exercer o papel de

da voz... Pára nesse lugar; sentarás o tempo necessário para atravessarmos a cidade e chegarmos à mansão de meu pai.

Depois, quando calculares que já estejamos em casa, vem então à cidade! pergunta aos féaces pela residência de meu pai, o nobre Alcino. É fácil encontrá-la: a menor criança servir-te-á de guia; (em nossa terra não há nada que se assemelhe à habitação de Alcino, nosso senhor ([30]) e logo que atravesses os muros e o grande pátio ([31]), não percas um instante: atravessa a grande sala e vai direto à minha mãe ([32]); no clarão do fogo, tu a verás sentada junto à lareira ([33]), encostada numa coluna, girando na roca a lã tingida de púrpura marinha — encantamento dos olhos! Suas amas, estarão lá, sentadas atrás dela. Em seu trono,

---

chefe político. Alcino e os senhores da Feácia são filhos de semelhantes emigrantes. Mas, a emigração não era o único recurso para alargar e conservar a propriedade. Os grandes poderiam, em caso de necessidade, aumentar a propriedade através de bens adquiridos. Primeiro, dentro do genos podiam adquirir os bens de um parente necessitado ou desejoso de partir em busca de novas fortunas. Depois, fora de suas terras, avançando através de compras feitas à comunidade, ou através de ocupações de terrenos vagos que são propriedade comum da cidade. Assim procederam Laertes e Alcino.

(30) Na *Ilíada* Homero descreve o solar de Príamo e na *Odisséia* o de Alcino na Feácia, o de Menelau na Lacedemônia e o de Ulisses em Ítaca. Os solares senhoriais da época em que Homero escreveu não deviam ser nada diferentes daqueles que sua imaginação atribuiu aos reis da idade heróica. Por outra, deve ter-se inspirado neles. O solar é um conjunto de casas, cavalariças, armazéns e celeiros. É uma pequena cidade com vida mais ou menos autônoma.

(31) O solar está rodeado por uma cerca, muro elevado, destinada a desencorajar os intrusos. Nesse muro abre-se um grande portão de dois batentes. Depois de atravessar-se o portão, entra-se num grande pátio de honra. Este, pelo menos em três lados, está rodeado de construções onde, à noite, repousam os filhos com mulheres quando são casados. Também os genros dos senhores têm aí suas habitações para a noite, quando vivem no solar.

(32) A sala grande é o *megaron,* sala nobre, de aparato, colocada no centro deste complexo de pátios e construções.

(33) No centro do *megaron* fica a lareira, pequena construção redonda de dois ou três metros de diâmetro e pouco elevada. No meio arde um fogo de lenha cujas cinzas se espalham ao redor sobre o chão.

de costas para o fogo, meu pai, em pequenos goles bebe seu vinho como um deus. Passa sem parar diante dele e vai abraçar os joelhos de minha mãe, se é que teus olhos querem ver o dia do regresso ([34]).

> (Homère, *L'Odyssée*, tome I, texte établi et traduit par Victor Bérard, Paris, Société d'Edition "Les Belles Lettres", 1947, pp. 171 a 180.)

B. *ARISTÓFANES* (450-385 a.C.)

1. *Notícia sobre o autor.* Nascido em Atenas, Aristófanes é o único representante da comédia antiga, cuja obra se conhece.

Conservador ao extremo, compôs cerca de quarenta peças, através das quais polemizou contra tudo que era novo, incluindo os próprios políticos. Em suas comédias, muitas vezes, desce até ao obsceno e vulgar, para alçar-se, em outros momentos, a um lirismo encantador e vivificante.

Dele restam onze comédias: *Os Arcanianos, Os Cavaleiros, As Nuvens, As Vespas, A Paz, Lisístrata, Os Pássaros, Os Festejos de Deméter, As Rãs, A Assembléia das Mulheres* e *Plutos.*

2. *As Nuvens.* Esta peça foi escrita em 423 para atacar os sofistas, inclusive Sócrates ([35]).

---

(34) Arete é a mulher ideal de um grande senhor. Seu esposo é perfeito. Penélope, apesar de sua estupenda atitude moral, tem menos autoridade e independência; deixa-se repreender por seu filho Telêmaco: "Recolhe-te a teu aposento, retoma teus trabalhos, o tear e a roca, ordena às camareiras que voltem a suas ocupações; cabe aos homens o uso da palavra, a mim principalmente, que sou quem governa em casa". Homero, *op. cit.*, p. 22. Penélope ainda passa pela situação desagradável de ter de ouvir as confidências amorosas que Ulisses lhe faz, sem nenhuma cerimônia, na mesma noite em que se reconhecem. *Id., ibid.*, pp. 318 e 319.

(35) Sócrates (469-399 a.C.) nasceu em Atenas. Seu pai era escultor e a mãe, parteira. Foi obrigado a ingerir cicuta sob a alegação de não adorar os deuses que o Estado cultuava, de introduzir divindades novas, além de corromper os jovens com seus ensinamentos.

A *Apologia* de Platão pretende ser o discurso que Sócrates proferiu em sua defesa, durante o julgamento a que foi submetido. Não se trata, evidentemente, de um retrato taquigráfico, mas o que ficou na memória de Platão vários anos depois do acontecimento. Platão estava presente ao julgamento e parece razoável que o que está escrito é o que se lembrava de Sócrates haver dito. A *Apologia* descreve um Sócrates bastante seguro de si mesmo, de espírito elevado, indiferente aos êxitos mundanos; que acreditava ser guiado por uma voz divina e

Um lavrador arruinado, de nome Estrepsíades, resolve colocar seu filho, Fidípides, no "Pensadouro das almas sábias", para que lá aprendesse a ganhar, no debate, as causas mais injustas. O filho, um estróina responsável pela derrocada financeira do pai, recusa-se terminantemente a obedecer-lhe.

Então, o próprio Estrepsíades decide-se a aprender. Lá no "Pensadouro" encontra Sócrates e com ele trava disparatado diálogo. Aristófanes aproveita para ridicularizar o célebre filósofo, pintando-o como um tolo que anda no ar estudando o sol, as nuvens, o raio, etc.

Mas, Estrepsíades não consegue aprender nada e, finalmente, persuade o filho a ir ter com o célebre filósofo. Depois de relutar, Fidípides acaba consentindo e "aprendendo" muito mais do que o pai esperava.

A comédia termina com Fidípides dando uma surra em Estrepsíades e argumentando que tem motivos para agir assim [36]. E mais: diz que vai surrar a mãe também pois, para isso, tem razões de sobra.

Estrepsíades, furioso com o resultado obtido, vinga-se de Sócrates e de seus ensinamentos pondo fogo na escola.

3. *Elementos para o comentário do texto.* O texto escolhido para análise é um diálogo entre o *Argumento Justo* e o *Argumento Injusto*. Depois que Estrepsíades consegue persuadir o filho a ir ter com Sócrates, este faz com que ambos os argumentos ensinem ao rapaz. É aí que se trava o diálogo onde o *Argumento Injusto* acaba por sair vencedor.

Aristófanes, com atrevida ironia e sagaz engenho, ridiculariza, especialmente neste trecho, a educação sofística e filosófica, tidas como modernas. Lamenta, através do *Argumento Justo,* o descaso

---

estava persuadido de que o raciocínio claro constitui o requisito mais importante para uma vida reta.

Aristófanes, entretanto, no-lo apresenta como o mais perigoso dos sofistas e corruptor da juventude. A pintura cômica de Sócrates faz dele um desavergonhado manipulador de vidas juvenis e charlatão, uma espécie de contrafigura do verdadeiro mestre.

(36) Eis o argumento de Fidípides: "...não é justo que também eu te queira bem igualmente, visto como querer bem é isso, surrar? Como há de ser teu corpo necessariamente incólume de pancadas e o meu não? Deveras, também eu nasci livre. Os filhos choram; pensas que o pai não deve chorar? Segundo o costume, dirás: esse é o papel das crianças; eu retrucarei que "os velhos são dobradamente crianças". E tão mais natural é chorarem os velhos do que os moços, quanto menos direito têm eles de errar". *Teatro Grego,* seleção, introdução, notas e tradução direta do grego por Jaime Bruna, São Paulo, Editora Cultrix, 1964, p. 171.

pelos estupendos processos educacionais do passado e condena, com pessimismo exagerado, a doutrina socrática.

Coloca-se ao lado do partido conservador e aristocrático, desdenhando a educação moderna e enaltecendo a dos bons tempos antigos. Aqui, o cultivo do espírito tem um caráter mais artístico que intelectual. Daí a suma importância da aprendizagem de um instrumento musical. Também a formação física ocupa papel primordial neste tipo de educação que se propõe a formar corpos fortes e ágeis e a dispor as crianças, desde cedo, para a prática do atletismo. A tudo isto, junta-se a formação moral, uma das principais preocupações dos poetas.

Por que Aristófanes tomou Sócrates como um sofista? Por que o escolheu 'como representante da sofística e das teorias subversivas? Ao redor de Sócrates, como também dos sofistas, reunia-se uma plêiade de jovens ávidos por ouvir seus ensinamentos. Até ele acorriam rapazes bem-nascidos, oriundos de ricas famílias, e era natural que se cresse que, como os sofistas, Sócrates também recebia benefício pecuniário por seu ensino. Ainda como os sofistas, Sócrates era um argumentador. Para ele, a antiga educação estava superada e a tradição, bem como os princípios, admitidos sem exame ou análise, deveriam passar pelo crivo da razão individual. Além do mais, Sócrates teve por discípulos jovens ambiciosos, como Alcibíades, por exemplo, desejoso mais de sucesso oratório do que de uma moral sã. Uma vez reconhecido inovador racionalista e dialético, daí a um passo atribuir-se-lhe a maioria das inovações em Filosofia e Sofística.

4. Texto.

Argumento Justo. — Direi, então, em que consistia a antiga educação, quando eu florescia professando a justiça e quando a temperança era uma honra. Primeiramente, não se devia ouvir o menino murmurar a menor palavra; em seguida, todos os meninos do bairro tinham que marchar na rua, em ordem, até a casa do mestre de música, sem mantos e em grupos compactos, ainda que nevasse espesso como farinha. Lá ele ensinava aos meninos, primeiro, um hino, enquanto estes mantinham as coxas separadas ([37]) ou

---

(37) As coxas separadas davam ao jovem o equilíbrio necessário para aguardar a chegada do inimigo. Num trecho em que Tirteu — célebre poeta elegíaco espartano — fala acerca da *areté* de seu povo, transparece aquela posição à qual os gregos antigos davam muita importância: "...não é um valente na guerra o que não ouse contemplar a matança sanguinária e ataque o inimigo, cercando-o. Esta é a verdadeira

"Palas, terrível destruidora de cidades", ou "Um brado que longe troa"([38]) — mantendo o modo transmitido por seus pais. Se um deles fazia uma gracinha, ou se permitisse alguma inflexão dessas chamadas modernas, tão desagradáveis de modular, e contra o modo de Frínis([39]), tomava uns bons tapas([40]) por querer abolir as Musas. Na casa do pedotriba([41]), era necessário que, sentados, os meninos apartassem as coxas, de maneira a nada mostrar de chocante a seu derredor; depois, quando as levantavam, deviam aplanar a areia e zelar para não deixarem aos namorados a marca de sua virilidade. Nenhum menino untava-se de óleo abaixo do ventre, de modo que sobre seus órgãos florescia uma tenra penugem, como nos marmelos. Ninguém, com inflexões moles na voz, aproximava-se de seu namorado, prostituindo-se pelo olhar. Jamais era permitido, ao jantar, servir-se da cabeça do rabanete, nem furtar às pessoas mais velhas o funcho ou o aipo nem ser gulosos nem gargalhar nem cruzar as pernas.

Argumento Injusto. — Sim, velharias do tempo dos Dipolios — cheios de cigarras nos cabelos([42]), de Cedides([43]) e da imolação de bois.

Argumento Justo. — Foi, entretanto, com essas velharias que os guerreiros de Maratona([44]), graças a meu sistema de educação, foram formados. Mas, tu ensinas aos jovens de hoje desenvolverem-se cedo nos mantos. Sufoca-me quan-

---

e excelente qualidade, este é, entre os homens, o prêmio agonal melhor e mais formoso que o jovem logra. É um bem comum para a cidade e o povo todo, que o guerreiro, *com as pernas bem abertas* se mantenha firme na vanguarda sem cansaço". *Apud* Maria Angeles Galino, *Historia de la Educación*, I, Madrid, Gráficas Condor, S.A., 1960, p. 137. Grifos nossos.

(38) Início dos cantos comuns da época.
(39) Frínis de Mitileno, citarista.
(40) Castigos físicos.
(41) Mestre de Ginástica.
(42) Festas antigas celebradas em Atenas em honra a Zeus, nas quais se imolavam bois. Os atenienses mais graduados levantavam seus cabelos em um topete, preso por um alfinete em forma de cigarra.
(43) Antigo poeta ditirâmbico.
(44) Foi o célebre local de uma batalha em que os atenienses venceram os persas de Dario.

do, nas Panatenéias ([45]), vejo-os obrigados a dançar mantendo o escudo na frente de seu sexo, sem respeitar a Tritogenia ([46]). Assim, jovem adolescente, em plena confiança, escolhe a mim, o Argumento Justo. Aprenderás a detestar a Ágora ([47]), a abster-te dos banhos públicos, a corar de tudo que é vergonhoso e a enfurecer-te quando zombarem de ti; a levantar-te de teu assento quando os mais velhos se aproximarem, a não ser grosseiro com teus pais, a não cometer nenhum ato vergonhoso suscetível de enlamear o pudor que é teu enfeite; a não irromper na casa de uma bailarina, para que não sejas, sob espanto, atingido por um marmelo ([48]) lançado por uma prostituta e perder, assim, tua boa reputação; a não responder a teu pai, a guardar-te, não o chamando de velho Jápeto ([49]), nem criticando sua idade e os tempos em que foste educado como um pintainho.

Argumento Injusto. — Se crês, pequeno jovem, por Dionísio ([50]), ficarás parecido com os porquinhos de Hipócrates ([51]) e chamar-te-ão "queridinho da mamãe".

Argumento Justo. — Passarás teu tempo nos ginásios, sempre brilhante e viçoso como uma flor, em lugar da Ágora de tagarelices estéreis sem pé nem cabeça, como hoje se faz, nem serás arrastado por causa de um processinho de chicana, contestação ou astúcia. Descerás ao jardim de Academo ([52]), sob as oliveiras sagradas, onde disputarás cor-

---

(45) Festas em honra a Atena, acompanhadas de suntuosas procissões.

(46) Nome dado a Atena.

(47) Praça pública onde se reuniam as pessoas que não tinham o que fazer.

(48) Da mesma forma que a maçã, o marmelo simbolizava o amor.

(49) Jápeto foi um dos titãs, irmão de Cronos. Chamar alguém por esse nome era julgá-lo muito velho.

(50) Dionísio ou Dioniso, uma das designações de Baco, deus do vinho, filho de Júpiter e Semele.

(51) Hipócrates, sobrinho de Péricles, teve três filhos que por causa de sua estupidez foram cognominados "porcos", através de um jogo de palavras. O porco era, para os gregos, não símbolo da imundície como o é para nós, mas da grosseria.

(52) Ginásio onde, nos tempos de Platão, eram dadas suas lições de Filosofia.

ridas, com uma leve coroa de caniço, ao lado de um companheiro da tua idade, cheirando a salsaparrilha, a despreocupação, a choupo branco que perde seus amentilhos, amando a primavera, quando o plátano cochicha com o olmeiro. Se fizeres o que te digo e nisso aplicares teu espírito, terás sempre o peito robusto, a tez clara, as espáduas largas, a língua curta, os quadris grandes e os órgãos sexuais pequenos. Mas, se praticares os costumes de hoje, primeiramente terás a tez pálida, as espáduas e o peito estreitos, a língua comprida, os quadris franzinos, os órgãos sexuais grandes, propostas de longos decretos ([53]). Ele te fará considerar honesto tudo que é vergonhoso, e vergonhoso tudo que é honesto e, ainda, mais, te enlameará com o vício imundo de Antímaco ([54]).

> (Aristophane, *Les Nuées*, T. I., texte établi par Victor Coulon et traduit par Hilaire Van Daele, 7.ª éd. Paris, Société d'Edition "Les Belles Lettres", 1960, pp. 205 a 208.)

C. *PLATÃO* (427-347 a.C.)

1. *Notícia sobre o autor.* Platão nasceu no demo ático de Colito. Descendente de Sólon por parte de mãe, e do Rei Codros por parte de pai, estava destinado a participar ativamente da política de Atenas.

Ao descobrir Sócrates, quis experimentar pessoalmente seu poder educativo. E se é verdade que então o jovem Platão queimou sem piedade os versos que compusera, para aderir à Filosofia, não é menos verdade que não conseguiu nunca destruir a maravilhosa força poética que trazia dentro de si. Crítico dos poetas, ele mesmo era um grande poeta.

Depois da morte de Sócrates, outro grande mestre, Euclides, recebeu-o em Mégara, uma cidade perto de Atenas. Depois de sua estada aí, provavelmente Platão tenha tomado parte na batalha de Corinto, em 394. A partir dessa data, Platão viajou muito. Esteve em Cirene ([55]), onde conheceu o matemático Teodoro. Su-

---

(53) Aristófanes zomba dos longos discursos dos oradores quando eles propunham um decreto.

(54) Antímaco era um efeminado.

(55) Cidade e colônia grega estabelecida na África, a oeste do Egito.

35

põe-se que tenna ido ao Egito, pois suas obras mostram-no excelente conhecedor da cultura e da vida desse país. Três vezes viajou à Itália Meridional. Nas duas últimas vezes teve a pretensão de influir no governo de Dionísio, o jovem, tirano de Siracusa. O resultado foi desastroso. O tirano mandou prendê-lo e só não o matou porque Díon, sobrinho do tirano, e Aristodemo intervieram em seu favor. Foi, então, posto à venda como escravo e Aniceris, um amigo de Cirene, comprou-o por trinta minas, restituindo-lhe a liberdade. Voltou a Atenas, depois de dez anos de ausência.

Platão vai agora realizar seu sonho de político e educador: a fundação da Academia ([56]). Na ordem de suas realizações, este foi seu maior êxito. Foi a primeira escola filosófica orientada para a política. Compunha-se de alojamentos para alunos e mestres, salas de aula, local destinado a livros e coleções científicas. O corpo docente era dos mais selecionados; dele fizeram parte Espeusipo, sobrinho de Platão, Xenócrates, Heráclides do Ponto, Eudóxio de Cnide, Teeteto e Aristóteles. Todos os *Diálogos* de Platão permitem concluir que o ensino dessa escola era ativo. O método empregado era o da conversação, do debate. Os alunos tinham que descobrir por si mesmos os meios para superar os problemas. Contrariando os sofistas que cobravam preços altos pelas suas lições, o ensino fornecido pela Academia era gratuito. Ela não se apresentou como uma empresa comercial, mas como uma espécie de confraria, de seita, cujos membros se achavam ligados estreitamente pelos laços de amizade. Embora combatendo os sofistas, a Academia se rivalizava com eles, pois quem seguisse seu plano de estudos estaria apto a dirigir politicamente as cidades. A política dominou a obra de Platão e a Academia não podia deixar-se escapar a essa tendência.

O fim da educação para Platão é, como para Sócrates, a formação do homem moral. Porém, o meio para atingir essa educação é o Estado, na medida em que represente a idéia de justiça. Resumindo: a idéia essencial da pedagogia de Platão é a formação do homem moral dentro do Estado justo.

O curso de estudos, para Platão, deveria ser de cinco períodos:

1.º dos 3 aos 6 anos — prática do pentatlo ([57]), dança e música para ambos os sexos ([58]).

---

(56) A Academia era a designação de um ginásio que recebera o nome de Academus, herói ateniense. Além dos edifícios necessários aos exercícios ginásticos, tinha um jardim rodeado de plátanos, que Platão consagrou às Musas.

(57) Nome coletivo dos cinco exercícios que constituíam os jogos da Grécia, em que entravam os atletas: salto, carreira, luta, disco e dardo.

(58) "...numa república bem governada e que aspira à perfeição, tudo é comum: mulheres, filhos, a educação, os exercícios próprios de guerra e de paz." Platão, *op. cit.,* p. 309.

2.º dos 7 aos 13 anos — introdução paulatina da cultura intelectual e acentuação dos exercícios físicos. A partir dos 10 anos, aprendizagem da leitura e escrita e do cálculo por processos práticos. Afasta-se assim dos costumes atenienses que começavam a educação intelectual antes dos 10 anos.

3.º dos 13 aos 16 anos — período da educação musical. O programa é dividido em duas seções: uma *literária*, compreendendo gramática e aritmética; outra *musical*, compreendendo poesia, música e orquéstica. Ensina-se a tocar cítara e prefere-se a música dórica, enérgica e viril.

4.º dos 17 aos 20 anos — período da educação militar. Os jovens deverão adquirir resistência e uma saúde a toda prova. Será preciso harmonizar a música à ginástica. Somente com a ginástica far-se-iam os homens ferozes. Somente com a música produzir-se--iam efeminados.

5.º dos 21 anos em diante — apenas os jovens mais capazes devem continuar a educação já com caráter superior e baseada nas Matemáticas e Filosofia. Dentre eles, selecionam-se os futuros governantes, prosseguindo sua educação até os 50 anos. Esta educação pode ser assim encarada:

a) dos 21 aos 30 anos — estudos de caráter científico. Estudar-se-á com profundidade a *tría mathémata*: Aritmética, Geometria e Astronomia. No que diz respeito aos estudos musicais, os jovens aprenderão *harmonia*, que é a ciência abstrata da Música.

b) dos 31 aos 35 anos — predomínio da formação filosófica e dialética, sem prejuízo dos estudos matemáticos. Quem se aplica à Dialética eleva-se, pela razão sòmente, à essência das coisas e se persiste em suas investigações até alcançar com o pensamento a essência do bem, chega ao termo da ordem inteligível, como quem vê o Sol chega ao termo da ordem visível ([59]).

c) dos 35 aos 50 anos — o magistrado será incumbido de uma função pública e empregará os seus talentos para a prosperidade do Estado. Ninguém será admitido ao governo, antes dos 50 anos de idade ([60]).

As obras de Platão são numerosas. Todas têm interesse pedagógico. Costuma-se ordenar seus escritos em três grupos principais:

---

(59) *Id., ibid.*, p. 293.

(60) É uma imitação da *gerúsia* lacedemônia que era um conselho de anciãos maiores de 60 anos que preparavam as questões de política interna e externa.

37

a) Escritos da juventude — *Ion* ou *Da Ilíada, Hípias II* ou *Da Mentira* e *Protágoras* ou *Dos Sofistas,* elaborados antes da morte de Sócrates. *Apologia de Sócrates, Critão* ou *Do Dever, Eutifron* ou *Da Santidade, Laqués* ou *Da Coragem, Cármide* ou *Da Sabedoria, Lísis* ou *Da Amizade* e *Górgias* ou *Da Retórica.*

b) Escritos da maturidade — O início desse período é marcado pela fundação da Academia. Pertencem a essa época: *Menexênio* ou *Do Epitáfio, Mênon* ou *Da Virtude, Eutidemo* ou *Da Erística, Crátilo* ou *Da Etimologia, Fédon* ou *Da Alma, Banquete* ou *Do Bem, República, Fedro* e, no limiar do período da velhice, *Teeteto* ou *Da Ciência* e *Parmênides* ou *Das Formas.*

c) Escritos da velhice — *Sofista* ou *Do Ser, Político* ou *Da Realeza, Timeu* ou *Da Natureza, Crítias* ou *Da Atlântida, Filebo* ou *Do Prazer* e *Leis.*

Dos escritos de Platão, foi escolhido para análise um trecho de uma obra da sua juventude. Trata-se de *Critão* ou *Do Dever,* cujo enredo será tratado no item seguinte.

2. *Critão* ou *Do Dever.* A obra é um diálogo entre Sócrates e Critão, personagem que também aparece no *Fédon* ou *Da Alma.* É um velho amigo de Sócrates que se apresenta na prisão onde o mestre esperava a morte e concita-o a fugir. Sócrates nega-se peremptoriamente. Se fugisse, estaria em contradição com tudo aquilo que ensinara e afirmara aos jovens. O importante não é viver, mas viver bem, quer dizer, com honra e conforme a justiça [61]. Acrescentando que jamais se deve proceder contra a justiça [62], deu excelente exemplo de obediência às leis. Ao afirmar que também não se deve retribuir a injustiça com a própria injustiça [63], mostrou-se dono de uma envergadura moral muito grande, capaz de fazer inveja aos homens deste século.

3. *Elementos para o comentário do texto.* Foram escolhidas as últimas páginas do diálogo. Depois que Critão tenta, sem êxito, convencer Sócrates a fugir, este dá-lhe primorosa lição de moral. Os argumentos do mestre são tão poderosos e convincentes que a Critão nada resta senão concordar com ele. Aliás, em todos os diálogos em que Sócrates aparece seus argumentos têm sempre uma força extraordinária que não permite outra saída ao interlocutor a não ser curvar-se docilmente a eles.

---

(61) Platão, *Diálogos,* Seleção, introdução e tradução direta do grego por Jaime Bruna, 2.ª ed. São Paulo, Editora Cultrix, 1964, p. 126.

(62) *Id., ibid.,* p. 127.

(63) *Id., ibid., loc. cit.*

4. Texto.

Sócrates. — Então considera o seguinte: se nós estivéssemos para nos evadir daqui, ou como quer que se diga, viessem as Leis e o Estado ([64]) colocar-se diante de nós, e nos interpelassem: "Dize-me, Sócrates, que tens em mente fazer? Que outra coisa planejas com a obra que empreendes, senão destruir-nos, a nós, as Leis e a todo o Estado, na medida das tuas forças? Acaso pensas que ainda possa existir e não esteja destruído o Estado em que as sentenças pronunciadas não têm força alguma, quando, por ação de particulares, elas ficam sem efeito e são destruídas?" O que responderemos nós, Critão, a essas questões e a outras semelhantes? Pois poderiam ser aduzidos muitos argumentos, sobretudo por um orador, em defesa da Lei, por nós destruída, que estabelece que as sentenças proferidas tenham plena autoridade. Dir-lhe-emos: "O Estado é que nos prejudicou e não julgou conforme a justiça?" Diremos isto ou o quê ([65])?

Critão. — Isso mesmo, por Zeus, ó Sócrates!

Sócrates. — Mas, se as Leis dissessem: "Sócrates, acaso foi isso que convencionaste conosco, ou que te manterias fiel às sentenças que o Estado proferisse?" — Se, então, nos admirássemos dessa pergunta, talvez dissessem: "Sócrates, não te admires de nossas palavras, mas responde-nos, visto que também tu costumas usar perguntas e respostas ([66]).

---

(64) *Pólis,* traduzido por Estado. Significa também cidade. Cada cidade era um Estado...

(65) Aqui o argumento de Sócrates para convencer Critão de que deve permanecer em Atenas e morrer.

(66) Alusão ao método socrático. Sócrates percebeu que o fenômeno educativo era auto-atividade. Mediante a forma dialogada, conduzia o discípulo a achar, por si mesmo, a verdade procurada. O diálogo supunha fundamentalmente duas fases: a *ironia* e a *maiêutica*. A primeira é ponto de partida e faz ver ao interlocutor sua própria ignorância. A segunda faz, como uma parteira, nascer idéias na alma do interlocutor. Dentre as importâncias pedagógicas desse método, poderiam ser arroladas: 1.º o interlocutor é estimulado a pensar, a descobrir, de forma ativa e não receptiva; 2.º o diálogo tem a vantagem da vivacidade. Ao invés de aprender em livros, o interlocutor usa a palavra viva que

Vamos, pois; o que tens a censurar a nós e ao Estado, que pretendes destruir em nós? Primeiramente, não fomos nós que te demos nascimento e não foi por nosso intermédio que teu pai desposou tua mãe e te gerou? Fala: criticas algo naquelas dentre nós que regulam os casamentos, como não sendo bem feitas? — "Não critico, diria eu." — "Mas aquelas que regulamentam a criação e a educação do filho, que também tu recebeste? Não foram bem estabelecidas aquelas Leis dentre nós que mandam teu pai te educar na música e na ginástica?" — "Foram, diria eu." — "Bem; depois que nasceste e foste criado e educado, poderias afirmar, de início, que não nos pertencias como filho e como escravo, tu e teus ascendentes? E, se é assim, julgas ter o mesmo direito que nós, e que tudo quanto nós intentarmos fazer a ti, também possas fazer-nos, julgas ter esse direito? Mas, não terias contra teu pai o mesmo direito nem contra teu amo, se acaso tivesse um, para também revidar o que tivesses sofrido, nem para revidar injúria por injúria, golpe por golpe, nem para muitos casos semelhantes; e, em

---

se adapta às peculiaridades individuais. Mas, há quem faça restrições ao método, que se presta "a algumas questões, mas não se presta a outras. Talvez isto haja contribuído para determinar o caráter das perguntas de Platão, as quais eram, em sua maior parte, de uma índole que permitia esse tratamento. Através da influência de Platão, a maior parte da filosofia subseqüente esteve sujeita a limitações resultantes de seu método.

Certas matérias, evidentemente, não podem ser tratadas dessa maneira — como, por exemplo, a ciência empírica. É certo que Galileu empregava diálogos para defender suas teorias, mas isso apenas para vencer preconceitos: as bases positivas de seus descobrimentos não poderiam ser inseridas num diálogo, exceto de maneira sumamente artificial.

. . . .

Os temas adequados ao método socrático são aqueles de que já possuímos conhecimento suficiente para chegarmos a uma conclusão acertada, mas que não alcançamos por confusão de espírito ou por falta de análise, e da qual não temos proveito. Uma pergunta, por exemplo, como "que é a justiça?" é sumamente adequada para discussão num diálogo platônico. Nós todos empregamos livremente as palavras "justo" e "injusto" e, examinando a maneira pela qual as empregamos, podemos chegar, indutivamente, à definição que melhor se adapta ao uso". Bertrand Russell, *História da Filosofia Ocidental*, Livro primeiro, trad. bras., 2.ª ed. São Paulo, Companhia Editora Nacional, 1967, pp. 107 e 108.

face da Pátria e das Leis, te será permitido, se nós intentarmos destruir-te porque julgamos ser justo, tentares também, segundo as tuas forças, destruir, em represália, a nós, as Leis e a Pátria? E agindo assim, dirás que praticas a justiça, tu que verdadeiramente levas a sério a virtude?! És tão sábio que não percebes que mais do que a mãe, o pai e todos os ascendentes é respeitável a Pátria e mais venerável, mais santa, mais estimada dos deuses e dos homens sensatos?! Que se deve venerar uma Pátria, ceder-lhe e acariciá-la quando agastada, mais do que a um pai? (Que se deve) convencê-la do contrário ou executar o que ela mandar, sofrer com tranqüilidade o que ela ordenar sofrer, ou ser espancado, ou acorrentado, ou convocado à guerra para ser ferido ou morto? Isto deve ser feito, porque este é o direito e não se deve esquivar nem recuar nem abandonar o posto; mas, na guerra, no tribunal, em toda parte enfim, cumpre fazer o que quer que ordene o Estado e a Pátria ou dissuadi-lo pelas vias criadas pelo direito. Usar de violência contra a mãe e o pai é ímpio, mas muito pior ainda contra a Pátria do que contra eles." — Que responderemos a isso, Critão? que as Leis dizem a verdade ou não ([67])?

Critão. — Parece-me que sim ([68]).

Sócrates. — "Vê, portanto, Sócrates", diriam talvez as Leis. "se não temos razão ao afirmar que é injusto o que intentas fazer-nos agora. Pois nós, que te geramos, te criamos, te educamos, te demos parte em todos os benefícios que somos capazes de proporcionar a ti e a todos os demais cidadãos, não obstante, proclamamos a liberdade ao ateniense que o queira, uma vez que tenha entrado na posse dos direitos

---

(67) Esse diálogo apresenta um filósofo submisso às leis, mesmo quando de sua aplicação resulta a morte injusta. É um exemplo magnífico do respeito à vontade soberana do povo, e uma lição de moral quase cristã quando proíbe a retribuição do mal com o mal. Não deixa de ser também uma patética demonstração da iniqüidade da sentença, no tocante à corrupção da juventude. Platão, *Diálogos, op. cit.,* introdução.

(68) Platão gosta de apresentar um Sócrates muito superior aos seus interlocutores que nunca se cansam de ouvir suas argumentações e estão sempre dispostos a concordar com ele.

41

civis e conheça a vida pública e a nós, as leis, se nós lhe agradarmos, a liberdade de sair (de Atenas), juntar o que lhe pertence e partir para onde queira. E nenhuma de nós Leis está a pôr obstáculos, nem proíbe, a quem de vós queira ir para uma colônia, porque nós e o Estado não lhe agradamos, bem como a quem (prefira) ir estabelecer-se no estrangeiro, partir para onde lhe apraza, com o que é seu. Mas se alguém de vós permanecer aqui, onde vê o modo pelo qual nós aplicamos a justiça e administramos o Estado nos outros assuntos, afirmamos que este de fato convencionou conosco de cumprir o que lhe mandarmos; aquele que não nos obedece é culpado de três maneiras: porque não obedece a nós que o criamos e porque, tendo convencionado obedecer-nos, não obedece nem nos convence se não temos razão. Propomos fazer, não impomos duramente o que acaso ordenamos, e permitimos uma das duas alternativas: ou dissuadir-nos do contrário ou obedecer-nos; ele não faz nem uma nem outra coisa. Nessas acusações, declaramos nós, incorres, ó Sócrates, se fizeres o que meditas, e sobretudo tu, não menos gravemente do que qualquer outro ateniense."

Se eu, então, perguntasse: "Mas por quê?" Talvez me repreendessem com razão, dizendo que sobretudo eu entre os atenienses me encontro convencionado com elas por este acordo. Pois diriam: "Sócrates, temos grandes provas de que nós e o Estado te agradamos. Com efeito, diferentemente de todos os outros atenienses não terias residido nele, se ele não te agradasse de modo particular; mas nem para uma festa jamais saíste da cidade, a não ser uma vez para o Istmo ([69]), nem para qualquer outra parte, nem fizeste jamais alguma viagem como os outros homens, nem concebeste o desejo de conhecer outra cidade e outras leis, pelo contrário, te éramos suficientes nós e nosso Estado. Assim veementemente nos escolhiam e concordavas em ser cidadão sob a nossa autoridade e nele tiveste filhos, mostrando que

---

(69) Alusão aos jogos ístmicos que se realizavam em Corinto. Tais competições atléticas realizavam-se, também, em Olímpia, Delfos e Neméia, periodicamente. As mais célebres dessas competições foram as *Olimpíadas*, realizadas de quatro em quatro anos.

o Estado te agradava. Ainda mais: durante o próprio processo podias, se o quisesses, conseguir a condenação ao exílio e, o que hoje sem o consentimento do Estado pretendes fazer, faze-o, então com ele. Mas tu nestas alturas alardeavas que te não revoltarias se devesses morrer; pelo contrário, preferias como declaravas, a morte ao exílio; agora, porém, não fazes honra àquelas (belas) palavras nem mostras respeito por nós, às Leis, ao empreenderes destruir-nos, e fazes o que (só) faria o mais vil escravo, tentando fugir contra as convenções e os acordos, segundo os quais te comprometeste conosco de viver como cidadão. Antes de tudo, responde-nos, portanto, a esta pergunta, se dizemos a verdade ao afirmar que tu te obrigaste a viver (como cidadão) sob a nossa autoridade, não em palavras, mas de fato, ou se é mentira?" Que diremos a isso, Critão? Outra coisa senão concordar?

Critão. — Forçosamente, Sócrates.

Sócrates. — "Que fazes", diriam elas, "senão transgredir nossas convenções e acordos, firmados por ti sem que fosses constrangido, enganado ou forçado a decidir-te num prazo exíguo, mas através de 70 anos ([70]), durante os quais te era facultado emigrar, se nós te agradamos e se te pareciam ser injustas as convenções. Tu, porém, nem preferiste nem Esparta nem Creta ([71]) que, afirmas, possuem boas leis, nem algum outro Estado, grego ou estrangeiro, afastando-te dela (Atenas) menos do que os coxos, os cegos e outros inválidos; tanto, mais do que aos outros atenienses, te agradava o Estado e evidentemente a nós, as Leis: pois a quem um Estado sem leis agradaria? E agora não manténs os compromissos? Ah, não! se acreditares em nós, Sócrates, não te exporás ao ridículo saindo do Estado. Pensa um pouco. Se transgre-

---

(70) Há uma referência aos 70 anos de Sócrates, na época da condenação, na *Apologia*: "Acontece que venho ao tribunal pela primeira vez aos 70 anos de idade". Platão, *Diálogos, op. cit.*, p. 13.

(71) Já desde os tempos mais antigos a civilização cretense aponta direções admiráveis. Foi uma das poucas nações dos antigos tempos que asseguraram, mesmo aos cidadãos mais humildes, uma razoável parcela de felicidade e prosperidade, além de caracterizar-se pela ausência aparente de punições brutais, de trabalhos forçados e de escravidão.

dires os acordos e cometeres tais faltas, que benefício tirarás para ti mesmo e para teus amigos? Que também os teus amigos correrão o risco de serem exilados, e privados da cidadania ou despojados de seus bens, está mais do que claro; e tu mesmo, para começar, se partires para uma das cidades mais próximas, seja para Tebas seja para Mégara (72) — pois ambas têm boas leis — aí chegarás como inimigo de suas constituições, Sócrates, e todos quantos zelam por suas próprias cidades, olhar-te-ão com desconfiança, tendo-te em conta de destruidor das leis; confirmarás a opinião dos teus juízes, de sorte que pareçam ter-te julgado corretamente; pois quem quer que seja corruptor de leis, muito bem pode ser tido como corruptor de jovens e dos espíritos fracos. Ou evitarás porventura os Estados dotados de boas leis e os homens de bons costumes? E com esse pressentimento valerá a pena viveres? Ou te aproximarás deles e, sem vergonha, irás dizendo... O que, Sócrates? o que dizias aqui, que a virtude e a justiça é o que de mais valioso possuem os homens, bem como a legalidade e as Leis? E não achas que o papel de Sócrates se revelará indecoroso? Tens que achar. Mas, afastar-te-ás desses lugares e irás a Tessália (73), para junto dos hóspedes de Critão; pois lá abundam a desordem e a licença e talvez gostassem de te ouvir contar como foi cômica a tua fuga da prisão, metido numa máscara qualquer, vestido com surrão de couro ou outro disfarce qual costumam usar os evadidos, e dissimulando a postura que te é própria. Homem de idade, restando-te provavelmente pouco tempo de vida, não te pejaste de te agarrares com tanto ardor à existência, infringindo as leis mais veneráveis, não há quem fale? Talvez, se não magoares a alguém; do contrário, Sócrates, terás de ouvir indignidades sem número. Hás de viver granjeando o favor de todo mundo, servindo-os, fazendo o quê, senão celebrando festins na Tessália, como se tivesses viajado a Tessália para um

---

(72) Tebas foi a principal cidade da Beócia e Mégara foi grande colonizadora, tanto a ocidente (Mégara Híbla), quanto a oriente (Calcedônia, Bizâncio).

(73) Vasta planície encerrada entre montanhas, propícia à criação e às evoluções de cavalo.

44

banquete? E aqueles discursos sobre a justiça e outras formas de virtudes onde andarão? Mas é por causa dos filhos que queres viver, a fim de poder criá-los e educá-los? E daí? É levando-os para a Tessália que os criarás e educarás, tornando-os estrangeiros, para que te fiquem devendo mais este benefício? ou não será isto? Será que criados aqui, enquanto vives, terão melhor criação e educação apesar de tu não estares em sua companhia? Pois teus amigos cuidarão deles. Acaso cuidarão eles se partires para a Tessália? E se partires para o Hades ([74]), não hão de cuidar? Se é verdade que há algum préstimo daqueles que dizem ser teus amigos, deverás admitir que sim ([75]).

Ora, Sócrates, obedece a nós que te criamos e não anteponhas nem filhos nem vida, nem qualquer outra coisa ao que é justo, para que, chegado ao Hades, possas justificar-te com tudo isto diante dos que aí governam. Com efeito, está claro que com esse procedimento, aqui não será melhor nem mais justo nem mais piedoso para ti, nem para algum outro dos teus; nem lá, quando chegado, será melhor. Pelo contrário, hoje partirás injustiçado, se partires, não por nós Leis, mas pelos homens; e se te evadires retribuindo assim vergonhosamente injustiça por injustiça, e mal por mal, violando tuas próprias convenções e acordos feitos conosco, causando dano a quem menos devias causar, a ti mesmo, a teus amigos, à Pátria e a nós, estaremos indignados contra ti, enquanto viveres, e lá as nossas irmãs, as Leis dos Hades, não te receberão com benevolência,

---

(74) Local onde baixam as almas. Em Homero, contudo, Hades é um deus pessoal. Baixa-se pois à morada de Hades, e não ao Hades.

(75) Platão concorda com Sócrates em que a grande necessidade da época era a formulação de um novo elo moral para a vida, a fim de substituir os antigos ideais da velha sociedade grega, rejeitados pelo individualismo da nova. Como Sócrates, Platão tentou formular uma nova base para a vida moral, que desse margem suficiente para o desenvolvimento individual e ao mesmo tempo atendesse às exigências da vida, institucional ou coletiva. Em relação ao método, Platão também aceitou e desenvolveu a dialética socrática. Mas, levanta-se aqui uma grande dificuldade, quando se trata de comparar Sócrates a Platão, ou vice-versa: é muito difícil julgar-se até que ponto Platão queria retratar Sócrates e até que ponto pretendia que este fosse tão-somente o porta-voz de suas próprias idéias.

tendo conhecimento de que intentaste destruir-nos, de acordo com as tuas forças. Ah, não! Não te convença Critão a fazer o que ele diz, com mais vigor do que nós!"

Essas coisas, caro companheiro Critão, sabe bem, parece-me ouvir, como os coribantes ([76]) parece ouvirem o som das flautas; e dentro de mim o som dessas palavras une e me impede de ouvir a outrem; fica sabendo, portanto, tudo quanto agora creio; se disseres algo diverso, di-lo-ás em vão. Contudo, se pensas obter algum êxito, fala.

Cristão. — Não, Sócrates, não tenho nada a dizer.

Sócrates. — Então, desiste, Critão e ajamos daquele modo, visto que tal é o caminho que a divindade nos indica ([77]).

(Platon, *Oeuvres Complètes*, Tome I, Paris, Société d'Edition "Les Belles Lettres", 1946, pp. 49 a 233.)

D. ARISTÓTELES (384-322 a.C.)

1. *Notícia sobre o autor.* Aristóteles nasceu em Estagira, colônia greco-jônica, na península macedônica da Calcídia. Seu pai, Nicômaco, era médico do Rei Amintas, pai de Filipe e avô de Alexandre.

Aos 18 anos, Aristóteles transferiu-se para Atenas, centro intelectual por excelência, a fim de ilustrar-se. Tornou-se aluno de Platão. Após a morte deste, retirou-se para Mísia e depois para Mitilene. Atendendo, entretanto, ao convite formulado por Felipe foi para a corte macedônica, para ocupar a posição de preceptor de Alexandre. Este contava 13 anos e durante pelo menos três anos foi discípulo de Aristóteles. Com isso, inicia-se o que, posteriormente, há de chamar-se *educação do príncipe,* de grande desenvolvimento na História da Educação ([78]).

---

(76) Sacerdotes de Cíbele, que dançavam e cantavam desordenadamente na celebração de seus ritos.

(77) Sócrates não falava de temas físicos ou naturais que eram obrigatórios da filosofia que triunfou desde Tales. Seu interesse está entre os homens; a sensibilidade de seu espírito está aberta para as coisas humanas. O *logos* socrático era o *logos do bem,* pois o que ele perseguia, invariavelmente, em suas indagações era a norma ideal de conduta humana.

(78) Não pode passar aqui despercebido um alentado volume de Joaquim F. Gomes, *Martinho de Mendonça e Sua Obra Pedagógica,* Coimbra, Imprensa de Coimbra, 1964, no qual o autor faz, no capítulo II, um levantamento de toda a literatura conhecida para a educação de prín-

Após a partida de Alexandre para a conquista da Ásia, Aristóteles regressou a Atenas, fundando, junto ao templo de Apolo Lício, a escola conhecida por Liceu (335 a.C.). Aí dava duas lições por dia: uma destinada a questões mais difíceis e endereçada aos alunos mais adiantados; outra de caráter mais simples e popular. O programa compreendia o estudo da Poesia, da Oratória, da História, da Política e das Ciências Físicas e Naturais (79). Seus discípulos ficaram conhecidos como *peripatéticos,* ou porque tivessem

---

cipes e nobres publicada em Portugal até 1734, data do aparecimento de *Apontamentos para a educação de hum menino nobre,* escrita por Martinho de Mendonça. São, ao todo, 55 obras escritas não só em português como ainda em latim e espanhol. A Professora Dr.ª Josefina Chaia, da Faculdade de Filosofia, Ciências e Letras de Marília escreveu uma resenha sobre a obra que poderá ser consultada por estudantes e professores, na falta do original, *in* revista *Didática,* n.º 4, Marília, Faculdade de Filosofia, Ciências e Letras, 1967, pp. 127 a 130.

(79) Um discípulo de Aristóteles, de nome Teofrasto, havia adquirido o solar que transmitiu aos seus amigos e companheiros.

A organização do Liceu fomentou, de um lado, o desenvolvimento das ciências particulares, embora nunca tenha perdido de vista sua direção filosófica e unitária. De outro lado, enriqueceu o programa de estudos da formação secundária, superando as controvérsias acerca das matérias de estudo, suscitadas por Isócrates e Xenofonte. Este duplo rendimento nos domínios da investigação e da docência teve uma influência decisiva na pedagogia do futuro. Francisco Larroyo, *Historia General de la Pedagogia,* 10.ª ed. México, Editorial Porrúa, S. A., 1967, p. 170

Vejam-se, a seguir, outras observações sobre o Liceu, coletadas em diferentes obras:

a. "Além de ser um grande cientista e observador, Aristóteles era um mestre e organizador incansável. Fundou sua própria escola, o Liceu, em Atenas, procurando organizar algo inteiramente novo, um esforço conjunto para uma enciclopédia de todos os ramos do conhecimento; não só a Física, Metafísica, Astronomia, Matemática e Biologia, mas também a Teologia, Medicina, História, Literatura, Política e Ética". Hugh Lloyd-Jones, *O Mundo Grego,* trad. bras., Rio de Janeiro, Zahar Editores, 1965, p. 118.

b. "Quando, com a idade de cinqüenta e três anos, Aristóteles criou o Liceu, tantos estudantes afluíram, que se fez mister organizar regras complicadas para manter a ordem. A nova escola não era simples imitação da platônica. Na Academia cuidava-se precìpuamente da Matemática e da Filosofia Especulativa e Política, e o ensino no Liceu tendia mais para a Biologia e as Ciências Naturais." Douglas Michalany, *Universo e Humanidade,* Tomo I, 3.ª ed. São Paulo Editora, "A Grande Enciclopédia da Vida" Ltda., 1965, p. 120. Observe-se aqui que a maioria dos investigadores dão como data do nascimento de Aristóteles o ano 384 a.C. e a da fundação do Liceu 335 a.C.,

o costume de passear no jardim durante os estudos, ou porque o local fosse conhecido por o *Passeio* (*Peripatos*).

Depois da morte de Alexandre, Aristóteles foi acusado de impiedade pelo partido antimacedônico que ganhara ascendência. O filósofo fugiu, então, para Eubéia, onde faleceu alguns meses depois, em 332 a.C., aos 62 anos de idade.

A finalidade da educação para Aristóteles é o bem moral, no qual consiste a felicidade. Esta deve ser entendida como a plenitude da realização do humano no homem.

Três são os elementos da educação: natureza, hábito e razão ([80]). A esses três elementos correspondem três momentos na educação: a educação física, a do caráter e a intelectual ([81]).

---

o que autoriza admitir-se que ele contava com 49 anos quando abriu as portas da escola, e não 53.

c. "Entre os antigos, existiram contemplação e investigação a respeito da verdade filosófica e científica; chegou-se mesmo a uma visão panorâmica profunda do saber, como o exemplificaram Platão e Aristóteles. Com o florescimento da investigação, nasceram a docência e uma organização escolar original, como se vê na Academia e no Liceu." José Antônio Tobias, *Universidade,* São Paulo, Editora Herder, 1969, p. 15.

(80) "Três cousas fazem os homens bons e virtuosos: a natureza, os costumes e a razão. Primeiramente, é preciso que a natureza faça nascer homem e não outra espécie qualquer de animal. É preciso também que ela dê certas qualidades de alma e de corpo. Muitas dessas qualidades não têm utilidade alguma, porque os costumes fazem com que elas mudem e se modifiquem. Os costumes desenvolvem, por vezes, as qualidades naturais, dando-lhes uma tendência para o bem e para o mal.

Os outros animais seguem principalmente o instinto da natureza: alguns, mesmo em pequeno número, obedecem ao império dos costumes. O homem segue a natureza e os costumes. Segue também a razão. Só ele é dotado de razão. É preciso, pois, que haja acordo e harmonia entre essas três cousas. Porque a razão leva os homens a fazerem muitas cousas contrárias ao hábito e à natureza, quando eles se convencem que é melhor fazer de outra forma. Dissemos anteriormente quais são as qualidades que eles devem ter para que o legislador possa formá-las facilmente; o resto é função da educação. Ora é o hábito, ora são as lições dos mestres que ensinam aos homens o que eles devem fazer." Aristóteles, *A Política,* trad. bras., 5.ª ed. São Paulo, Atena Editora, 1957, pp. 161 e 162.

(81) "...é necessário prestar os primeiros cuidados ao corpo, antes da alma; em seguida ao instinto. No entanto, só se deve formar o instinto pela inteligência, e o corpo pela alma." *Id., ibid.,* p. 168.

Tal como Platão, considera a educação uma função eminentemente do Estado. Não chega ao radicalismo do primeiro, porque reconhece a família como o lugar da primeira infância. Segundo seu plano, até os 5 anos as crianças receberão em casa a educação que consiste apenas em regras higiênicas e em submetê-las ao endurecimento ([82]). Dos 5 aos 7 anos devem assistir a certas lições. "De resto, há dois períodos nos quais se pode dividir a educação das crianças: a partir do sétimo ano, até a adolescência, e da adolescência até vinte e um anos" ([83]).

2. *A Política.* Esta obra está dividida em oito livros. Pode-se dizer mesmo que é uma espécie de réplica à *República* de Platão: enquanto esta é uma obra de imaginação endereçada à reforma social, aquela é um tratado político baseado na experiência e nos fatos. No Livro I, Aristóteles trata da ciência, da família, do escravo, etc. Acredita que "na ordem da natureza, o Estado se coloca antes da família e antes de cada indivíduo, pois que o todo deve, forçosamente, ser colocado antes da parte" ([84]). O Livro II é, entre outras coisas, uma refutação à doutrina de Platão. Aristóteles mostra os inconvenientes do *"tudo é meu"*, demonstrando que "nada inspira menos interesse que uma cousa cuja posse é comum a grande número de pessoas. Damos uma importância muito grande ao que propriamente nos pertence, enquanto só ligamos às propriedades comuns na proporção de nosso interesse pessoal" ([85]). No Livro III, aborda problemas concernentes ao conceito de cidade e de cidadão perfeito e imperfeito, divisão dos governos, etc. O final do Livro IV está bastante relacionado com a educação. Aí são discutidos problemas sobre o casamento, a duração e o tempo da procriação, o cuidado da gestante com a saúde, etc. O Livro V é dedicado à educação dos jovens, ao problema da utilidade dentro da educação, etc. No Livro VI recoloca a questão das formas de governo, já suscitada no Livro III; enfoca os assuntos pertinentes aos corpos deliberativos, aos magistrados e magistraturas, etc. O penúltimo livro fala da democracia, da oligarquia e das diversas magistraturas. Finalmente, o Livro VIII menciona problemas de revoluções nas democracias, alude ao sistema de Platão sobre as revoluções, tal como ele próprio expôs na *República*, etc.

3. *Elementos para o comentário do texto.* Foram traduzidos os três primeiros capítulos do Livro V de *A Política.* No primeiro,

---

(82) "A idade que se segue até os cinco anos não deve ser ainda aplicada ao estudo nem aos trabalhos pesados, a fim de não interromper o crescimento. É preciso apenas bastante movimento para impedir o entorpecimento do corpo, e o melhor meio para isso é a ação e o exercício." *Id. ibid.,* p. 174.

(83) *Id., ibid.,* p. 175.

(84) *Id., ibid.,* p. 14.

(85) *Id., ibid.* p. 44.

o autor mostra-se favorável à educação em comum dos jovens. No segundo, coloca o problema das artes mecânicas e liberais, estabelece as partes da educação (Gramática, Ginástica, Música e Desenho) e disserta sobre o descanso e o trabalho. No terceiro capítulo mostra que a utilidade não deve ser a meta do educador, revelando inclinações por uma educação liberal.

Percebe-se no trecho para análise que a pedagogia de Aristóteles, orientada para a política como a de Platão, mas para uma política mais realista e positiva, visa ao mesmo tempo à formação estética do indivíduo, como convém num povo que sempre uniu a virtude à beleza.

4. TEXTO.

Que o legislador deve ocupar-se antes de tudo da educação dos jovens, ninguém o contestará, pois nos Estados onde ela é negligenciada, as constituições sofrem prejuízo. Ora, a educação política deve ser adaptada a cada constituição que em geral a protege e funda-a desde o começo; assim o caráter democrático é o mais seguro fundamento da democracia, e o oligárquico, da oligarquia; e um melhor caráter produz sempre uma constituição melhor. Além disso, em toda espécie de talento ou arte, há coisas que devem antecipadamente ser aprendidas ou hábitos que devem ser contraídos para a sua execução, conseqüentemente também para as práticas da virtude. Como o objetivo do Estado todo é um só, está claro que a educação deve ser uma só, a mesma para todos, e o cuidado dela é comum, não particular ([86]), como nos dias atuais em que cada um cuida dos seus filhos, dando-lhes em particular a instrução específica que lhe pareça boa. Mas o que é de interesse comum, também deve ser exercitado em comum. Ao mesmo tempo não se deve pensar que cada cidadão se pertença a si próprio, mas sim que todos pertencem ao Estado, pois todo indivíduo é membro do Estado; e o cuidado que se põe em cada membro, segundo a ordem da natureza, deve ter sempre em vista o cuidado do todo. Neste ponto, pode-se

---

(86) *Koinós*: comum, público — por oposição a *ídios*: particular, privado, próprio. Muitos traduzem diretamente: o cuidado (ou administração) da educação é um encargo do Estado e não de particulares.

louvar os lacedemônios que empregam o máximo esforço na educação dos filhos exigindo que ela seja dada em comum ([87]).

É evidente que se deve legislar a respeito da educação, e que se deve fazê-la comum; mas é preciso saber o que é educação e como se deve educar. Hoje se discute em torno do assunto. Pois nem todos estão de acordo sobre aquilo que os jovens devem aprender, seja para a virtude seja para uma vida perfeita. Nem há clareza se convém dar preferência à inteligência ou ao caráter moral. E partindo-se do atual sistema de educação o exame resulta confuso: não é nada claro se se devem ensinar as coisas úteis à vida ou as que visam à virtude, ou as que vão além dessas ([88]), pois todas essas posições encontraram defensores. Nada está bem determinado nem mesmo no tocante aos conhecimentos atinentes à virtude, pois acontece que todos não têm o mesmo critério de virtude, de maneira que, logicamente, também divergem quanto à educação.

Capítulo II

Vê-se claramente que entre as coisas úteis se devem ensinar as coisas necessárias; mas nem todas, pois, segundo a distinção de trabalhos dos homens livres e dos não livres, é óbvio que só se deve participar daquelas coisas úteis que não tornem o participante um artesão ([89]). Como mecânico se deve considerar o trabalho, a arte ou conhecimentos que incapacitam, para os exercícios ou para as práticas da virtude, o corpo dos homens livres, ou sua alma ou sua inte-

---

(87) Sempre o entusiasmo pela educação lacedemônia, entusiasmo que, aliás, em Platão, foi maior ainda.

(88) *tà perittá*: o adjetivo *perittós* significa, entre outras coisas: "o que supera a medida costumada; supérfluo; inútil; restante". Daí a divergência na tradução. Enquanto para alguns significa "estudos superiores", para outros "conhecimentos de recreação". Parece que a última é mais conforme ao contexto.

(89) *Dánausos*: próprio de operário, de artesão, vulgar; donde: mecânico = de trabalho manual.

51

ligência. Por isso chamamos mecânicas tais artes que desfiguram o corpo, bem como todos os trabalhos de mercenários, pois não deixam lazer à inteligência, tornando-a medíocre. Mas não há nada de servil em se participar das ciências liberais, ao menos até certo ponto; todavia uma aplicação exagerada para atingir a perfeição está exposta aos danos mencionados. Aliás, há muita diferença conforme o objetivo pelo qual alguém pratica ou aprende; pois não é indigno dum homem livre fazê-lo em interesse próprio ou de amigos ou por motivo moral; quando, porém, se faz o mesmo por causa de outrem, pode parecer muitas vezes que se está a fazer algo de mercenário e de servil.

Os estudos atualmente estabelecidos, como já foi dito, apresentam essa dupla tendência. São talvez quatro as disciplinas que se costumam ensinar: Gramática ([90]), Ginástica e Música, e como quarta alguns acrescentam o Desenho ([91]). A Gramática e o Desenho por serem úteis à vida e de uso múltiplo; a Ginástica porque visa à coragem viril; quanto à finalidade da Música, pode-se ficar em dúvida. Porque a maioria hoje só se ocupa dela como meio de recreação, ao passo que os antigos a estabeleceram como parte da educação; porque a natureza humana, como muitas vezes já se disse, procura não só trabalhar corretamente como também poder gozar nobremente o lazer; pois, para que falemos de novo da natureza, ela é o começo de tudo. Se ambos, lazer e trabalho, são necessários, o lazer é, sem dúvida, preferível ao trabalho, também com relação ao fim, e deve-se procurar o que é preciso fazer durante o lazer; certamente não divertir-se; pois seguiria necessariamente que, para nós, o divertimento é o objetivo da vida. Se isto é impossível, deve-se antes empregar os divertimentos numa vida ocupada (pois quem se fatiga é que necessita de repouso, e o divertimento existe em vista do descanso; o trabalho, porém, se encontra sempre unido à fadiga e à tensão). Por isso é preciso recorrer aos divertimentos, aguardando o momento oportuno de usá-los, como que apli-

---

(90) *Tá grámatta*: as letras; conhecimentos da língua, literatura.
(91) Assim fica constituído o *curriculum* pedagógico.

cando um remédio. Pois tal comoção é um relaxamento para a alma, e, em conseqüência do prazer surgido, um descanso. O descanso mesmo parece conter certa espécie de prazer, felicidade e encanto unidos à vida, que os homens ocupados não possuem e sim os homens livres de todo trabalho. Porque quem está ocupado em algo, trabalha para um fim que ainda não atingiu; e a felicidade é um fim, que todos pensam unido não a desgosto mas a prazer. Todavia este prazer também não é considerado o mesmo por todos, mas cada um o concebe segundo suas peculiaridades e de acordo com seu próprio caráter; o homem perfeito, porém, o concebe como a mais nobre sensação que brota das mais belas ações. Disto se depreende que para usufruir do lazer da vida liberal, é preciso aprender certas coisas pela educação, e que esta formação e este ensino sejam um fim em si, enquanto as instruções para o trabalho, meios necessários para outros fins. Neste sentido os antigos colocaram a música como parte da educação, não, porém, como coisa indispensável (pois ela não constitui uma necessidade) nem como coisa útil como as letras o são para o comércio, a economia, a ciência, e a maioria dos atos públicos; ou como o desenho que parece ser útil para julgar melhor as obras dos artistas, nem como a ginástica o é para a saúde e o vigor (pois não vemos nenhum desses benefícios provir da música); resta, portanto, que seja útil para as horas de lazer, razão por que, como parece, a introduzem como parte da educação, tendo-a em conta de um passatempo dos homens livres, e como tal a classificaram ([92]). Por esta razão é que Homero disse o seguinte:

Um daqueles que se convidam para o festim solene... ou assim falando de alguns outros personagens seus, acrescenta:

Que convidam um aedo que encantará a todos os convivas. E em outra parte Ulisses chama a música de

---

(92) A educação, tal como Aristóteles a concebe, "é encerrada no quadro da cidade, permanece dependente do interesse político da cidade, manifesta a concepção que a cidade tem do ideal humano". René Hubert, *História da Pedagogia,* trad. bras., São Paulo, Companhia Editora Nacional, 1957, p. 222.

o melhor passatempo para os homens quando se entregam à alegria:

No palácio, sentados em ordem ao redor de esplêndido banquete, os convivas escutam um aedo.

Capítulo III

É incontestável, pois, que existe uma forma de educação que se deve dar aos filhos, não por ser útil ou necessária, mas por ser liberal e nobre [93]. Se, quanto ao número há uma só ou mais, quais sejam e como ministrar, disso se deve falar mais tarde. Até agora o que alcançamos, como preliminar, é que possuímos também dos antigos um testemunho tirado dos estudos estabelecidos por eles; disto a música nos dá uma prova evidente. E ainda que é preciso instruir os filhos em coisas úteis, não só porque são úteis, como o conhecimento das letras, mas também porque se torna possível por meio delas adquirir muitos outros conhecimentos [94]. Paralelamente, estuda-se o Desenho não para se precaver de erro nas aquisições particulares ou evitar o enganar-se na compra e venda de móveis, mas sobretudo porque ele atila o critério acerca da beleza dos corpos. Aliás, buscar em toda parte o útil é o que menos convém a homens magnânimos e livres. Demonstrado que se deve formar os filhos antes por meio de hábitos do que por meio de ins-

---

(93) Determinando o conteúdo do ensino, Aristóteles revela um aspecto interessante em suas concepções educativas: seu caráter liberal.

(94) O propósito da educação não é a utilidade. É a felicidade que resulta do desenvolvimento harmônico das tendências de um ser, do exercício da atividade que o especifica. A atividade específica do homem é a inteligência, a razão. A suprema felicidade do homem está na contemplação da verdade mais alta e inteligível. Elemento para alcançá-la é a virtude, conquista da liberdade sobre os apetites irracionais, submissão da atividade prática aos ditames da razão, hábito de escolher em tudo o justo meio, evitando assim o extremo como o defeito — ambos viciosos — de uma qualidade. A moral aristotélica é, pois um *eudaimonismo* racional. Leonel Franca, *Noções de História da Filosofia,* 13.ª ed. Rio de Janeiro, Livraria Agir Editora, 1952, pp. 58 e 59.

trução, e o corpo antes da inteligência, daí se segue claramente que se lhes deve ensinar a ginástica e a pedotríbica([95]): pois a primeira desenvolve certas qualidades no porte do corpo e a segunda ensina os exercícios.

Hoje em dia, no entanto, dos Estados considerados como aqueles que mais cuidados prestam às crianças, uns se empenham em dar-lhes constituição atlética, prejudicando assim as formas e o crescimento do corpo; doutro lado, os lacedemônios que de modo algum cometeram esse erro, fazem-nos ferozes com as fadigas exigidas, como se esse fosse o melhor caminho para a formação da coragem. No entanto, como se disse muitas vezes, não se deve ter o cuidado de olhar por uma só virtude nem principalmente por esta. Mesmo que essa virtude seja o principal objetivo, não se pode alcançá-la por esse meio. Pois não vemos nos outros animais nem nos povos estrangeiros a coragem acompanhar os temperamentos mais selvagens, e sim os que são os mais dóceis. E há muitos povos que têm inclinação ao homicídio e à antropofagia, como os aqueus e heniocos, tribos das costas do Mar Negro, e outros povos do interior que se lhes assemelham e ainda são mais selvagens. Estes, porém, são piratas e não possuem coragem. Ainda, os próprios lacedemônios, sabemos que, enquanto se apegavam às práticas fatigantes, sobrepujavam os outros povos, ao passo que hoje estão atrasados em relação aos outros tanto nos exercícios corporais quanto nos campos de batalha. Pois não se avantajavam no modo pelo qual exercitavam os jogos, mas somente pelo fato de se exercitarem e os adversários não. De maneira que é preciso pôr em primeira linha o belo e não a brutalidade, pois nem o lobo nem outro animal selvagem arrostaria um perigo em nome do belo, mas somente o homem bravo. Os que impulsionam demais os filhos nestes exercícios, e os deixam sem ins-

---

(95) A ginástica acrescentava à ciência dos exercícios um conhecimento exato de todas as suas propriedades em relação ao vigor e à saúde; a pedotríbica limitava-se aos exercícios mecânicos, como a natação, a corrida e a dança. O ginasta era teórico, o pedotriba "prático". Aristóteles, *op. cit.*, nota 125.

truções nas coisas que é necessário conhecer, tornam-nos, a bem da verdade, vulgares, por quererem torná-los úteis à sociedade num só gênero de trabalho; e este, mesmo seus filhos fazem pior do que os outros, como mostra o argumento. Não se deve, porém, julgar os lacedemônios pelos atos do passado, mas sim pelos do presente. Pois hoje têm rivais na educação e no passado não tinham.

> (Aristotle, *Politics,* with an english translation by H. Rackman, London, Harvard University Press, 1959, pp. 634 a 646.)

BIBLIOGRAFIA

1. ARISTOPHANE — *Les Nuées*, T. I, texte établi par Victor Coulon et traduit par Hilaire Van Daele, 7.ª éd. Paris, Société d'Edition "Les Belles Lettres", 1960.

2. ARISTOTLE — *Politics*, with an english translation by H. Rackman, London, Harvard University Press, 1959.

3. AUBRETON, Robert — *Introdução a Homero*, 2.ª ed. São Paulo, Difusão Européia do Livro, 1968.

4. BURNS, Edward Mc Nall — *História da Civilização Ocidental*, I, trad. bras., 2.ª ed. Pórto Alegre, Editora Globo, 1967.

5. DE ROSA, Maria da Glória — *Educação de Telêmaco na Odisséia de Homero*, Boletim n.º 1, 1969.

6. GALINO, Maria Angeles — *História de la Educación*, I, Madrid, Gráficas Condor, S.A., 1960.

7. JAEGER, Werner — *Paidéia*, trad. bras., São Paulo, Editora Herder, s/d.

8. GRANDES *Educadores*, Porto Alegre, Livraria Globo S. A., 1949. Conteúdo: *Platão*, por Cruz Costa; *Rousseau*, por Ruy de Ayres Bello; *Dom Bosco*, por Antônio D'Ávila; *Claparède*, por J. B. Damasco Penna.

9. HOMÈRE, — *L'Odyssée*, tome I, texte établi et traduit par Victor Bérard, Paris, Société d'Edition "Les Belles Lettres", 1947.

10. HUBERT, René — *História da Pedagogia*, trad. bras., São Paulo, Companhia Editora Nacional, 1957.

11. LARROYO, Francisco — *Historia General de la Pedagogia*, 10.ª ed. México, Editorial Porrúa, S.A., 1967.

12. LUZURIAGA, Lorenzo — *História da Educação e da Pedagogia*, trad. bras., São Paulo, Companhia Editora Nacional, 1955.

13. MARROU, Henri-Irénée — *Histoire de l'éducation dans l'antiquité*, 3.ª éd. Paris, Edition du Seuil, 1955.

14. MIREAUX, Émile — *A Vida Quotidiana no Tempo de Homero*, trad. port., Lisboa, Edição "Livros do Brasil", s/d.

15. MONROE, Paul — *História da Educação*, trad. bras., 6.ª ed. São Paulo, Companhia Editora Nacional, 1958.

16. PETIT, Paul — *História Antiga,* trad. bras., São Paulo, Difusão Européia do Livro, 1964.
17. PLATÃO — *A República,* trad., bras., 4.ª ed. São Paulo, Atena Editora, s/d.
18. PLATÃO — *Diálogos,* seleção, introdução e tradução direta do grego por Jaime Bruna, 2.ª ed. São Paulo, Editora Cultrix, 1964.
19. PLATON — *Oeuvres Complètes,* Tome I, Paris, Société d'Edition "Les Belles Lettres", 1946.
20. RIBOULET, L. — *História da Pedagogia,* trad. bras., São Paulo, Livraria Francisco Alves, 1951.
21. RUSSELL, Bertrand — *História da Filosofia Ocidental,* livro primeiro, trad. bras., 2.ª ed. São Paulo, Companhia Editora Nacional, 1967.
22. *Teatro Grego* — Seleção, introdução, notas e tradução direta do grego por Jaime Bruna, São Paulo, Editora Cultrix, 1964.

CAPÍTULO II

EDUCAÇÃO ROMANA

ENTENDIMENTO HISTÓRICO

A história de Roma comporta tríplice divisão:

1.º Realeza (753 a.C.). Começa com a fundação de Roma que, durante o primeiro período de sua existência, esteve sob o domínio de reis. O último destes foi expulso da cidade, em 509 a.C.

2.º República (509 a.C.). É a época das lutas entre Patrícios e Plebeus; da Lei das XII Tábuas; das Guerras Púnicas; das conquistas romanas; das guerras civis, etc.

3.º Império (30 a.C.). Começa com Otávio, a quem se outorga o título de Augusto [1]. Três dinastias ocupam o poder, durante os dois primeiros séculos do Cristianismo: os césares, os flávios e os antoninos. Constroem-se aquedutos, termas, teatros, circos, anfiteatros, etc. Desenvolvem-se a agricultura, a indústria e o comércio. Brilham escritores do porte de Tito Lívio, Virgílio e Horácio. O Império Romano, entretanto, começa a decair, a partir do século II d. C. Teodósio, último imperador, em 395 dividiu o Império Romano em Ocidental e Oriental. Essa data marca o fim da Antigüidade e começo da Idade Média.

Não serão tecidas considerações sobre a educação da Realeza porque a História não oferece material para análise.

Na República dos primeiros tempos a educação adquire feição aristocrática, endereçando-se aos patrícios. Era poderosa a influência do *paterfamilias* mas, também, é verdade que a matrona romana ocupou no lar uma posição mais elevada que na Grécia. Tratava-se de uma sociedade sóbria e austera que ministrou um tipo de educação mais moral que intelectual. A partir do século III a.C.

---

(1) Mas quem criou, realmente, as bases do regime imperial foi César. Este nome figura como o primeiro dos doze Césares do Império Romano.

61

porém, em virtude da expansão romana pelo Mediterrâneo, a educação desse povo sofre sensíveis mudanças. Enriquecendo-se, a sociedade romana acentuou a divisão entre os economicamente poderosos e a plebe, a qual constituía a maioria que, embora empobrecida, teve grande força política. Ainda mais: ocorre a invasão da cultura helênica com os imigrantes gregos que vão até Roma. Os cidadãos mais ricos passam a ter preceptores particulares, geralmente gregos imigrados. O espírito da nova educação resume-se na palavra *humanitas*, uma espécie de educação de caráter universal, *humanística, supernacional*. Cícero é o melhor representante desse tipo de ensino; seu ideal educativo tem um sentido cosmopolita, universal.

No Império, a educação deixa de ser assunto particular e adquire um caráter mais *técnico* que *filosófico*: aplica-se, de preferência, aos problemas práticos. Os grandes representantes dessa nova etapa educativa foram Sêneca e Quintiliano.

REPRESENTANTES

A. *MARCUS TULLIUS CICERO* (106 - 43 a.C.)

1. *Notícia sôbre o autor*. De família de ordem eqüestre, nasceu em Arpino e foi decapitado em Fórmias. Viveu no período republicano.

Estudou em Atenas e Rodes. Teve carreira política brilhante: foi questor, edil e cônsul. Neste último cargo, uma de suas mais célebres ações foi contra Catilina, que queria derrubar o governo e saquear Roma. Cícero aconselha o Senado a votar pela morte do conjurado. Esta atuação valeu-lhe o nome de "Pai da Pátria".

Sua honestidade era conhecida, numa época em que as províncias eram pilhadas e roubadas.

Como escritor, Cícero é a suprema expressão do gênio latino, influenciado pelo gênio grego. Os seus tratados filosóficos, ao mesmo tempo que monumentos históricos, são modelos de elocução. Como escritor produziu muito. Entre suas numerosas obras contam-se orações: *Pro Quinctio, Pro Sexto Roscio Amerino, Pro Tullio, Verrinas, In Catilinam, In M. Antonium orationum Philippicarum*, etc.; tratados de Retórica: *De Inventione, De Oratore, Partitiones oratoriae, Brutus, Orator*, etc.; tratados filosóficos: *De re-publica, De Legibus, Paradoxa Stoicorum, Academia, De finibus bonorum et malorum, Tusculanae Disputationes, De natura deorum, De senectude, De amicitia, De officiis*, etc.

2. *Dos deveres (De officiis)*. Obra escrita em 44, talvez acabada em 43. Foi endereçada ao seu filho Marcus; traça-lhe um programa de estudos e um ideal de vida que gostaria vê-lo realizar.

Cícero não se revela um pensador profundo nem original. Segue a filosofia estóica de Panécio (²), completando-a com outros autores. É eclético; não se sujeita a nenhum sistema.

O tratado está dividido em três partes: a primeira trata do homem; a segunda, do útil; a terceira examina as relações e os conflitos entre o honesto e o útil.

3. *Elementos para o comentário do texto.* Foram selecionados os primeiros quatro capítulos da obra. Cícero exorta o filho a estudar Grego, Latim, Filosofia e Oratória.

Assinala sua supremacia no campo da Oratória, mostrando que cultivou, como nenhum grego, ao mesmo tempo, a Oratória e a Filosofia.

No segundo capítulo, propõe o tema a ser analisado: os deveres. Enfatiza a honestidade, princípio que, aliás, buscou sempre incorporar a suas ações. Importante, neste capítulo, é a preferência que o autor manifesta pelo estoicismo. Faz, contudo, questão de frisar que, no desenrolar do tema, não se escravizará à referida corrente, demonstrando, assim, seu ecletismo.

A terceira parte trata de investigar, entre outras coisas: se todos os deveres são perfeitos; a honestidade ou desonestidade de um fato; se a utilidade não se opõe à honestidade, etc.

Finalmente, dentro do texto proposto, no quarto capítulo, Cícero mostra o homem como ser racional, dotado de instinto gregário e sedento de verdade.

4. Texto.

Capítulo I

Há um ano, querido filho Marcus, você vem recebendo as lições de Cratipo (³), precisamente em Atenas (⁴). Em-

---

(2) Panécio de Rodes nasceu perto de 185 a.C. Fundou a escola estóica média. Difundiu o estoicismo em Roma. Embora logo viessem a ser incluídos entre seus adeptos muitos chefes da vida pública, seu representante mais ilustre foi Cícero.

(3) Cratipo foi um filósofo grego peripatético e historiador (século I a.C.).

(4) Atenas ocupou lugar preponderante no mundo antigo, graças a seus estadistas e filósofos. Mesmo depois de submeter-se ao jugo romano, continuou sendo um dos mais notáveis centros de cultura daquela época.

bora as lições de tão grande mestre e a vida numa cidade tão famosa, um com o tesouro da Ciência, outra com seus ilustres exemplos, tenham permitido a você, sem dúvida, armazenar copiosa doutrina filosófica, não considero tudo isso suficiente à sua educação. Por isso, aconselho-o a fazer o mesmo que fiz para minha utilidade pessoal: servi-me da língua latina e grega, não só para meus estudos de Filosofia, como também para meus exercícios de Oratória. Assim agindo, você poderá adquirir igual facilidade no perfeito manejo de ambos os idiomas. Devido a isto, diz-se que prestei ajuda e favor, sem dúvida importantes, aos nossos concidadãos, por ter facilitado o caminho do conhecimento das letras gregas, não apenas aos que estavam pouco versados nelas, senão também aos doutos que, por esse meio, puderam tirar algum proveito no tocante à eloqüência, filosofia e educação do gosto.

Deixo-o em liberdade, portanto, para aproveitar-se, quanto puder, e pelo tempo que quiser, das lições do grande mestre, príncipe dos filósofos de nosso tempo; e você não deixará de querer prosseguir estudando, enquanto não lhe pesar o muito que tiver aproveitado e aprendido.

Ao ler minhas obras de Filosofia, verá que, na essência, não discrepam da opinião dos peripatéticos; coloque-se em absoluta liberdade para seguir seu critério próprio e pessoal, mas esta liberdade de juízo, que de bom grado outorgo a você, não o impedirá, como lhe digo, de colher o fruto essencial da leitura de meus escritos, o que tanto lhe desejo: ensiná-lo a fazer uso da riqueza de nossa língua.

Não quisera que alguém tomasse por vaidade minhas palavras, porque, embora aceite prazerosamente o fato de muitos me serem superiores na Filosofia, no que concerne à Oratória, quer dizer, verossimilhança, claridade e elegância do discurso, reclamo, com justiça, vantagem sobre muitos outros, pois consagrei minha vida inteira ao estudo e cultivo desse ramo do saber.

Por esta razão, meu filho, exorto-o a ler com a máxima atenção, não somente meus discursos forenses, mas meus trabalhos filosóficos, estes quase tão numerosos quanto aqueles. Nos primeiros, há elevação e eloqüência; mas, nem por isso, desdenhe o estilo simples e ponderado dos segundos. Ademais, não sei de nenhum grego que haja cultivado, como eu, ao mesmo tempo, a eloqüência dos tribunais e a tranqüila simplicidade das obras didáticas, a não ser Demétrio de Faleros [5], filósofo sutil e orador pouco veemente, mas suficientemente delicado para deixar-se reconhecer como discípulo de Teofrasto [6]. Quanto a mim, o leitor estimará quantos progressos obtive num e noutro gênero, posto cultivei os dois.

Imagino realmente que Platão teria sido um orador elegante e de peso se tivesse querido praticar o gênero forense; e Demóstenes [7], se houvesse pretendido expor-nos o ensino recebido de Platão, fá-lo-ia, indiscutivelmente, com graça e elegância. Creio que Aristóteles e Isócrates [8] puderam, da mesma forma, sobressair na Eloqüência e Filosofia; mas, um e outro contentaram-se em cultivar o gênero de estudos de seu agrado e negligenciaram o outro.

---

(5) Viveu em meados do século II a 280 a.C. Orador, estadista e historiador grego. Governador de Atenas na época de Cassandro (317-307). Retirou-se para o Egito, sob a proteção de Ptolomeu Sóter.

(6) Teofrasto de Lesbos (morreu em 287 a.C.), discípulo e sucessor de Aristóteles, na direção do Liceu. Autor de numerosas obras, entre as quais a mais famosa é *Caracteres,* onde faz interessantes observações psicológicas.

(7) Nasceu em 384 e morreu em 322 a.C. O mais célebre orador ateniense. Combateu os projetos de Filipe, rei da Macedônia, pronunciando, na ocasião, brilhantes orações: *Olintianas* (349) e *Filípicas* (341--340). Outro não menos famoso arrazoado foi a *Oração da Coroa* (330) em que levou a melhor sobre Ésquines e fez absolver Ctesifonte.

(8) Isócrates (436-338 a.C.), orador ateniense, professor de Eloqüência em Atenas, discípulo de Pródico, Sócrates e Górgias. Deixou quinze orações no gênero da eloqüência "epidítica" (demonstrativa); as mais célebres são: *Panegírico de Atenas, Sobre a Paz, Areopagítico, Arquidamo, Antídose, Filipe* e *Panatenaico.*

Manteve uma escola de Retórica onde se dispunha a formar jovens para a vida pública; desse estabelecimento saíram estadistas, oradores, advogados e historiadores. Consagrou-se durante quarenta anos ao ensino da Retórica e Eloqüência. Contribuiu para fazer de Atenas o centro intelectual do mundo.

Capítulo II

Tomando a decisão de, no momento, escrever um ensaio, ao qual seguirão depois outros trabalhos dirigidos à sua instrução, acreditei conveniente começar por um tema, ao meu ver, mais adequado à sua idade e à minha qualidade de pai.

A Filosofia tem muitos ramos, todos igualmente úteis, interessantes e estudados a fundo pelos filósofos; mas, talvez não haja outro tão extenso e de tanta utilidade como o que se refere aos *deveres*.

Com efeito, seja um simples cidadão particular, homem político, orador ou pai de família, uma relação conosco mesmos ou com os demais, nada está isento de *deveres*: ser fiel a eles é uma honra; tê-los em número restrito é motivo de censura.

A pesquisa sobre este tema é comum a todos os filósofos. Quem ousaria adornar-se com o nome de filósofo se não houvesse falado sobre os deveres? Há certos sistemas filosóficos que, dando falsas definições do bem e do mal, assinalando-lhes limites arbitrários, desnaturam totalmente os deveres. Quem fundamenta o bem supremo em algo independente da virtude e baseia o dever em proveito próprio, se quiser estar de acordo consigo e não se deixar vencer alguma vez pela bondade de sua natureza, nunca poderá render culto nem à amizade nem à justiça nem à generosidade. Pelo mesmo motivo, é impossível ser homem forte e considerar a dor o mal supremo; e não é possível que um homem seja moderado se mira o prazer como bem supremo.

Estas verdades, embora claras ao entendimento, sem necessidade de demonstração, foram já tratadas por mim em outras obras.

Os únicos filósofos que nos podem dar, sobre o tema, regras verdadeiras, invariáveis e concordes com a natureza são os que asseguram que só a honestidade deve ser buscada; que dizem ser ela o motivo principal das nossas ações e o objeto ao qual devemos tender.

As escolas de Zenão (⁹), de Platão e de Aristóteles já trataram desta doutrina. Ariston (¹⁰), Pirro (¹¹) e Hérilo (¹²) não têm hoje partidários; sem embargo, mereceriam ser consultados sobre o tema tratado se tivessem deixado subsistir a possibilidade de uma eleição entre os objetos, de maneira a permitir chegar-se ao conhecimento do dever.

Seguirei, pois, neste estudo, de preferência, o critério dos estóicos; não como mero intérprete, senão fazendo, como o fazemos sempre, uma verdadeira seleção de fontes e materiais, segundo meu próprio critério e arbítrio.

Já que todo meu trabalho versará sobre os deveres, começarei por defini-lo, pois, qualquer assunto a ser tratado com método principiará por uma definição, a fim de

---

(9) A História da Filosofia registra dois vultos importantes com o nome de Zenão:

1.º Zenão de Eléia (nascido entre 490 e 485 a.C.), filósofo grego, discípulo de Parmênides. Tomando a hipótese contrária a Parmênides, negou a realidade do movimento; ficaram célebres seus argumentos sobre a seta que voa (a flecha que voa está, em cada instante, imóvel num ponto) e de Aquiles e a tartaruga (Aquiles não conseguirá atingir a tartaruga que persegue);

2.º Zenão de Citium (Chipre), que viveu em fins do século IV a.C. Discípulo de Estipon de Mégara, de Crates, o Cínico, e dos platônicos Xenócrates e Polêmon. Fundador da escola estóica (de *Stoa Poecile*, pórtico ornado de pinturas; daí o nome do sistema) para quem o homem deve libertar-se das paixões, do prazer, da dor, do medo e do desejo. O sumo bem consiste em agir conforme à natureza; o que distingue essencialmente um ser dos outros seres é a sua natureza; ora, a razão é o distintivo do homem; então, viver de conformidade com a natureza é viver conforme à razão.

Cícero, preocupado com problemas morais, está se referindo ao segundo.

(10) Ariston de Quio, discípulo de Pirro. Considerava a Lógica inútil. Fundou uma escola própria. O sumo bem está na indiferença de tudo.

(11) Nascido perto de 360 a.C., foi o primeiro dos grandes críticos gregos. Só se conhecem as aparências das coisas, porque os seres renovam-se continuamente. Foi o fundador do ceticismo sistemático (pirronismo).

(12) Hérilo de Cartago, discípulo de Pirro e Zenão. O fim supremo da atividade é o saber.

dar-se dele uma idéia clara. Por isso, surpreende-me que Panécio ([13]) não o tenha feito.

Capítulo III

Posto tratar-se da idéia dos deveres e conhecer sua natureza e extensão, nossa narrativa versará sobre dois pontos: primeiro, o conhecimento dos verdadeiros bens; segundo, a exposição dos preceitos que devem informar nossa conduta em todos os estados e períodos da vida.

Em relação ao primeiro ponto, podemos formular as seguintes proposições: são perfeitos todos os deveres? há uns mais perfeitos que outros? e várias outras questões análogas.

Com respeito aos preceitos que se aplicam aos deveres, embora se correlacionem naturalmente com o primeiro ponto, esta relação não é tão clara na natureza do bem como os laços que os unem com as instituições sociais. Eis aí um tema que vamos demonstrar.

Há ainda outra divisão do dever: médio e perfeito; a este, chamado *catortoma* pelos gregos, denominaremos eqüidade ou dever reto; àqueles, que eles chamam *cathecon,* denominaremos comum ou médio. Como princípio, o dever reto ou perfeito é o mesmo que o bem; o dever mediano ou médio é uma ação da qual se pode dar uma razão plausível.

Segundo Panécio, há três maneiras de proceder antes de tomar-se uma determinação. Primeira, considerar se o fato é honesto ou desonesto, exame freqüentemente obscuro e difícil, que dá lugar a opiniões confusas. Segunda, examinar se o ato pode dar-nos as coisas agradáveis e as doçuras da vida, as vantagens da fortuna, as honras e o poder através dos quais o indivíduo ajuda-se a si mesmo e aos seus. Esta espécie de exame apóia-se na utilidade do ato. Por último, propomo-nos saber se aquilo que se nos apre-

---

(13) Cf. nota n.º 2 dêste mesmo capítulo, p. 63.

senta como útil, não se opõe ao honesto, porque, de um lado, a utilidade arrasta atrás de si o interesse, considerando as vantagens do ato; de outro lado, a retidão dissuade-nos de realizá-lo. A mente, então, vacila e, perplexa e inquieta, não adota resolução nenhuma.

Se se tem em conta que omitir algo em uma divisão é gravíssimo defeito, farei notar que essa divisão é incompleta porque lhe faltam dois termos [14]. Não basta examinar se uma ação é honesta ou desonesta; há casos em que é mister escolher entre duas ações honestas e, freqüentemente, decidir qual das honestas é mais honesta; do mesmo modo, entre dois atos úteis, visualizar qual o mais útil. Portanto, a tríplice divisão de Panécio comporta cinco divisões, já que o honesto subdivide-se em mais ou menos honesto; o útil sofre idêntica subdivisão; e, enfim, é necessário comparar um e outro.

Capítulo IV

Todos os seres animados receberam como primeiro dom da Natureza o sentido de conservação da vida e do corpo; procuram evitar tudo que lhes pareça nocivo, e ao mesmo tempo, procurar o necessário para defesa de sua vida, como alimento, abrigo e outras coisas do mesmo gênero.

O segundo dom, que é igualmente comum a todos os seres animados, é o apetite e desejo de unir-se para propagar a espécie; e todos, alguns mais, outros menos, cuidam dos próprios seres a quem deram a vida. Mas, o que demonstra a superioridade do homem sobre o animal é o fato deste obedecer somente aos sentidos, sem outras preocupações senão com as coisas materiais e presentes, sem noção do passado ou do futuro. O homem, ao contrário, iluminado pela razão, pode conhecer as causas, os efeitos e o progresso das coisas; pode comparar objetos; investigar

---

(14) Cícero ratifica parte do capítulo II: seguirá os estóicos, sem, contudo, ser deles "mero intérprete".

69

suas diferentes relações; ligar o presente com o passado e procurar o necessário para o seu viver cotidiano.

A mesma Natureza, mediante a razão, deu aos homens o sentimento de união, de comunicação de idéias através da palavra, e infundiu em seus corações um afeto particular e intenso aos seres a quem deram a vida; um desejo que os incita a procurar companhia de outros homens, a considerá-los e sentir prazer em suas palavras, bem como procurar as coisas necessárias à conservação da vida; isto não só para eles mesmos, como também para suas esposas, seus filhos e todos a quem dedicam afeto ou têm o dever de proteger. Este cuidado com a família estimula suas energias, excita sua vontade e redobra sua capacidade de trabalho.

Entretanto, o que caracteriza o homem é a inquisição e o conhecimento da verdade. Assim, quando se vê livre dos negócios e preocupações, deseja ver, ouvir, instruir-se, considerando o conhecimento das coisas ocultas e maravilhosas necessário à sua vida. Daí se deduz que a verdade, simplicidade e sinceridade são as virtudes mais convenientes à natureza humana. A este desejo de busca da verdade une-se uma certa aspiração de preeminência; um espírito forte por natureza recusa toda dependência e não aceita preceitos nem conselhos senão de quem o educa e instrui, ou manda com autoridade justa e legítima. Desse nobre sentimento nasceu a magnanimidade e o menosprezo das coisas humanas.

É preciso não passar por alto outra vantagem própria e exclusiva do homem, nascida de sua razão; este é o único ser que conhece a ordem e a conveniência das coisas, a medida e o decoro das palavras e dos atos. Portanto, nenhum outro ser animado vê nos objetos que percebe pelos sentidos, a ordem, beleza, elegância e proporção das partes. Esta imagem dos objetos reflete-se primeiro nos olhos, e a razão fá-la passar à alma, como para advertir que se deve pôr nos atos maior constância, regularidade e beleza; que é preciso evitar a baixeza e a pusilanimidade e pensar e agir sempre sem detrimento da virtude. De tudo isso, resulta a honestidade a que me refiro, e da qual digo, com razão, é digna de todos os elogios, mesmo quando por ninguém louvada.

> (Cicerón, *Los Deberes*, traducción directa del latín, prólogo y notas por Augustín Blánquez, Barcelona, Editorial Iberia, S.A., 1946, pp. 35 a 43.)

B. *LUCIUS ANNAEUS SENECA* (4-65)

1. *Notícia sobre o autor.* Natural de Córdova, Espanha. Viveu a maior parte de sua vida em Roma. É representante da cultura dos primeiros anos do Império. Quase foi condenado à morte por Calígula. Foi exilado na Córsega por Cláudio. Chamado a Roma por Agripina, em 49, tornou-se preceptor de Nero que, mais tarde, não podendo resistir às censuras do filósofo, ordenou sua morte.

Forma com Epíteto e Marco Aurélio um trinômio de filósofos estóicos que viam na serenidade íntima o fim último do homem.

De Sêneca restaram muitos escritos: *Dialogorum libri,* em doze volumes, reunindo, entre outros escritos, que não são, aliás, verdadeiros diálogos: *De providentia, De vita beata, De tranquillitate animi, De brevitate vitae, Ad Helviam matrem de consolatione; De clementia; De beneficiis; Ad Lucilium;* algumas tragédias, imitações de modelos gregos: *Hécuba, Medéia, Fedra, Édipo, Agamêmnon* e outras.

2. *Cartas a Lucílio (Ad Lucilium).* São 124 cartas em 20 livros. Constituem-se dissertações estóicas sobre a consolação, a cólera, a clemência, a brevidade da vida, a tranqüilidade da alma, a felicidade, etc.

O destinatário é Lucílio Júnior, nascido pouco depois da era cristã e alguns anos mais novo que Sêneca.

Há quem veja nessas cartas nenhuma semelhança com a correspondência íntima; apenas uma preocupação em destiná-las à publicidade ([15]). Outros, pelo contrário, sentem nelas o sabor de uma conversa mais íntima com um amigo, a par da intenção de endereçá-las ao público e à posteridade ([16]).

A verdade é que essas cartas contêm preciosas observações morais e ensinamentos delicados que não envelhecerão jamais. Sêneca formulou máximas que atravessaram os séculos: "Mostra-te surdo às palavras daqueles que te amam muito" ([17]).

---

(15) É o ponto de vista de Augusto Magne em *Literatura Latina,* v. 5, São Paulo, Editora Anchieta S/A, 1946, p. 220.

(16) É a posição de F. Préchac em Sénèque, *Lettres a Lucilius,* I, 3e. éd., Paris, Société d'Edition "Les Belles Lettres", 1959, introduction.

(17) *Id., ibid.,* lettre 31, p. 137.

"O trabalho é o alimento das almas generosas" [18].
"Uma árvore isolada não provoca admiração, num lugar em que a floresta é muito alta" [19].
"O mal não está nas coisas, está nas almas" [20].
"Faze descer a filosofia no fundo de teu coração; alicerça a experiência de teu progresso não sobre a coisa dita ou escrita, mas sobre a firmeza da alma e a redução dos desejos" [21].
Estas cartas foram lidas e meditadas por muitos espíritos nobres da Idade Média e Renascença. Entre os primeiros citam-se: Abelardo e Roger Bacon. Entre os segundos: Erasmo e Montaigne.
Chegaram até nós, impregnados de fervor espiritual. Ainda hoje, muitas de suas máximas são citadas como modelo de ponderação e judiciosidade.

3. *Elementos para o comentário do texto.* A carta selecionada fundamenta-se em princípios de filosofia estóica. Procura demonstrar o que está fora de nós e o que depende de nós.

Sêneca quer que Lucilius permaneça fiel à resolução de poupar o tempo que o mundo, criminosamente, malbarata.

4. TEXTO.

Livro Primeiro

Sêneca deseja saúde a Lucilius

1. Faze assim, meu Lucilius, exige-te a ti mesmo e o tempo, que até agora ou te era tomado ou roubado, ou te fugia, aproveita-o e guarda-o.

Convence-te que isso é assim, como te escrevo: certos tempos nos são roubados, outros tantos subtraídos, alguns outros fugidios.

Contudo, a mais vergonhosa perda é aquela que se faz por negligência. E se já tiveres prestado atenção, a maior parte da vida passa-se fazendo mal as coisas; uma grande parte passa-se não se fazendo nada e a vida toda acaba por não ser aquilo que se fez [22].

---

(18) *Id., ibid.*, lettre 31, p. 138.
(19) *Id., ibid.*, lettre 33, p. 144.
(20) *Id., ibid.*, lettre 17, p. 71.
(21) *Id., ibid.*, lettre 20, p. 81.
(22) A figura da fabulista francês La Fontaine serve para ilustrar essa passagem. Ele se dizia preguiçoso e amigo do sono, declarando que

2. Quem me apresentarás que dê algum valor ao tempo, que conheça o preço de um dia, que compreenda que se morre um pouco cada dia? Nisto, pois, nos enganamos, quando encaramos a morte: grande parte dela já é coisa passada. Tudo que fica para trás de nossa existência faz parte da morte. Faze, meu Lucílio, o que me escreves que fazes, apodera-te de todas as horas.

Assim acontecerá que dependas menos do amanhã, se tiveres lançado mão do hoje. Enquanto se dissipa o tempo, a vida passa.

3. Todas as coisas, ó Lucilius, nos são alheias, só o tempo é nosso ([23]). Este bem fugaz e fugidio é a única posse que a natureza nos legou. Roube-nos o tempo quem quiser. E tal é a loucura dos mortais: os menores presentes, e do mais ínfimo preço, objetos mais ou menos substituíveis, implicam uma dívida que cada um aceita. Mas ninguém se considera devedor do tempo que recebe, isto é, do único bem que, mesmo o reconhecimento ajudando, é impossível ser restituído.

4. Perguntar-me-ás talvez como eu me comporto, eu que te proponho estas belas máximas. Confessar-te-ei francamente: meu caso é o de uma pessoa que leva uma vida faustosa, mas com ordem; meu registro de despesa é bem calculado.

Não posso dizer que não perco nada, mas direi o que perco, e por que e como. Eu prestarei contas de minha pobreza. De resto, eu me encontro no rol da grande parte de pessoas arruinadas sem que nisso haja culpa das mesmas: todos as acusam, ninguém as socorre.

5. Qual é, portanto, a conclusão? Não julgo pobre aquele para quem o pouco que resta é suficiente. Tu contudo, controla tuas posses. E começarás em tempo útil. Assim

---

sua vida estava dividida em duas partes consagradas "uma a dormir e outra a não fazer nada". *Apud* A. Lagarde et L. Michard, *XVII Siècle*, 7e. éd. Paris, Imprimerie Chaix, 1957, p. 216.

(23) Aqui parece que Sêneca afasta-se da doutrina estóica, segundo a qual o único bem que pertence ao homem é a alma. Pode-se, contudo, entender o tempo consagrado ao aperfeiçoamento da alma que, assim empregado, constitui a verdadeira vida.

julgavam nossos pais: "Tardia poupança, quando não há mais o que poupar" (24). O que sobra é sempre pouco e o pior. Adeus!

> (Sénèque, *Lettres a Lucilius*, Tome I, texte établi par François Préchac, 3e. éd. Paris, Société d'Edition "Les Belles Lettres", 1959, pp. 2 a 5.)

C. MARCUS FABIUS QUINTILIANUS (40-118)

1. *Notícia sobre o autor.* Nasceu em Calahorra, na Espanha, transferindo-se desde seus primeiros anos para Roma, onde foi discípulo de Palemon (25) e Domício Áfer (26).

O Imperador Galba (27), honrou-o com cargos importantes. Era conhecido como advogado e professor de Eloqüência. Vespasiano (28) concedeu-lhe um ordenado de cem mil sestércios e, assim, Quintiliano torna-se o primeiro professor pago do Estado.

Ensinou durante vinte anos e com muito sucesso. Teve alunos famosos como Plínio, o Moço (29) e o Imperador Adriano (30).

A vida de Quintiliano esteve ligada a grandes dissabores: perdeu a mulher e, um ano depois, um dos dois filhos, que con-

---

(24) Renova a advertência, ilustrando-a com um provérbio.

(25) Gramático do século I que gozou de grande reputação em Roma. Deixou um tratado *De ponderibus et mensuris* e alguns fragmentos insertos no *Poetae minoris.*

(26) Orador latino (16 a.C. — 59 d.C.). Quintiliano coloca-o na fileira dos grandes oradores. Mas, representou o papel de delator nos tempos de Tibério, Calígula, Cláudio e Nero. Restam dele apenas fragmentos.

(27) Sérvio Sulpício Galba (3 a.C. — 69 d.C.). Descendente de uma das mais nobres famílias romanas. Assassinado com sete meses de reinado, disse aos seus assassinos: "Matem, se isso é útil ao povo romano".

(28) Tito Flávio Vespasiano (8-79). Construiu aquedutos, abriu belas ruas, protegeu as letras e as artes.

(29) Caio Plínio Cecílio Segundo (62-120). Escritor romano. Educado por seu tio, Plínio, o Velho. Sua curiosidade estendia-se a tudo, mas seu gosto fixou-se, principalmente, nas belas letras. Consagrou seus lazeres à Poesia, à Eloqüência e à redação de cartas encantadoras.

(30) Hélio Adriano (76-138). Imperador romano da família dos Antoninos. Teve por tutor seu tio Trajano que o adotou, deixando-lhe o império quando morreu. Protegeu abertamente as ciências e cultivou com paixão as letras e as artes.

tava cinco anos de idade. Enquanto redigia *De Institutione Oratoria* perde o segundo filho de dez anos.

2. *De Institutione Oratoria.* Depois de ter ensinado Eloqüência durante vinte anos, Quintiliano retira-se do magistério e escreve essa obra que o imortalizou.

A composição durou perto de dois anos (92 e 93), compõe-se de doze livros e foi dedicada ao seu amigo Marcellus Victorius (31). Propõe-se a formar, desde o berço, o futuro orador.

O Livro I é consagrado à educação da criança na família e na casa do gramático; aí a criança permanecerá, dos doze aos dezesseis anos; em seguida, passará para o "retor". O Livro II versa sobre os ensinamentos deste último.

Os Livros III a VII são dedicados à invenção e disposição: gêneros demonstrativo, deliberativo, judiciário, exórdio, narração, proposição, divisão, argumentação, provas, silogismo, etc.

Os Livros VIII a X versam sobre a elocução. Mostram, entre outras coisas, as diferentes espécies de figura, o arranjo das palavras e o ritmo oratório.

O Livro XI fala das conveniências da memória e da ação.

Finalmente, o Livro XII trata das condições necessárias ao orador.

De Institutione Oratoria é um verdadeiro tratado de educação intelectual e moral.

3. *Elementos para o comentário do texto.* Transcrever-se-ão, a seguir, dois capítulos da obra enfocada: "De que modo se reconhecem os talentos nas crianças e quais os que devem ser tratados", do Livro I, cap. 3; e "Se é necessário que se ensine de acordo com a natureza de cada um", do Livro II, cap. 8.

Quanto ao primeiro excerto, Quintiliano demonstra, como o próprio título sugere, sua preocupação em identificar e encarar os talentos nas crianças. Coloca o problema das diferenças individuais e a maneira de proceder diante delas. Fala das necessidades do descanso, do pendor das crianças para o jogo e mostra-se contrário aos castigos físicos.

Quanto ao segundo excerto — "Se é necessário que se ensine de acordo com a natureza de cada um" —, conclui pela afirmativa. A instrução deve ajudar o desenvolvimento das disposições naturais; natureza eqüivale, para Quintiliano, ao homem ainda não educado. O mestre deverá respeitar as diferenças individuais. E termina enfatizando o cuidado que se deve ter na formação do futuro orador — meta de sua pedagogia.

---

(31) Célebre advogado da época de Domiciano.

4. Texto.

De que modo se reconhecem os talentos nas crianças e quais os que devem ser tratados.

1. Trazido o menino para o perito na arte de ensinar, este logo perceberá sua inteligência e seu caráter [32]. Nas crianças, a memória é o principal índice de inteligência, que se revela por duas qualidades: aprender facilmente e guardar com fidelidade [33]. A outra qualidade é a imitação que prognostica também a aptidão para aprender [34], desde que a criança reproduza o que se lhe ensina, e não apenas adquira certo aspecto, certa maneira de ser ou certos ditos ridículos [35]. 2. Não me dará esperança de boa índole uma criança que, em seu gosto pela imitação, não procurar senão fazer rir. Porque, primeiramente será bom aquele que, na verdade, for talentoso; senão eu o julgarei antes retardado do que mau. O bom mesmo se afastará muito daquele lerdo e inerte. 3. Este meu (menino bom) compreenderá sem dificuldades aquelas coisas que lhe forem ensinadas e também perguntará algumas vezes; entretanto, mais acompanhará do que correrá à frente. Estes espíritos que, de bom grado, eu chamaria de precoces, não chegarão jamais à maturidade [36]. 4. Estes são os que facilmente fazem pequenas coisas e, levados pela audácia, imediatamente ostentam tudo o que podem; mas, o que podem, em definitivo, é o que se encontra a seu alcance imediato;

---

(32) "Esta observação psicológica que Quintiliano aplica em toda sua obra, tanto a respeito dos alunos, como dos mestres, é um de seus mais felizes acertos." Luzuriaga, *História da Educação e da Pedagogia,* trad. bras., São Paulo, Companhia Editora Nacional, 1955, p. 73.

(33) A facilidade para captar e reter o que se ensina é uma das mais prometedoras características da inteligência. Cf. capítulo VII, nota n.º 36, p. 202.

(34) O segundo sinal de bons dotes para o estudo é a docilidade em reproduzir os bons ensinamentos.

(35) Quintiliano acha que nem todas as tarefas necessitam da explicação e guia do mestre. Algumas realizam-se mesmo sem sua interferência, como memorizar e compor. É necessário deixar, com discreção, o aluno ir caminhando através de suas próprias forças.

(36) Desconfia das crianças-prodígio.

destilam palavras, umas após outras, com ar destemido; proferem-nas, sem nenhuma vergonha; não vão muito longe, mas vão depressa. 5. Não existe neles nenhuma força verdadeira, nem se apóiam totalmente em raízes profundas; como sementes esparsas à flor do solo, rapidamente se dissipam e, como pequenas ervas, amarelecem os frutos em suas hastes fracas, antes da colheita. Estas coisas agradam na infância, por causa do contraste com a idade; a seguir, o progresso pára e a admiração diminui. 6. Logo que tiver feito essas considerações, o mestre deverá perceber de que modo deverá ser tratado o espírito do aluno. Existem alguns que relaxam, se não se insistir com eles incessantemente. Outros se indignam com ordens; o medo detém alguns e enerva outros; alguns não conseguem êxito senão através de um trabalho contínuo; em outros, a violência traz mais resultados. Dêem-me um menino a quem o elogio excite, que ame a glória e chore, se vencido ([37]). 7. Este deverá ser alimentado pela ambição; a este a repreensão ofenderá, a honra excitará; neste jamais recearei a preguiça.

8. A todos, entretanto, deve-se dar primeiro um descanso, porque não há ninguém que possa suportar um trabalho contínuo; mesmo aquelas coisas privadas de sentimento e de alma, para conservar suas forças, são afrouxadas por uma espécie de repouso alternado ([38]); além do mais, o trabalho tem por princípio a vontade de aprender, a qual não pode ser imposta. 9. É por isso que aqueles cujas forças são renovadas e estão bem dispostos têm mais vigor e um espírito mais ardente para aprender, enquanto, quase sempre, se rebelam contra a coação. 10. O gosto pelo jogo entre as crianças, não me chocaria; é este um sinal de vivacidade e nem poderia esperar que uma criança triste e sempre abatida mostre espírito ativo para o estudo, pois que, mesmo ao tempo deste ímpeto tão natural a esta idade,

---

(37) Quintiliano percebia que é próprio desta idade primeira atrever-se a muitos empreendimentos, gozar com os descobrimentos, lançar-se ao esforço com valentia e otimismo.

(38) A necessidade de descanso não é somente uma exigência física, senão em caso de trabalho intelectual, um imperativo psíquico que não pode ser esquecido.

ela permanece lânguida ([39]). 11. Haja, todavia, uma medida para os descansos; senão, negados, criarão o ódio aos estudos e, em demasia, o hábito da ociosidade. Há, pois, para aguçar a inteligência das crianças, alguns jogos que não são inúteis ([40]) desde que se rivalizem a propor, alternadamente, pequenos problemas de toda espécie. 12. Os costumes também se revelam mais simplesmente entre os jogos, de modo que não parece existir uma idade tão tenra que não aprenda desde logo o que seja mau ou bom ([41]); mesmo porque a idade mais fácil para formar a criança é esta que não sabe simular e cede facilmente aos preceitos: quebra-se com efeito, não se endireita aquelas coisas que tomaram definitivamente um aspecto mau ([42]). 13. Então, nada fazer com paixão, nada com arrebatamento, nada impotentemente; eis, de imediato, o aviso que é preciso dar à criança. Sempre se deve ter em mente o conselho virgiliano:

"Nos primeiros anos o hábito tem muita força" ([43]).

14. Na verdade, gostaria pouco que as crianças fossem

---

(39) A criança que se entrega espontaneamente ao jogo demonstra saúde. Modernamente, os psicólogos emprestam grande importância ao jogo, considerando-o como "uma ocupação muito séria" para a criança. É por meio dele "que se faz grande parte do trabalho da infância". Arthur J. Jersild, *Psicologia da criança*, trad. bras., Belo Horizonte, Editora Itatiaia Limitada, 1966, p. 453.

(40) Aprova os jogos dirigidos e de engenho.

(41) Um dos mais bem pensados princípios da pedagogia de Quintiliano é o de que nunca é demasiado cedo para iniciar a educação. Acha que os três primeiros anos da vida são aptos tanto para a formação dos costumes como para a do entendimento. É uma posição singular dentro da Antigüidade que não admitia a instrução antes dos sete anos de idade. Os primeiros conhecimentos dependem da memória e essa já aparece antes dos sete anos.

Exatamente porque o caminho da virtude é difícil, é preciso favorecer seu desenvolvimento desde a mais tenra idade. Incentivar, de alguma maneira, sua vontade de agir reta e honradamente, tendo sempre em mente que "não parece existir uma idade tão tenra que não aprenda desde logo o que seja mau ou bom".

(42) Os maus hábitos adquiridos na infância são mais difíceis de desterrar.

(43) Desde o começo, ensinar a criança a não trabalhar apaixonada ou desenfreadamente. E Quintiliano toma emprestado de Virgílio uma frase categórica.

castigadas, ainda que houvesse permissão, e Crisipo não desaprovasse. Primeiramente, porque é baixo e servil e certamente uma injúria, o que seria lícito se se mudasse a idade (44). Além do mais, porque se alguém tem um sentimento tão pouco liberal que não se corrija com uma repreensão, também resistirá às pancadas como o mais vil dos escravos. Finalmente, não haverá mesmo necessidade desse castigo, se houver ao lado das crianças um assistente assíduo de estudos. 15. Mas, hoje é geralmente a negligência dos pedagogos que parece continuar entre as crianças; porque não as forçam a bem fazer, punem-nas porque não fizeram. Enfim, se coagirdes uma criança com pancadas, que fareis para o jovem que, por outro lado, não terá nada a temer e que deve aprender coisas mais importantes (45)? 16. Acrescente-se que muitas coisas vergonhosas e quase humilhantes de serem ditas aconteceram às crianças a serem castigadas, muitas vezes por dor e por medo; a vergonha confrange a alma, abate-a, leva-a a fugir e a detestar a própria luz. 17. Se já foi menor o cuidado em escolher os costumes dos vigilantes e mestres, é vergonhoso dizer em que ações infames homens nefandos cairão com o abuso deste direito de castigar; e este medo das pobres crianças dá também ocasião para o medo de outras. Não me demorarei nesta parte: o que se entende já é suficiente. Basta dizer isto: ninguém deve ter muitos direitos sobre uma idade demasiado fraca e exposta a ultrajes (46).

. . . .

Se é necessário que se ensine de acordo com a natureza de cada um.

1. Considera-se geralmente, e com razão, como um predicado do mestre notar diligentemente as qualidades

---

(44) Afasta-se aqui de Crisipo, mestre da escola estóica a quem sempre segue, para condenar os castigos corporais que este não reprova.

(45) Se o mestre levasse as crianças a cumprir suas obrigações, não haveria necessidade de castigo.

(46) A pedagogia romana, assim como a grega, era severa e brutal. A férula era o meio normal para o mestre firmar sua autoridade. O mérito de Quintiliano está em reagir contra isso.

de espírito dos alunos que está encarregado de formar, e saber para onde, de preferência, a natureza os conduz. Porque há nisto uma variedade incrível e a variedade de espíritos não é menor que a dos corpos.

2. É o que se pode também entender daqueles oradores que diferem tanto entre si pelo estilo, que não há um que se assemelhe a outro, ainda que a maior parte se comporte à imitação de seus autores favoritos. 3. Eis porque se tem geralmente julgado útil dirigir a instrução de maneira a ajudar, através dela, o desenvolvimento das disposições naturais e a favorecer, principalmente, a tendência inata dos espíritos. Da mesma forma que um perito mestre de palestra, entrando num ginásio cheio de crianças, depois de ter estudado de mil maneiras o corpo e o espírito delas, descobre para qual tipo de luta cada uma deve ser preparada, 4. assim o professor de Eloqüência, depois de ter estudado com sagacidade as disposições de espírito, seja num estilo simples e polido, seja num estilo acre, grave, doce, áspero, nítido e acomodado e prefira, principalmente, o estilo urbano, 5. assim também acomodará cada um naquele gênero que lhe é próprio, pois a natureza, se cultivada, adquire mais força enquanto que, conduzida para um caminho contrário às suas disposições, não produzirá resultados satisfatórios nos ramos em que é menos apta e, deixando-os de lado, mostra-se mais débil nisso.

6. Isto em parte me parece verdadeiro, da mesma forma que se é livre para exprimir-se um conselho, mesmo contrário às idéias correntes, desde que apoiado na razão. É absolutamente necessário observar as qualidades próprias do espírito. 7. Ninguém me afastará desse pensamento que tais coisas devem ser levadas em conta para escolherem-se os estudos aos quais cada um se deverá aplicar. Com efeito, haverá um mais idôneo para a História, outro mais afeito à Poesia, outro ainda mais útil ao estudo do Direito e outros, talvez, devam ser enviados para o campo. Assim, o professor de Ginástica designará uns para a corrida, outros para o pugilato, para a luta ou qualquer outro combate atlético que são próprios dos jogos sagrados. 8. Na verdade, aquele que se destinar ao *forum* deve

trabalhar não em uma determinada parte, mas em todas as que são de sua arte, mesmo naquelas que lhe pareçam muito difíceis. Realmente, a doutrina será totalmente vazia, se a natureza for suficiente por si só.

9. Se censurarmos asperamente um espírito corrupto e orgulhoso, como é a maioria, por causa disso o abandonaremos? Se é magro e despido não o alimentaremos e vestiremos? Se algumas vezes é permitido cortar alguma coisa por que não é permitido acrescentar? 10. Eu não luto contra a natureza ([47]). Penso que não se deve negligenciar o que é bom se for inato, mas aumentar e acrescer o que lhe falta ([48]). Na verdade, Isócrates, aquele ilustríssimo professor, cujos escritos atestam as suas qualidades de espírito, tanto quanto seus discípulos atestam sua qualidade de professor, quando julgava Éforo e Teopompo ([49]), dizia que uns têm necessidade de freios, outros de esporas ([50]). Considerou que seu ensinamento devia favorecer a fleuma nos mais lentos e a rapidez nos mais velozes? ou julgou que as duas naturezas ganhariam mais combinando-se?

12. Entretanto, admito que os espíritos medíocres devem ser tratados como tais e conduzidos somente para aquilo a que a natureza os chamou; assim, pois, farão bem a única coisa de que são capazes ([51]). Se, porém, a natureza mostrar-se mais liberal e justificar a esperança de formar-se um

---

(47) Por pertencer à corrente estóica, Quintiliano professa uma confiança ilimitada nas possibilidades e bondade da natureza.

(48) O ensino jamais deverá despojar a natureza do que for valioso: seu papel será o de reforçá-la e completá-la.

(49) Éforo foi historiador grego, nascido nos primeiros anos do século IV a.C., morrendo em 334. Teopompo foi um poeta cômico grego do fim do século V e começo do século IV a.C., contemporâneo de Aristófanes. Éforo e Teopompo foram os mais distintos discípulos de Isócrates. Este, caracterizando o espírito pesado de Éforo, dizia que tinha necessidade de esporas, enquanto Teopompo carecia de bridão.

(50) Quintiliano mostra como conduzir os diversos tipos de temperamento para obter deles o máximo rendimento.

(51) As relações entre *natureza* e *arte*, *inteligência* e *doutrina* devem resolver-se através de um acoplamento hierárquico que, em primeiro lugar, subordine a arte à natureza.

orador, não se deve omitir nenhuma virtude de eloqüência.
13. Porque mesmo se, como é certo, nosso aluno tem mais inclinação para um lado, não será entretanto absolutamente rebelde aos outros e, pela aplicação, poderá sair-se tão bem nestes como naqueles onde é, por natureza, excelente ([52]). Se o mestre de Ginástica começar a formar um pancraciasta ([53]), não lhe ensinará tão-somente a ferir com o punho ou com o pé, ou a prender certos adversários no meio do corpo; ensinar-lhe-á, certamente, todos os procedimentos dessa luta. Haverá, talvez, quem não possa fazer alguns desses exercícios; então, deverá aplicar-se principalmente no que for capaz. 14. Mas devem ser evitadas estas duas coisas: uma, não tentar fazer o que se não possa fazer; outra, não afastar o jovem daquilo que ele faz com perfeição, para aplicá-lo em outra coisa na qual é menos hábil. Mas se houver alguém que ensine, lembre-se daquele velho, Nicóstratos, que, no que diz respeito à sua arte, usava sempre o mesmo modo de ensinar e transformava o atleta naquilo que ele próprio foi: invencível na luta e no pugilato, dois exercícios nos quais obtinha a vitória num mesmo dia.

15. E com muita razão, quanto cuidado deve tomar o mestre para formar o futuro orador! Realmente, não é suficiente falar apenas com concisão, sutileza ou veemência, da mesma maneira que não é suficiente a um mestre de canto sobressair-se unicamente nos sons agudos, médios ou

---

(52) O início do processo educativo supõe uma seleção que exclua, com bondade, porém com firmeza, os incapazes. Esta seleção deverá ser regulada por uma cuidadosa prudência, já que somente em casos excepcionais o mestre achar-se-á ante indivíduos totalmente rebeldes à educação.

(53) O termo vem de *pancratium,* do latim, *pangkration,* do grego. Combate ginástico que compreende a luta e o pugilato. O *pancrácio* foi introduzido nos jogos olímpicos da XXVIII.ª olimpíada. Tinha-se o direito de empregar nele todos os recursos da luta: pressão dos braços, camba-pé, murros e pontapés. Mas os adversários tinham os punhos nus, sem luvas; era proibido morder. A luta continuava mesmo quando os dois atletas tinham rolado em terra e até que um deles se confessasse vencido. Este exercício era perigoso e, por vezes, mortal. Popular na Grécia, foi usado durante muito tempo em Roma no tempo de Calígula.

graves, e até mesmo em pequenas frações desses tons. Na verdade, a eloqüência é como a cítara: não será perfeita a não ser que todas as cordas estejam bem afinadas, desde a mais baixa até a mais alta ([54]).

(Quintilien, *Institution Oratoire*, I, texte revu et traduit par Henry Bornecque, Paris, Editions Garnier Frères, 1954, pp. 45 a 51 e 211 a 217.)

---

54) Convém relembrar que para Quintiliano, bem como para o pensamento romano da época, a educação do orador, realizada através da Retórica, é a do homem mais excelente que se possa imaginar, uma vez que a profissão do orador aparece também como a mais formosa de quantas possa contribuir para o progresso da nação. Para Quintiliano, e todos os estóicos, a aptidão verdadeiramente racional é o exercício da virtude. Daí, a Retórica não estará de acôrdo com a razão, se não orientar formalmente para o bem.

BIBLIOGRAFIA

1. BURNS, Edward Mc Nall — *História da Civilização Ocidental*, I, trad. bras., 2.ª ed. Porto Alegre, Editora Globo, 1967.
2. CÍCERÓN — *Los Deberes*, traducción direta del latín, prólogo y notas por Austin Blánquez, Barcelona, Editorial Iberia, S.A., 1946.
3. GALINO, Maria Angeles — *História de la Educación*, I, Madrid, Gráficas Cóndor, S.A., 1960.
4. JAEGER, Werner — *Paidéia*, trad. bras., São Paulo, Editora Herder, s/d.
5. LAHR, C. — *Manual de Filosofia*, trad. port., 6.ª ed. Porto, Livraria Apostolado da Imprensa, 1952
6. LARROYO, Francisco — *Historia General de la Pedagogia*, 10.ª ed. México, Editorial Porrúa, 1967.
7. LUZURIAGA, Lorenzo — *História da Educação e da Pedagogia*, trad. bras., São Paulo, Companhia Editora Nacional, 1955.
8. MAGNE, Augusto — *Literatura Latina*, v. 5, São Paulo, Editora Anchieta S/A, 1946.
9. QUINTILIEN — *Institution oratoire*, I, texte revu et traduit par Henry Bornecque, Paris, Editions Garnier Frères, 1954.
10. RIBOULET, L. — *História da Pedagogia*, trad. bras.. São Paulo, Livraria Francisco Alves, 1951.
11. SANTOS, Theobaldo Miranda — Noções de *História da Educação*, 4.ª ed. São Paulo, Companhia Editora Nacional, 1952.
12. SÉNÈQUE — *Lettres à Lucilius*, I, 3.e éd. Paris, Société d'Edition "Les Belles Lettres", 1959.

CAPÍTULO III

EDUCAÇÃO CRISTÃ

ENTENDIMENTO HISTÓRICO

O Cristianismo é, antes de tudo, uma religião. Entretanto, dele brotam implicações filosóficas, educacionais e sociais de grande ressonância. Costuma-se mesmo afirmar que "com o aparecimento do Cristianismo o rumo da história ocidental muda" (1). Atendendo aos objetivos deste estudo, procurar-se-á, numa breve análise, atentar apenas para um aspecto do Cristianismo: o educacional. Estabelecer-se-ão quatro degraus, dentro do tema proposto, mais para facilidade didática:

1. **Período apostólico.** Corresponde à atuação de Jesus de Nazaré nascido em Belém, pequena cidade da Judéia, e a dos primeiros apóstolos (2) aos quais foi confiada a missão de apregoar a "boa nova".

2. **Período patrístico.** Tal designação origina-se do trabalho exercido pelos primeiros *Padres da Igreja,* quase todos educadores. Procuraram conciliar a cultura greco-romana com o Cristianismo. É uma fase que cobre os primeiros séculos da Igreja.

3. **Período monástico.** Deu-se o nome de "monge" ao asceta que, refugiado na solidão, dedicava-se a Deus, através de orações e exercícios piedosos. De início, os monges viviam isolados e eram tidos como anacoretas. Posteriormente, no século IV, passaram a formar uma comunidade religiosa; de eremitas ou anacoretas passaram a cenobitas. Coube aos mosteiros, durante a irrupção dos bárbaros (3), no império romano, conservar a cultura antiga e utilizá-la como meio de educação.

---

(1) Lorenzo Luzuriaga, *História da Educação e da Pedagogia,* trad. bras., São Paulo, Companhia Editora Nacional, 1955, p. 75.

(2) "Jesus reuniu seus doze discípulos. Conferiu-lhes o poder de expulsar os espíritos imundos e de curar todo mal e toda a enfermidade. Eis os nomes dos doze apóstolos: o primeiro, Simão, chamado Pedro, depois André, seu irmão. Tiago, filho de Zebedeu, e João, seu irmão. Felipe e Bartolomeu. Tomé e Mateus, o publicano. Tiago, filho de Alfeu e Tadeu. Simão o cananeu e Judas Iscariotes, que foi o traidor." *Mat.,* X, 1, 2, 3 e 4.

(3) Bárbaros eram aqueles povos, segundo os romanos, que habitavam fora das fronteiras do Império, na Ásia, Europa e África e,

4. *Período escolástico*. "Escolástica" tem várias acepções:

a) determinado conjunto de doutrinas;
b) método particular de ensino;
c) movimento intelectual que cobre o século XII até a Renascença.

A História da Educação encara o termo, principalmente, nos últimos aspectos.

REPRESENTANTES

A. *CLEMENTE DE ALEXANDRIA* (160-220)

1. *Notícia sobre o autor*. Pertence ao período patrístico. Nasceu em Atenas, foi educado na filosofia grega e converteu-se ao Cristianismo por influência de Panteno, diretor da Escola de Alexandria. Posteriormente, ocupou também a direção da referida escola, grande centro de estudos superiores da época e foco de atração da elite greco-romana.

Pode ser apontado como representante da tradição racionalista já que reconhecia a razão como base fundamental do conhecimento humano. Não deve, entretanto, ser tomado como racionalista no sentido moderno do termo, posto que baseava também na fé grande parte de suas crenças.

2. *O Pedagogo*. Clemente é autor de uma trilogia que se tornou célebre: o *Protréptico*, o *Pedagogo*, e o *Stromata*. A primeira obra é um convite aos pagãos para seguir o Cristianismo. Entretanto, o ponto central da trilogia é o *Pedagogo*, que será comentado à parte. O *Stromata* procura demonstrar de que maneira o cristão justificará sua fé mediante o saber.

O *Pedagogo* apresenta-se, então, como um prolongamento do *Protréptico;* endereça-se aos neófitos e pode ser considerado o primeiro tratado de educação cristã. Segue a patrística, tentando conciliar o paganismo com o Cristianismo, subordinando aquele a este. O mestre é o *Logos;* quando encaminha os homens para a verdade, chama-se *Logos Pedagogo;* quando ensina a verdade, *Logos Didascalo*.

A obra reflete toda a cultura do autor, cultura de um letrado típico de seu tempo: formação essencialmente literária, cuja base é constituída por um conhecimento profundo dos clássicos.

Compõe-se de três livros. No livro I, o autor desenvolve as conseqüências espirituais da noção da "pedagogia" do Verbo,

---

especialmente, os germanos, de além dos rios Reno e Danúbio. Já no século IV, era notável a penetração dos bárbaros no império; no século V, as invasões faziam-se em massa. Entretanto, a velha civilização, quase destruída, reage e forma-se uma nova sociedade, sob a influência do Cristianismo, cuja força moral impôs-se aos novos povos.

da formação que Deus dá aos fiéis por meio de Cristo. Os livros II e III constituem um tratado de moral prática, examinando os deveres dos cristãos e dando-lhes conselhos sobre a vida sexual, sobre a maneira de viver, comer, beber, dormir, etc.

3. *Elementos para o comentário do texto.* Os trechos que seguem foram extraídos do livro I, capítulos VII e XII.

No capítulo VII: "O Pedagogo e sua pedagogia", Clemente mostra que se devem seguir os ensinamentos de Deus. Serve-se, abundantemente, de excertos da *Sagrada Escritura,* a fim de comprovar a tese de que Deus é o Pedagogo do homem. Mostra-se conhecedor abalizado da obra que lhe serve de inspiração e guia.

No capítulo XII: "O Pedagogo, em disposições análogas às de um pai, utiliza-se de necessidade e bondade", ratifica que o velho ideal de imitação de Deus adquire um sentido de plenitude com a vinda de Cristo à Terra. A imagem do Pai faz-se, agora, mais acessível e viva na figura de Jesus.

4. Texto.

VII. *O Pedagogo e sua pedagogia*

Mostramos já que somos todos chamados filhos pela Escritura e que, além do mais, assim que nos propomos a seguir Cristo, recebemos o nome alegórico de "filhinhos" e que só o Pai do Universo é perfeito — porque o Filho está n'Ele, e o Pai está no Filho [4]. Se seguimos nosso plano, devemos agora expor qual é o nosso Pedagogo: chama-se Jesus [5]. Algumas vezes, Ele se dá o nome de "pastor" e diz: "Eu sou o bom pastor" [6]; faz uma comparação com os pastores que guiam suas ovelhas e Ele, o Pedagogo, que guia seus filhos — o pastor pleno de solicitude para com todos os filhinhos, porque estes últimos, na sua simplicidade, são chamados alegoricamente de ovelhas. "E todos,

---

(4) Em outro local da obra, Clemente já dissera que a Pedagogia é "a formação dos filhos, como o seu nome indica. Resta a considerar quais são estes filhos dos quais a Escritura fala assim simbolicamente e, em seguida, propor-lhes o Pedagogo. Os filhos somos nós". *Le Pédagogue,* I, introduction et notes de Henri-Irénée Marrou, Paris, Les Editions du Cerf, 1960, p. 133.

(5) Clemente usa aqui o nome de Jesus, em lugar de falar simplesmente do Verbo.

(6) *São João,* X, 14.

está escrito, serão um só rebanho e haverá um só pastor" [7]. O Pedagogo é, pois, naturalmente, o Logos porque nos conduz, a nós, seus filhos, para a salvação. Assim, o Logos disse muito claramente pela boca de Oséias: "Eu sou vosso educador" [8]. Quanto à pedagogia, é a religião: ela é ao mesmo tempo o ensinamento do serviço de Deus, educação em vista do conhecimento da verdade e boa formação que conduz ao céu.

O nome "Pedagogia" abarca realidades múltiplas: pedagogia de quem recebe diretriz e instrução; pedagogia de quem dá direção e ensinamento; pedagogia, em terceiro lugar, a formação concebida ela mesma; pedagogia ainda as matérias ensinadas, como, por exemplo, os preceitos [9]. Quanto à pedagogia de Deus, é a indicação do caminho reto da verdade em vista da contemplação de Deus, a indicação de uma santa conduta numa eterna perseverança. À imagem do general que dirige sua falange, vigiando pela salvação de seus mercenários, ou do piloto que manobra seu barco com vontade de salvar seus passageiros, o Pedagogo indica às crianças um modo de vida salutar, através da solicitude para conosco; de uma maneira geral, tudo que podemos racionalmente pedir a Deus [10], obteremos obedecendo ao Pedagogo. Ora, não é sempre que o piloto cede aos ventos; algumas vezes, entretanto, ele avança a proa e enfrenta as borrascas; da mesma maneira o Pedagogo não submete sempre o filho aos ventos que sopram em nosso mundo e não o empurra na direção deles, como o barco, porque ele se esfacela numa vida animalesca e licenciosa; é somente quando é empurrado pelo sopro da verdade que, bem equipado, o Pedagogo se apóia, com todas as suas forças, sobre as barras do leme do filho — quero dizer:

---

(7) *São João*, X, 16.

(8) *Os.*, V. 2. A passagem de Oséias significa: "vou castigá-los a todos". Clemente jogou com a ambigüidade dos termos; aproximou o *mûsar* do hebreu ("castigo", "punição", de caráter pedagógico) à *paidéia* do grego.

(9) Aqui o ensinamento do pedagogo é puramente moral.

(10) "E tudo o que pedirdes ao Pai em meu nome, vo-lo farei, para que o Pai seja glorificado no Filho." *São João*, XIV, 13.

suas orelhas ([11]) — e isto, até o momento onde Ele fará aportar o filhinho, são e salvo, ao porto celeste. Porque se a educação herdada de nossos pais — como nós assim dizemos — passa depressa, a formação recebida de Deus é uma aquisição eterna ([12]). O pedagogo de Aquiles, diz-se, era Fênix; o dos filhos de Cresos, Adrasto; o de Alexandre, Leônidas; o de Felipe, Nausito. Mas, o primeiro, Fênix, era um mulherengo ([13]); o outro, Adrasto, um banido ([14]);

---

(11) Existem a respeito textos pitorescos de origem egípcia: "As orelhas do adolescente estão colocadas nos seus ombros; ele escuta quando apanha". "Tu me educaste quando eu era criança", declara a seu mestre o aluno reconhecido; "tu me batias nas costas e tua doutrina penetrava em minhas orelhas". Henri-Irénée Marrou, *Histoire de l'éducation dans l'antiquité*, Paris, Editions du Seuil, 1955, p. 22.

(12) Clemente procura definir a função do pedagogo: conduzir a criança para um tipo de vida, calcado num caminho que levará à salvação. O pedagogo dá conselhos sobre a maneira de comportar-se em casa, continua sua instrução através de conversas familiares, antes de introduzir seu aluno na escola do mestre. "Da mesma maneira que para os males do corpo tem-se necessidade do médico, para isto em que a alma é fraca é preciso um pedagogo, porque ele cura nossas paixões: iremos, em seguida, ao mestre que nos guiará, preparando nossa alma para torná-la pura, a fim de que possa acolher os conhecimentos, fazendo-a capaz de receber a revelação do Logos. Então, empenhado de conduzir-nos à perfeição, pela marcha ascendente da salvação, o Logos, que é em tudo amigo dos homens, põe em ação um bem feito programa para dar-nos uma educação eficaz: primeiramente, nos converte; em seguida, educa-nos como um pedagogo; em último lugar, ensina-nos." Clement D'Alexandrie, *op. cit.*, p. 113.

(13) Conversando com Aquiles, diz-lhe Fênix: "... longe de ti, querido filho, eu não quedaria, ainda que um deus me prometesse pessoalmente apagar a velhice, tornar-me jovem e robusto, como eu era quando, pela primeira vez, deixei a Hélade de formosas mulheres, fugindo à cólera de meu pai Amintor, filho de Órmeno. Zangara-se comigo *por amor de uma concubina de formosos cabelos, que ele amava, desprezando minha mãe*". Homero, *Ilíada*, trad. bras., São Paulo, Difusão Européia do Livro, 1961, p. 165. Grifos nossos.

(14) Adrasto, filho de Talau e Lisímaca, (filha de Abante e Pólibo de Sicione), neto de Biante, bisneto de Amitáon. A lenda no-lo apresenta, habitualmente, como rei de Argos, onde, ao mesmo tempo, dominam três estirpes: Os Biandites, os Melampodides e os Prétides. Acontece, porém, que num tumulto, Talau é morto pelo Melampodide Anfiarau. Adrasto foge, então, para junto de Pólibo em Sicione, e quando este morre, sem descendência masculina, torna-se seu herdeiro.

Leônidas não suprimiu o orgulho do Macedônio (¹⁵), da mesma forma que Nausito não curou o homem de Pela de sua bebedeira e o Trácio Zópiro não logrou êxito em refrear a libertinagem de Alcibíades. É verdade que Zópiro era um escravo resgatado pelo dinheiro (¹⁶) e que Sikino, o pedagogo do filho de Temístocles, era um doméstico preguiçoso (¹⁷): conta-se que ele dançava e inventou uma dança apelidada sikiniana. Não ignoramos menos os pedagogos dos persas, chamados "reais": escolhidos pelos seus méritos, em número de quatro, entre todos os persas, os reis deste país propunham-nos a seus filhos; mas estes não aprenderam com eles senão a atirar com o arco (¹⁸); em contrapartida, desde sua puberdade, estas crianças tinham relações com suas irmãs, sua mãe e com inúmeras mulheres, legítimas ou concubinas, treinadas que eram à vida sexual como varões!

Nosso Pedagogo é o Santo Deus Jesus, o Logos que conduz a Humanidade inteira; nosso pedagogo é Deus, Ele próprio, que ama os homens. No Cântico, o Espírito Santo fala assim deles: "Ele (o Senhor) encontrou-o (Jacó) numa

---

(15) "Havia, naturalmente, muitas pessoas encarregadas de cuidar dele (Alexandre), com os títulos de governantes, pedagogos, professores; a todos presidia Leônidas, homem de caráter austero, parente de Olímpias; ele não rejeitava o nome de pedagogo, encargo honroso e brilhante, mas os outros, por causa de sua dignidade e parentesco, chamavam-lhe governante e preceptor de Alexandre." Plutarco, *Vidas, Alexandre* V, trad. de Jaime Bruna, São Paulo, Editora Cultrix, MCMLXIII, p. 141.

(16) "Pour toi au contraire, Alcibiade, Périclès t'a donné comme gardien, dans ton enfance, un de ses esclaves que l'âge rendait tout à fait inutilisable, Zopyre le Trace". Platon, *Oeuvres Complètes, Alcibiade,* Tome I, 122 b, texte établi et traduit par Maurice Croiset, Paris, Société d'Edition "Les Belles Lettres", 1953, p. 90.

(17) "Thémistocle, alors, voyant que l'opinion des Péloponnésiens allait prévaloir sur la sienne, sortit sans qu'on s'en aperçut du conseil et expédia au camp des Mèdes un homme sur une barque, à qui il prescrivit ce qu'il aurait à dire. Cet homme avait nom de Sikinnos, il était de la maison de Thémistocle et pedagogue de ses fils." Hérodote, *Histoires,* VIII, 75, texte établi et traduit par Ph. — E. Legrand, Paris, Société d'Edition "Les Belles Lettres", 1953, p. 74.

(18) Mas, Clemente esquece-se de que eles ensinavam também a não mentir.

terra deserta, na solidão ululante dos lugares ermos; cercou-o e cuidou dele, guardando-o como a pupila de seus olhos. Como a águia que provoca seus filhos a voar, esvoaçando sobre eles, (assim o Senhor) estendeu suas asas e o tomou, e o levou sobre suas asas. Só o Senhor foi o seu guia, e nenhum outro deus estava com ele" [19]. É de maneira clara, penso, que a Escritura designa assim o Pedagogo, descrevendo a formação que nos dá. Em outro lugar, falando em seu próprio nome, Ele se reconhece a si mesmo como o Pedagogo: "Eu sou o Senhor teu Deus, que te fiz sair do Egito" [20]. Quem, pois, tem o poder de conduzir para dentro ou para fora, senão o Pedagogo? Este apareceu a Abraão e disse-lhe: "Eu sou o Deus Todo-Poderoso. Anda em minha presença e sê perfeito" [21]; e tornou-o, pouco a pouco, seu filho fiel, segundo uma salutar pedagogia, dizendo-lhe: "... sê perfeito, estabelecerei minha aliança entre mim e tua descendência" [22]; há uma comunicação, pelo mestre, de sua amizade. É evidente que Ele foi, da mesma maneira, o pedagogo de Jacó; diz-lhe: "Eu estou contigo, para te guardar onde quer que fores, e te reconduzirei a esta terra, e não te abandonarei, sem ter cumprido o que prometi" [23]. E a narrativa acrescenta que combatia com ele: "Jacó ficou só; e veio alguém que lutou com ele até o romper do dia" [24]. Era Ele o homem que combatia, que lutava a seu lado, que treinava Jacó contra o mal. E como o Logos era, uma vez, o treinador de Jacó e o pedagogo da Humanidade, a Escritura diz: "Jacó perguntou-lhe: "Peço-te que me digas qual é o teu nome". — "Por que me perguntas o meu nome?" respondeu Ele" [25]. Com efeito, Ele reservou o nome novo para o povo jovem, muito pequeno.

---

(19) *Deut.*, XXXII, 10, 11 e 12.
(20) *Ex.*, XX, 2.
(21) *Gên.*, XVII, 1.
(22) *Gên., XVII,* 2 e 7.
(23) *Gên.,* XVIII, 15.
(24) *Gên.*, XXXII, 24.
(25) *Gên.*, XXXII, 28 e 29.

O Senhor Deus estava ainda sem nome, porque não se havia transformado em homem. Portanto, Jacó deu àquele lugar o nome de Visão de Deus, "porque, disse ele, eu vi a Deus face a face, e conservei a vida" ([26]). A face de Deus é o Logos, através do qual Deus se veste de luz e revela-se. E foi, então, que Jacó recebeu o nome de Israel, logo que viu o Senhor Deus. Foi Deus, o Logos, o Pedagogo, que numa outra vez, mais tarde, disse-lhe: "Não temas descer ao Egito" ([27]). Vede como o Pedagogo segue o homem justo, como também treina o homem que se exercita, ensinando-lhe a vencer o adversário através de estratagemas.

É ainda Ele, certamente, que ensina a Moisés o papel de Pedagogo. O Senhor diz-lhe, com efeito: "Aquele que pecou contra mim, este apagarei do meu livro. Vai agora e conduze-o (o povo) aonde eu te disse" ([28]).

Por estas palavras, ensina sua pedagogia. Porque era Ele o Senhor que, por intermédio de Moisés, era, na realidade, o pedagogo do povo antigo, enquanto é, em pessoa, o guia do novo povo, face a face ([29]).

"Vê agora", diz Ele a Moisés, "meu anjo marchará diante de ti" ([30]), colocando-o diante dele para ensiná-lo, e guiá-lo o poder do Logos. Mas, seu papel de Senhor Ele se Lhe reserva, dizendo-lhe: "No dia de minha visita, eu punirei seu pecado" ([31]), que significa: no dia em que Eu for instituído como juiz, far-lhes-ei pagar o preço de suas faltas. Porque Ele é, ao mesmo tempo, o Pedagogo e o juiz que

---

(26) *Gên.*, XXXII, 30.

(27) *Gên.*, XLVI, 3.

(28) *Êx.*, XXXII, 33.

(29) A expressão ajusta-se a São Paulo: "Hoje vemos como por um espelho, confusamente; mas então veremos face a face. Hoje conheço em parte; mas então conhecerei totalmente, como sou conhecido eu mesmo" *I Cor.*, XIII, 12.

(30) *Êx.*, XXXII, 34. Também está escrito: "Vou te enviar um anjo adiante de ti para te proteger no caminho e para te conduzir ao lugar que te preparei. Está de sobreaviso em sua presença, e ouve o que ele te diz. Não lhe resistas; pois ele não vos perdoaria vossa falta, porque meu nome está nele." *Êx.*, XXIII, 20 e 21.

(31) *Êx.*, XXXII, 34.

dita os julgamentos contra aqueles que transgridem seus mandamentos; em seu amor pelos homens, o Logos não deixa sob silêncio seus pecados; ao contrário, Ele os reprova a fim de que eles se convertam. "O Senhor quer o arrependimento de pecador mais que sua morte" ([32]). E nós, como filhinhos, enquanto ouvimos falar das faltas alheias, temos medo de ser ameaçados de castigos iguais e abstemo-nos de faltas semelhantes. Qual era, pois, sua falta? É que "em sua cólera, eles mataram os homens, em seu furor, enervaram touros. Maldita seja sua cólera" ([33]). Quem, pois, nos poderá educar com mais amor que Ele? Primeiramente, para o povo antigo, houve a antiga aliança; a Lei conduzia o povo como faz um pedagogo, no temor; o Logos era um anjo ([34]); mas, para o povo novo e jovem, uma nova e jovem aliança foi concluída, o Logos engendrou-a ([35]), o temor transformou-a em amor e este anjo místico, Jesus, foi dado à luz.

É sempre Ele, o mesmo Pedagogo, que dizia outrora: "...temerás o Senhor, teu Deus" ([36]) e que nos recomenda agora: "Amarás o Senhor teu Deus" ([37]). Assim a nós ordena Ele, igualmente: "cessai de fazer o mal, aprendei a fazer o bem. Respeitai o direito, protegei o oprimido" ([38]). É minha nova aliança, gravada na antiga letra; assim, não se deve fazer objeção à novidade do Logos.

---

(32) A expressão ajusta-se a várias passagens de *Ezequiel*: "Terei eu prazer com a morte do malvado? Não é antes que ele mude de proceder e que viva?" XVIII, 23. "Pois eu não sinto prazer com a morte de quem quer que seja! Convertei-vos, e vivereis!" XVIII, 32. "Dize-lhe isto: por minha vida não me comprazo com a morte do pecador, mas antes com a sua conversão, de modo que tenha a vida". XXXIII, 11.

(33) *Gên.*, XLIX, 6 e 7.

(34) "Assim a Lei se nos tornou pedagogo encarregado de levar-nos a Cristo, para sermos justificados pela fé." *Gál.*, III, 24.

(35) "Escrevo-vos, filhinhos, porque conheceis o Pai. Escrevo-vos pois, porque conheceis o Príncipe. Escrevo-vos, moços, porque sois fortes e porque a palavra de Deus permanece em vós e porque tendes vencido o maligno." *I São João*, I, 14.

(36) *Deut.*, VI, 2.

(37) *Mat.*, XXII, 37 e *Deut.*, VI, 5.

(38) *Is.*, I, 17.

No livro de Jeremias, o Senhor disse: "Não digas: sou apenas uma criança" ([39]), "antes que no seio fosses formado, eu já te conhecia; antes de teu nascimento, eu já te havia consagrado" ([40]). Talvez esta palavra profética se enderece a nós, de forma modificada: já antes da criação do mundo ([41]), éramos conhecidos de Deus como destinados à fé, mas não somos ainda senão filhinhos muito pequenos, porque a vontade de Deus acaba de cumprir-se; nós somos os recém-nascidos ([42]), se se considera a eleição e a salvação.

Também acrescenta ele: "...te havia designado profeta das nações" ([43]). Ele proclamava assim que Jeremias devia ser o profeta e que o título de "muito jovem" não devia ser sentido como uma objeção por aqueles que são chamados "filhinhos". A Lei é a antiga graça que o Logos nos deu por intermédio de Moisés ([44]).

Ela foi dada não por Moisés, pelo Logos. Moisés, seu servo ([45]), servia de intermediário; eis porque ela não durou senão algum tempo. "...a graça e a verdade vieram por Jesus Cristo" ([46]). Observai as palavras que emprega a Escritura: para a Lei, ela diz somente que ela "foi dada"; mas, a verdade, que é uma graça do Pai, é obra eterna do Logos e a Escritura não diz mais que ela é "dada": ela *vem* por intermédio de Jesus, "e sem Ele nada foi feito" ([47]). Moisés, então, cede de uma maneira profética, o lugar ao Pe-

---

(39) *Jer.*, I, 7.

(40) *Jer.*, I, 5.

(41) "...Escolhendo-nos nele antes da criação do mundo, para sermos santos e irrepreensíveis diante de seus olhos". *Ef.*, I, 4. "...o Cordeiro Imaculado e sem defeito algum; aquele que foi predestinado antes da criação do mundo e que nos últimos tempos foi manifestado por vosso amor." *I Ped.*, I, 19 e 20.

(42) "...eleitos segundo a presciência de Deus Pai." *I Ped.*, I, 20.

(43) *Jer.*, I, 5.

(44) *São João*, I, 17.

(45) Expressão bíblica: "Por isso o povo temeu o Senhor, e creu nele e em seu servo Moisés." *Ex.*, XIV, 31.

(46) *São João*, I, 17.

(47) *São João*, I, 23.

dagogo perfeito, o Logos; anuncia seu nome assim como sua pedagogia, e apresenta ao povo seu pedagogo, tendo entre as mãos os mandamentos da obediência: "O Senhor, teu Deus, te suscitará dentre os teus irmãos um *Profeta* como eu, saído de vossos irmãos" ([48]). É Jesus, filho de Javé, quem designa simbolicamente Jesus, o filho de Deus. O nome de Jesus, assim designado por antecipação na Lei, é um esboço do Senhor. Moisés continua, em seguida a dar a ordem que será aproveitável para o povo: "Mas o que recusar ouvir" ([49]) este profeta, ele o ameaça. É assim que nos anuncia profeticamente o nome do Pedagogo Salvador.

Assim, a profecia atribui-lhe uma vara ([50]); é a vara do pedagogo, do chefe, símbolo de autoridade: aqueles a quem o Logos da persuasão não cura, a ameaça os curará; aquele a quem a ameaça não curar, a vara fá-lo-á; aqueles a quem a vara não curar, o fogo apossar-se-á deles. A Escritura diz: "Uma vara sairá do tronco de Jessé" ([51]).

Considere-se a solicitude, a sabedoria e o poder do Pedagogo: "Ele não julgará pelas aparências e não decidirá pelo que ouvir dizer, mas Ele julgará os fracos com eqüidade e fará justiça aos pobres da terra" ([52]). E, pela boca de Davi, diz: "O Senhor castigou-me duramente, mas à morte não me entregou" ([53]); o fato de ter sido corrigido pelo Senhor e de tê-lo tido por pedagogo livra, com efeito, da morte.

O mesmo profeta diz: "Tu as governarás com cetro de ferro" ([54]). O Apóstolo, inspirado no mesmo movimento, escreveu aos Coríntios: "Que preferis? Que eu vá ter convosco com a vara, ou com a caridade e em espírito de man-

---

(48) *Deut.*, XVIII, 15 e 18.

(49) *Deut.*, XVIII, 19.

(50) Material obrigatório do mestre, mais que do pedagogo propriamente dito. Lembrar que a escola antiga recorria, com freqüência, aos castigos corporais.

(51) *Is.*, IX, 1.

(52) *Is.*, XI, 3 e 4.

(53) *Salm.*, CCCXVII, 18.

(54) *Salm.*, II, 9.

sidão?" ([55]). A Escritura diz ainda por um outro profeta. "O Senhor estenderá desde Sião teu cetro poderoso" ([56]), e ainda, em outro lugar: "Vosso bordão" — o bordão do Pedagogo — "e vosso báculo são o meu amparo" ([57]). Tal é o poder do Pedagogo: faz-se respeitar, chama e leva ao caminho da salvação.

. . . .

XII. O Pedagogo, em disposições análogas às de um pai, utiliza-se de severidade e bondade

A conclusão de tudo que temos já exposto é de que nosso pedagogo, Jesus, deu-nos o esquema da vida verdadeira e calcou a educação do homem em Cristo. Sua característica própria não é de uma excessiva severidade nem tampouco um relaxamento excessivo sob o efeito da bondade: deu seus mandamentos imprimindo-lhes uma tal característica que nos permite executá-los.

É bem isto, parece-me, que primeiramente modelou o homem com a terra, que o regenerou pela água, que o fez crescer pelo espírito ([58]), que o educou pela palavra, que o dirige por seus santos preceitos para adoção filial e salvação, e isto para transformar e modelar o homem da terra num homem santo e celeste, e para que seja assim plenamente realizada a palavra de Deus: "Façamos o homem à nossa imagem e semelhança" ([59]).

Cristo realiza plenamente esta palavra dita por Deus, enquanto os outros homens são entendidos no sentido de uma só imagem. Quanto a nós, filhos de um Pai bondoso,

------

(55) I Cor., IV, 21.

(56) Salm., CIX, 2.

(57) Salm., XXII, 4.

(58) "O Senhor Deus formou, pois, o homem do barro e da terra e inspirou-lhe no rosto um sopro de vida, e o homem se tornou um ser vivente." Gên., II, 7. Este texto é também citado em I Cor., XV, 45. Não se fala, pois, em água. Clemente introduz aí uma alusão ao batismo.

(59) Gên., I, 26.

filhos de um Pedagogo, realizamos a vontade do Pai, escutamos o Logos, imprimimos em nós a vida realmente salutar de nosso Salvador. Praticando desde já sobre a Terra a vida celeste que nos diviniza ([60]), recebemos a unção da alegria sempre jovem, do perfume de pureza, considerando o modo de vida do Senhor como exemplo radioso de incorruptibilidade e segundo os traços de Deus ([61]). A Ele somente cabe o cuidado com isso e Ele se preocupa em considerar como, e de que maneira, a vida dos homens será melhor.

Para dar-nos uma vida simples e sem afetação, Ele nos propõe o modo de vida de um viajante, fácil de levar e fácil de deixar, para ir até a vida eterna e feliz ([62]). Ensina-nos que cada um de nós é, por si mesmo, seu próprio tesouro de provisões. "Não vos preocupeis com o dia de amanhã" ([63]), diz; aquele que se engaja no séquito de Cristo deve optar por uma vida simples, sem servidor, levada sem inquietações. Porque não é para um tempo de guerra, mas para um tempo de paz, que recebemos nossa educação. Em tempo de guerra, é preciso fazer muitos preparativos e o bem-estar reclama a abundância. A paz e o amor, ao contrário, estes dois irmãos simples e cordatos, não têm necessidade de armas nem de preparativos extraordinários: o Logos, tal é seu alimento, o Logos que recebeu a tarefa de mostrar o caminho e educar; Ele, junto do qual aprendemos a simplicidade, a modéstia, todo o amor à liberdade dos homens e do bem, quando — para dizê-lo numa palavra — adquirimos a semelhança com Deus, através de um parentesco com a virtude. Trabalhai sem perder a coragem. Sereis o que não esperais e mesmo o que não poderíeis imaginar ([64]). Da mesma forma que há um modo de vida dos filósofos, outro dos retores ([65]), outro ainda dos lutadores, assim, igualmente, há uma nobre

---

(60) Clemente enfatiza a salvação, a divinização. Conseguir-se-á tal objetivo, na medida em que se imitar a vida de Cristo.

(61) Retorna ao tema da imitação de Cristo.

(62) Sugere um esquema de conduta.

(63) *Mat.*, VI, 34.

(64) Influência do estoicismo.

(65) Os dois tipos característicos da cultura intelectual antiga.

disposição da alma, concorde com uma vontade livre voltada para o bem, oriunda da pedagogia de Cristo. E para os atos de nosso comportamento, essa educação confere-lhe uma bela nobreza: marcha, repouso, alimentação, sono, leito, dieta e toda a educação; porque a formação do Logos, tal qual é, não tende ao excesso, mas à moderação.

É assim ainda que o Logos foi chamado Salvador, Ele que inventou para os homens estes remédios espirituais, a fim de dar-lhes um senso moral justo e conduzi-los à salvação; espera o momento favorável, denuncia os erros, mostra a causa das paixões, corta as raízes dos desejos irracionais, ordena o de que é preciso abster-se e traz aos doentes todos os antídotos salutares. Esta é a maior e mais real das obras de Deus: salvar a Humanidade.

Enquanto o médico não dá nenhum remédio para a saúde, os doentes queixam-se: como não teríamos nós o maior reconhecimento pelo divino Pedagogo, já que Ele não guarda silêncio, não negligencia assinalar as desobediências que conduzem à ruína, denunciando-as ao contrário, cortando os elos que conduzem a estas desobediências, e ensinando os preceitos convenientes à vida correta? Tenhamos, então, por Ele, o maior reconhecimento. Porque o animal racional ([66]), quero dizer, o homem, que diremos que deva fazer senão contemplar o divino? Mas, é preciso também, digo eu, contemplar a natureza humana e viver segundo as indicações da verdade, amando acima de tudo o Pedagogo e seus preceitos, porque eles concordam e se harmonizam entre si. Sobre este modelo, também nós, devemos harmonizar-nos ao Pedagogo e viver a vida verdadeira, fazendo a conciliação entre o Logos e nossos atos.

> (Clément D'Alexandrie, *Le Pédagogue*, L. I., introduction et notes de Henri-Irénée Marrou, Paris, Les Editions du Cerf, 1960, pp. 207 a 221 e 285 a 289.)

B. AGOSTINHO (354-430)

1. *Notícia sobre o autor*. Como Clemente, Agostinho também pertence à patrística. Nasceu em Tagasta (África) e morreu em Hipona

---

(66) Definição de homem, aceita por Clemente.

(Argélia). Teve uma vida de devassidão, da qual resultou Adeodato, filho natural.

Maniqueísta, renunciou, mais tarde, à heresia, por influência de Santo Ambrósio, voltando à crença de sua mãe, Santa Mônica. Foi, então, aos 33 anos, batizado e ordenado padre em Hipona; posteriormente, foi bispo na mesma cidade.

Com ele, a patrística experimenta transformação pedagógica importante. "O Cristianismo começa a ver-se como *meio de disciplina*, e a Pedagogia, como um *processo de contemplação*" (67). O ponto de partida de sua Pedagogia é a situação aflitiva em que o homem se encontra. Tem que decidir, muitas vezes, em frente a objetivos antagônicos. A resposta coerente está na disciplina cristã.

Escreveu perto de cem obras entre as quais: *De immortalitate animae, De doctrina christiana, De Trinitate, De libero arbitrio, Confessiones, De civitate Dei, Soliloquia* e *De Magistro.*

2. *De Magistro.* A obra foi escrita em Cartago, em 389. Agostinho quer educar seu filho Adeodato, que contava 16 anos, dentro de sólidos princípios religiosos, sem contudo negligenciar a instrução profana. Essa atitude representa um vívido traço da patrística.

Procura, então, iniciar o jovem nas letras, começando pela linguagem. Explorando a inteligência do filho, dialoga com ele através de princípios lógicos e bem postos. Adeodato não é um interlocutor sem brilho e sem argumento, que se curva sempre às posições do pai, como sóia acontecer, aliás, com os interlocutores de Sócrates. É um rapaz inteligente, vivo, que responde tanto quanto pergunta. Em dados trechos do diálogo, não se consegue perceber qual dos dois ensina e qual aprende.

A obra é bastante simpática aos estudiosos da História da Educação, porque mostra os desvelos de um pai que procura dirigir o espírito do filho, tendo como escopo final a salvação da alma.

De Magistro divide-se em XIV capítulos que abordam a finalidade da linguagem, a importância dos sinais, Cristo como a verdade que ensina interiormente, etc.

Para Agostinho, só se chega à posse da verdade através de uma experiência pessoal. Só se aprende quando se reconhece interiormente a verdade; esta não pode vir do exterior: habita dentro de cada um.

É Deus quem confere à mente a possibilidade de reconhecer uma proposição como verdadeira.

---

(67) Francisco Larroyo, *Historia General de la Pedagogia*, 10.ª ed. México, Editorial Porrúa, 1967, p. 236.

101

Agostinho argumenta com Adeodato:

"Mas quem é tão tolamente curioso que mande seu filho à escola para que aprenda o que pensa seu mestre? Mas quando tiverem explicado com as palavras todas as disciplinas que dizem professar, inclusive as que concernem à própria virtude e à sabedoria, então é que os discípulos vão considerar consigo mesmos se as coisas ditas são verdadeiras, contemplando segundo as suas forças a verdade interior. Então é que, finalmente, aprendem; e, quando dentro de si descobrirem que as coisas ditas são verdadeiras, louvam os mestres sem saber que elogiam mais homens doutrinados que doutos: se é que aqueles também sabem o que dizem. Erram, pois, os homens ao chamarem de mestres os que não o são, porque na maioria das vezes entre o tempo da audição e o tempo da cognição nenhum intervalo se interpõe; e porque, como depois da admoestação do professor, logo aprendem interiormente, julgam que aprenderam pelo mestre exterior, que nada mais faz do que admoestar" (68).

Então, o órgão de toda a aprendizagem é o Logos, o Mestre Interior. Toda educação é, assim, uma auto-educação. O Mestre Interior atua por *iluminação divina,* utilizando-se das palavras e dos signos como meio de comunicação (69).

3. *Elementos para o comentário do texto.* Foi traduzido o primeiro capítulo do *De Magistro,* que tem por tema a "finalidade da linguagem".

Agostinho pergunta ao filho o que se pretende fazer quando se fala. Adeodato responde-lhe que: ou ensinar ou aprender. Agostinho prefere somente o ensinar. Mas, o filho não se inclina, de pronto, aos argumentos do pai e procura justificar seus pontos de vista.

O mestre da patrística acredita que também há outra finalidade na linguagem: provocar a recordação. Adeodato discorda; quem ora também fala; e não é lícito crer que, em assim agindo, ensine-se a Deus ou se Lhe recorde alguma coisa.

---

(68) Santo Agostinho, *De Magistro,* trad. e nota introdutória de Ângelo Ricci, 2.ª ed. Universidade do Rio Grande do Sul, 1956, pp. 127 e 129.

(69) Agostinho conseguiu fazer de seu opúsculo um modelo acabado do método socrático no qual, através de rodeios um pouco desconcertantes para quem não esteja familiarizado com as divagações da literatura platônica, vai desfilando razões que provam a impossibilidade de uma autêntica comunicação entre os homens, até chegar à conclusão de que um só é o mestre de todos, e este é Deus. Maria Angeles Galino, *História de la Educación,* I, Madrid, Gráficas Cóndor S.A., 1960, p. 557.

Agostinho consente, porém lembra ao jovem que se precei-
tuou ao homem que rezasse dentro de sua própria alma; Deus não
quer ser lembrado de algo nem ensinado, para conceder ao homem
o que este deseja; a linguagem é um sinal da vontade. Deus
não deve ser procurado somente através de palavras sonoras.
Mesmo sem emitir som, a pessoa fala intimamente e as palavras
são apenas sinais das coisas.

4. Texto.

Capítulo I

Finalidade da linguagem

Agostinho. — Que te parece que queremos fazer, quando falamos?

Adeodato. — O que, na verdade, agora me ocorre é: ou ensinar ou aprender.

Agostinho. — Vejo uma das duas (coisas) e aceito. Com efeito, é manifesto que, falando, queremos ensinar; como, porém, aprender?

Adeodato. — Como finalmente julgas (poder aprender), a não ser quando perguntamos?

Agostinho. — Ainda assim creio que nada além (disso) nós queremos do que ensinar. Pois, pergunto-te: interrogas por outro motivo a não ser para que ensines o que queres àquele a quem perguntas?

Adeodato. — Dizes a verdade.

Agostinho. — Vês, portanto, que com a fala nada nos pro- pomos a não ser ensinar.

Adeodato. — Não vejo (isto) claramente. Com efeito, se falar nada mais é do que emitir palavras, vejo que nós fazemos isto quando cantamos; o que, às vezes, fazemos sozinhos, não es- tando presente quem aprenda; não julgo que queiramos ensinar algo.

Agostinho. — Mas, julgo existir certo modo de ensinar por recordação, realmente grande, que o próprio fato demonstrará nesta nossa pequena conversa. Mas se tu pensas que nós não aprendemos quando recordamos, ou que não ensina quem não recorda, eu não me oponho a ti; e já constituo dois motivos (fins) da fala (palavra): ou para que ensinemos, ou para que provoquemos recordações nos outros ou em nós mesmos; o que fazemos também quando cantamos, ou, por ventura, não te parece certo?

Adeodato. — Não, absolutamente: pois, é muito raro que eu cante com o fim de lembrar-me, mas somente para me deleitar.

Agostinho. — Percebo o que sentes. Mas não percebes que o que te deleita no canto é certa modulação do som, e, porque pode ser acrescida ou subtraída às palavras, uma coisa é falar, outra é cantar? Com efeito, canta-se com a flauta e a cítara; cantam também as aves, e, nós, entretanto, sem palavras entoamos algo musical, som esse que pode ser chamado canto, mas não linguagem (fala); ou há algo que contradigas?

Adeodato. — Nada, na verdade.

Agostinho. — Parece-te, portanto, que a palavra não foi instituída a não ser para ensinar ou recordar?

Adeodato. — Pareceria, a não ser que me levasse contrariamente a opinar isto que, enquanto oramos, também falamos; nem é lícito crer que Deus é ensinado por nós ou lembrado por nós.

Agostinho. — Julgo que desconheces que se nos foi preceituado que rezemos em lugares fechados ([70]), nome que significa os espaços secretos da mente (alma), isto porque Deus, para que nos conceda o que desejamos, não quer ser

---

(70) "Quando orares, entra em teu quarto, fecha a porta e ora ao teu Pai em segredo; e teu Pai que vê nos lugares ocultos, recompensar-te-á." *Mat.*, VI, 6.

lembrado (de algo), nem ensinado. Quem fala, pois, dá exteriormente um sinal de sua vontade por um som articulado; mas Deus, nesses mesmos recessos secretos da alma racional, que se chama homem interior, deve ser procurado e implorado. Quis (Ele), pois, que fossem esses seus templos. Ou, por acaso, não leste no Apóstolo: "Não sabeis que sois o templo de Deus, e que o espírito de Deus habita em vós?" ([71]); e que "Cristo habita no homem interior?" ([72]). E não reparaste no Profeta: "Falai dentro de vossos corações e em vossos leitos arrependei-vos; oferecei o sacrifício da justiça e esperai no Senhor" ([73])? Onde crês ser oferecido o sacrifício da justiça, a não ser no templo da mente e no íntimo do coração? Onde, pois, se faz o sacrifício, aí se deve orar. Por isso, não é preciso palavra quando oramos, isto é, palavras soantes, a não ser por acaso, como fazem os sacerdotes, para expressar seu pensamento, mas não para que Deus ouça e sim os homens ouçam, e por meio de consentimento e recordação, sejam elevados a Deus; ou tu julgas alguma outra coisa?

Adeodato. — Concordo totalmente.

Agostinho. — Portanto, não te preocupa o fato de que o sumo Mestre, quando ensinava aos discípulos a orar, ensinou certas palavras ([74]); nisto parece não ter feito outra coisa do que ter ensinado aquilo que fosse preciso na oração?

Adeodato — Em nada totalmente me preocupa isto pois, não lhes ensinou palavras, mas pelas palavras,

---

(71) *I Cor.*, III, 16.

(72) *Ef.*, III, 16 e 17. A verdade última vem do íntimo; habita dentro do homem.

(73) *Salm.*, IV, 5 a 6.

(74) "Eis como deveis rezar: *Pai nosso que estais no céu, santificado seja o vosso nome*"... *Mat.*, VI, 9.

as mesmas coisas com que eles mesmos ficassem admoestados quanto a quem e o que fosse pedido quando orassem, como foi dito, no segredo da mente.

Agostinho. — Entendeste certo; ao mesmo tempo também creio notares que, ainda que alguém discorde, mesmo que não emitamos som algum, todavia, porque pensamos as mesmas palavras, nós falamos intimamente em nossa alma; e assim, também, com a fala nada mais fazemos do que chamar a atenção, enquanto a memória a que as palavras aderem, revolvendo-as, faz vir à mente as mesmas coisas, das quais as palavras são sinais.

Adeodato. — Compreendo e acompanho-te ([75]).

(Santo Agostinho, *De Magistro*, 2.ª ed. Universidade do Rio Grande do Sul, 1956, pp. 12 a 16.)

C. TOMÁS DE AQUINO (1225(?)-1274)

1. *Notícia sobre o autor.* Tomás de Aquino foi um dos mais famosos filósofos da escolástica. Nasceu na Itália, no castelo de Roccaseca, perto de Nápoles. Discípulo de Alberto Magno, aos 18 anos ingressou na ordem dos dominicanos e devotou sua vida ao magistério. "Aos 31 anos — quatro menos que o permitido pelas ordens universitárias e graças a uma dispensa papal — outorga-se a Tomás de Aquino o título de Mestre em Teologia" ([76]).

Foi escritor fecundo. Suas obras atingem cerca de trinta volumes, entre os quais a famosa *Suma Teológica*. Baseando-se em Aristóteles, Tomás de Aquino considerava, entretanto, a razão como a chave principal da verdade. Se o aristotelismo é realmente, uma doutrina racional, o aristotelismo cristão deverá ser possível, uma vez que a verdade não pode jamais ser contrária à verdade,

---

(75) "Todo o tratado *De Magistro* é uma alegação contra a aprendizagem banal e em prol de uma íntima e conscienciosa elaboração de nossos próprios conhecimentos; contra o verbalismo pedante e a favor de um sadio realismo que antepõe a *res* ao *signum;* contra a vazia condição que não alcança a categoria de ciência e em prol de um saber não só racional, senão ético e estético, capaz de dar razão e de orientar toda a vida humana." Maria Angeles Galino, *op. cit.*, p. 401.

(76) *Id., ibid.*, p. 551.

106

nem a verdade racional contrária à verdade revelada. **Se tal proposição** de Aristóteles é contrária à verdade revelada, então é que ela não é verdadeiramente racional. Resulta, pois, que Aristóteles, neste aspecto, deverá ser corrigido pela própria razão e esclarecido pela fé (*ratio confortata fide*).

Foi grande a influência de Tomás de Aquino que passou para a posteridade como "Doutor Angélico" e "Anjo das Escolas". Muitos estudiosos ainda hoje ocupam-se do pensamento tomista. Há quem diga que, mesmo nos dias atuais "em cem universidades e mil colégios o pensamento de Aquino é reverenciado como coisa superior à ciência, e sua filosofia constitui o sistema oficial da mais poderosa igreja de cristandade" ([77]).

2. *De Magistro.* Conforme foi visto, neste mesmo capítulo, Agostinho havia feito uma vigorosa análise do ato docente num pequeno trabalho cognominado *De Magistro.* Tomás de Aquino, nove séculos depois, retoma o tema admitindo, como Agostinho, que o verdadeiro mestre que ensina dentro de nossa alma é Deus. Sublinha a necessidade de uma ajuda exterior. Assinalando as qualidades do mestre cristão e a base psicológica do ensino, o "Doutor Angélico" faz ver a necessidade da participação do educando no processo educativo.

De Magistro de Tomás de Aquino constitui-se na questão XI do tratado *De Veritate;* a obra discute os mais graves e controvertidos problemas pedagógicos de sua época; nela o autor procura justificar o ensino e a função do mestre, através de quatro artigos:

a. Et primo quæritur utrum homo possit docere et dici magister, vel solus Deus;

b. Secundo quæritur utrum aliquis possit dici magister sui ipsius;

c. Terti quæritur utrum homo ab angelo doceri possit;

d. Quarto quæritur utrum docere sit actus vitae contemplativae, vel activae ([78]).

3. *Elementos para o comentário do texto.* O texto escolhido refere-se a uma parte do artigo 1.º de *De Magistro:* "Primeiramente pergunta-se se o homem pode ensinar e ser chamado Mestre, ou se Deus somente".

A essa questão Tomás de Aquino responde que, a rigor, só Deus é o verdadeiro agente da educação. Da mesma forma que não se pode atribuir a causalidade eficiente da árvore ao agricultor, pois este não cria a árvore, mas a cultiva, o homem não pode comunicar a ciência, mas prepara para ela.

---

(77) Will Durant, *Os grandes pensadores,* trad. bras. de Monteiro Lobato, 7.ª ed. São Paulo, Companhia Editora Nacional, 1967, p. 18.

(78) a. Se o homem pode ensinar e chamar-se Mestre, ou só Deus.

b. Se alguém pode dizer-se Mestre de si mesmo.

c. Se o homem pode ser ensinado por um anjo.

d. Se o ensinar é um ato de vida ativa ou contemplativa.

4. Texto.

Artigo I

Primeiramente pergunta-se se o homem pode ensinar e ser chamado Mestre, ou se Deus somente.

Parece que só Deus ensina e deve ser chamado Mestre.

1. Consta no Evangelho (*Mat.* XXIII, 8) esta afirmação: "Um só é vosso mestre", precedida pela outra: "Não pretendais ser chamados mestres". A Glosa Interlinear ([79]) comenta: "Não atribuais aos homens a honra divina nem usurpeis para vós o que compete a Deus". Logo, parece caber somente a Deus ensinar e ser chamado Mestre.

2. Além disso, o homem não ensina senão através de alguns sinais; pois embora pareça que algumas coisas sejam ensinadas através delas mesmas, como — por exemplo — a quem pergunta o que seja caminhar o outro põe-se a caminhar; isto, todavia, não é suficiente para ensinar se não for auxiliado por outro sinal, como diz Agostinho no *De Magistro* (capítulo III) e o explica pelo fato de que na mesma coisa estão presentes vários aspectos de tal modo que se desconheceria sob qual aspecto está sendo considerada aquela coisa: se quanto à substância ou quanto ao acidente ([80]). Mas, pelo sinal não é possível atingir o conhecimento das coisas pois o conhecimento delas é mais importante que os sinais, sendo que o conhecimento destes visa ao conhecimento das coisas: este é o seu fim. Ademais, o efeito não é su-

---

(79) Para entender o significado de *Glosa Interlinear* é necessário remontar-se à técnica do ensino medieval. O procedimento comum de ensino na Idade Média era a *lectio*, em todos os graus da organização escolar. A *lectio* consistia sempre num comentário de uma obra. Os testemunhos mais eloqüentes da *lectio* chegaram até nós sob a forma de *glosas* que nada mais são que um comentário da *lectio* feito por escrito. Estas *glosas* introduzidas nos textos apresentavam duas formas: umas eram escritas entre as linhas da obra comentada (daí o nome: *Glosa Interlinear*); e outras eram escritas nas margens.

(80) Tomás de Aquino refere-se a Agostinho, *De Magistro*, capítulo III: "Se é possível mostrar alguma coisa sem o emprego de um sinal". Quanto à noção de substância e acidente, cf. nota seguinte.

perior à sua causa. Logo, ninguém pode transmitir aos outros o conhecimento de alguma coisa e, portanto, não lhe pode ensinar.

3. Além disso, se um homem propõe a alguém os sinais de algumas coisas, este ou conhece ou não as coisas significadas pelos sinais. Se, pois, as conhece, não recebe ensinamentos sobre elas. Se, pelo contrário, as ignora, sendo ignorado o argumento não pode compreender a significação dos sinais. Quem ignora o que seja pedra não pode compreender o significado do nome *pedra*. Eis que, ignorando o significado dos sinais, não se pode acrescentar nada através dos sinais. Se, pois, o homem para ensinar nada faz senão apresentar sinais, eis que um homem não pode ser ensinado por outro homem.

4. Ensinar nada mais é que provocar o conhecimento de algo em outrem. Ora, sujeito do conhecimento é o intelecto. Mas os sinais sensíveis — mediante os quais somente o homem parece possa ser ensinado — não atingem o intelecto, mas permanecem na potência sensitiva. Logo, um homem não pode ser ensinado por outro homem.

5. Ainda mais, se o conhecimento é provocado em alguém por outrem, ele ou já estava em quem aprende, ou não. Se não estava, e num homem é causado por outro, eis que um homem pode transmitir o conhecimento a outro homem, o que é impossível. Se existia, porém, era ou em ato perfeito — e desta forma não pode ser causado pois o que é não pode vir-a-ser — ou, então, pela razão seminal. Mas, as razões seminais não podem ser levadas ao ato por nenhuma potência criada, sendo inseridas na natureza somente por Deus, como diz Agostinho no comentário do *Gênesis*. Disso resulta que um homem de modo algum pode instruir a outro.

6. Demais, a ciência é acidente. Mas o acidente não transforma a substância ([81]). Logo, sendo que o ensino nada

---

(81) Seguindo Aristóteles, os escolásticos dividem os seres finitos em *dez classes* chamadas *categorias*. A primeira categoria contém a substância; as outras nove compreendem maneiras de ser *reais* da

nais é que a transfusão da ciência do mestre para o discípulo, eis que um não pode ensinar a outro.

7. A respeito da *Epístola aos Romanos* (X, 17): *Fides ex auditu* — a fé é pelo ouvido — diz a Glosa Interlinear: "Embora Deus ensine no interior, todavia o pregoeiro anuncia exteriormente". Mas, a ciência tem sua origem por dentro, na mente, não por fora, nos sentidos ([82]). Logo, o homem é instruído por Deus somente e não por outro homem.

8. Diz Agostinho na obra *De Magistro*: "Somente Deus, que ensina a verdade interiormente, possui cátedra no céu. O homem está para essa cátedra como o agricultor para a árvore ([83]). O agricultor, pois, não cria a árvore,

---

substância que são as nove categorias do acidente: *quantidade, qualidade, relação, lugar, tempo, ação, paixão, situação* e *hábito*. A substância define-se: o ser que pode existir por si mesmo, por sua conta própria. *Os modos de ser* da substância, que são reais, mas que não podem naturalmente existir em si mesmos, chamam-se *acidentes*. C. Lahr, *Manual de Filosofia*, trad. port., 6.ª ed. Porto, Livraria Apostolado da Imprensa, 1952, p. 689.

(82(O diferenciar, pois, e como isto, o saber, conhecer e reconhecer, jamais são fundamentos do órgão sensorial. A operação cognoscitiva da percepção jamais se esgota no processo orgânico. Daí, é necessário diferenciar o processo orgânico do processo cognoscitivo; o fato exterior que se pode observar, do fato interior que não se pode medir nem observar. As potências sensitivas estão feitas para obedecer ao intelecto e só neste sentido podem chamar-se razoáveis. Mas, não o são por natureza, senão por participação. À vista, tudo é visível, sem diferenciação; as coisas lhe aparecem como um todo. O órgão sensorial não escolhe dentro dos fatos naturais, não une nem compara, não conhece dependência entre os objetos. Porém, se o intelecto dirige o órgão, enfocando-o nisto ou naquilo, então a visão é posta a serviço da inteligência. Maria Angeles Galino, *op cit.*, pp. 560 e 561.

(83) "No que diz respeito a todas as coisas que compreendemos, não consultamos a voz de quem fala, a qual soa por fora, mas a verdade que dentro de nós preside à própria mente, incitados talvez pelas palavras a consultá-la. Quem é consultado ensina verdadeiramente e este é Cristo, que, segundo alguém afirmou, habita no homem interior, isto é: a virtude incomutável de Deus e a sempiterna Sabedoria, que toda alma racional consulta, mas que se revela a cada um quanto é permitido pela sua própria boa ou má vontade. E se às vezes há enganos, isto não acontece por erro da verdade consultada, como não é por erro da luz externa que os olhos, volta e meia, se enganam: luz que confessamos consultar a respeito das coisas sensíveis, para que no-las mostre na proporção

mas a cultiva. Logo, nem se pode dizer que o homem comunica a ciência, mas, dispõe, prepara para ela ([84]).

9. Ainda, se o homem fosse verdadeiramente mestre, necessariamente ensinaria a verdade. Ora, quem ensina a verdade ilumina a mente, sendo ela o lume do intelecto. Logo, o homem pelo ensino iluminará o intelecto; o que é falso, pois "Deus é quem ilumina todo homem que vem a este mundo" (*João*, I, 9). Logo, o homem não pode, na verdade, ensinar alguém.

10. Se um homem ensina a outro é necessário que o torne de conhecedor em potencial, a conhecedor em ato. Logo, é preciso que seu conhecimento seja levado de potencial ao ato. O que, porém, passa do potencial ao ato, necessariamente muda. Então, a ciência ou sabedoria estaria sujeita a mudança ([85]). Mas, isto é contrário ao que diz Agostinho no livro LXXXIII das *Questões*: "acedendo ao homem não é a sabedoria que muda, mas o homem".

11. Ainda mais, o conhecimento nada mais é que a descrição das coisas no espírito, pois é definido como a assimilação do ciente ao objeto científico. Mas, um homem não pode descrever as representações das coisas no espírito de outrem porque de tal maneira estaria operando internamente nele, o que é prerrogativa só de Deus. Logo, não pode um homem ensinar a outro.

---

em que nos é permitido distingui-las." Santo Agostinho, *op cit.*, pp. 111 e 112.

(84) No educando o saber está em potencial. O Mestre ajuda-o a atualizá-lo, não no sentido de que atue sobre sua alma, como causa eficiente, senão como causa final, isto é, como modelo que o discípulo tende a concretizar.

(85) O *movimento metafísico*, isto é toda espécie de mudança real que se dá nos seres, sugere noções gerais de ato e potencial. Serve, além do mais, para mostrar como do concurso do ato e da potência provém o ser determinado deste ou daquele modo. Com efeito, todo ente que se muda recebe nova maneira de ser, e antes da mudança era capaz de a receber. Dizia-se *em potencial* com relação a este modo de ser. que se chama o seu *ato*. No espírito do sábio, por exemplo, o potencial é o espírito, o ato a ciência; *o ser em ato é o sábio.* C. Lahr, *op. cit.*, p. 688.

12. Boécio [86] afirma no livro *De Consolatione* (V, prosa 5) que através da doutrina a mente do homem é somente estimulada para o conhecimento. Mas, quem estimula alguém para ver fisicamente não produz nele a vista. Logo, um homem não produz saber em outro homem, e portanto não se pode dizer propriamente que ele ensina.

> (S. Thomae Aquinatis, *Questiones Disputatae,* volumen I, *De Veritate,* Editio IX Romae, Marietti Editori Ltd., 1953, pp. 223 a 224.)

---

(86) Boécio (475 (?)-524) nasceu em Roma. Filósofo erudito, compôs diversas obras, a mais célebre das quais, escrita na prisão, é *Da Consolação da Filosofia* — cinco livros em prosa e verso. Sua filosofia, em que funde Platão e Aristóteles, gozou de imenso prestígio na Idade Média.

BIBLIOGRAFIA

1. AGOSTINHO — *De Magistro*, 2.ª ed. Universidade do Rio Grande do Sul, 1956.
2. AYRES BELLO, Ruı — *Pequena História da Educação*, São Paulo, Editora do Brasil S/A, 1957.
3. AQUINATIS, S. Thomae — *Questiones Disputatae*, volumen I, *De Veritate*, Editio IX Romae, Marietti Editori Ltd., 1953.
4. BÍBLIA SAGRADA, trad. dos originais hebraico, aramaico e grego mediante versão francesa dos monges Beneditinos de Maredsous (Bélgica) pelo "Centro Bíblico Católico de São Paulo", 2.ª ed. São Paulo, Editora "Ave Maria" Ltda., 1960.
5. BURNS, Edward McNall — *História da Civilização Ocidental*, I, trad. bras., 2.ª ed. Pôrto Alegre, Editora Globo, 1967.
6. CLÉMENT D'ALEXANDRIE — *Le Pédagogue*, L. I, introduction et notes de Henri-Irénée Marrou, Paris, Les Editions du Cerf, 1960.
7. GALINO, Maria Angeles — *Historia de la Educación*, I, Madrid, Gráficas Cóndor, S.A., 1960.
8. LARROYO, Francisco — *História General de la Pedagogia*, 10.ª ed. México, Editorial Porrúa, 1967.
9. LUZURIAGA, Lorenzo — *História da Educação e da Pedagogia*, trad. bras., São Paulo, Companhia Editora Nacional, 1955.
10. RIBOULET, L. — *História da Pedagogia*, trad. bras., São Paulo, Livraria Francisco Alves, 1951.
11. SANTOS, Theobaldo Miranda — *Noções de História da Educação*, 4.ª ed. São Paulo, Companhia Editora Nacional. 1952.

CAPÍTULO IV

EDUCAÇÃO HUMANISTA

ENTENDIMENTO HISTÓRICO

A Renascença não surgiu da noite para o dia. Foi preparada por uma série de fatos sociais e históricos, durante séculos. Exemplo:

1.º o Grande Cisma (1378), que debilitou a autoridade e favoreceu a Reforma;

2.º a Guerra dos Cem Anos (1328-1453), com todo o cortejo de conseqüências que um evento bélico de tal natureza provoca;

3.º as Grandes Invenções e os Descobrimentos Geográficos. A bússola propiciou viagens mais arrojadas e conquistas de novas terras; como resultado, a ciência, a técnica e o comércio beneficiaram-se enormemente. A pólvora transformou a arte da defesa e do ataque e abriu perspectivas para a indústria ainda em embrião. A imprensa e o papel acarretaram sensíveis mudanças no mundo da cultura: livros passaram a ser impressos e distribuídos, semeando frutos de vida e de morte.

Tais acontecimentos prepararam a Renascença que, por sua vez, adotou uma concepção do homem e do mundo, baseada na personalidade humana livre e no momento presente. Esta nova maneira de encarar a vida provocou um tipo diferente de educação, chamada *humanista,* cujo desejo era a formação da personalidade humana, em contraposição à vida claustral. Daí o termo *humanidades,* para designar estudos preferentemente humanos, em oposição aos estudos teológicos chamados *divinos.*

O movimento humanista marcou-se por uma reação contra o método da autoridade, a filosofia escolástica, a sobrecarga da memória e a negligência do espírito crítico. Abandonando a rotina estreita do passado, os mestres voltaram-se para as coisas da Grécia e Roma. A este retorno à antigüidade no campo da plástica, convencionou-se chamar Renascença; no campo filosófico, pedagógico e literário, Humanismo.

Renascença e Humanismo marcam um novo estilo de vida. Humanismo, designando também a formação do homem na escola do pensamento greco-latino, pode ser entendido como um ideal de sabedoria e uma filosofia existencial. É um voto de confiança ao homem. No campo pedagógico, o Humanismo caracteriza-se pela formação completa do indivíduo; daí o cultivo das matérias literárias e científicas, a consideração da vida física, o cultivo das boas maneiras, etc.

Três nomes serão destacados dentro desse período: Niccolò Machiavelli, François Rabelais e Michel Eyquem de Montaigne.

REPRESENTANTES

A. *NICCOLÒ MACHIAVELLI* (1469-1527)

1. *Notícia sobre o autor.* Niccolò Machiavelli nasceu em Florença. Aos dezesseis anos, ficou órfão de pai; a partir dessa época, sua educação esteve a cargo de sua mãe, ilustrada dama florentina. Como em seu tempo a educação predominante fosse humanista, ele também não pôde furtar-se a essa influência.

No estudo biográfico de Machiavelli, dois fatores devem ser levados em consideração: seu pendor para a investigação de autores antigos e seu gosto pela vida pública.

Foi Secretário da Senhoria de Florença (1498-1512), cumprindo diversas missões diplomáticas na Itália, França e Alemanha.

Com o regresso dos Médicis (1512), Machiavelli perde seu posto e, acusado de conspiração, é preso. Em 1513, é anistiado por Leão X (João de Médicis) e vai, sob vigilância, para uma pequena *villa* de sua propriedade. Durante esse retiro, escreveu numerosas obras que o guindaram a uma posição de destaque dentro da literatura italiana, ao lado de Ludovico Ariosto e Torquato Tasso; citam-se: *O Príncipe, Discursos sobre a primeira década de Tito Lívio, Mandrágora* e outras.

É considerado um dos mais controvertidos e originais filósofos da Renascença.

2. *O Príncipe.* Trata-se de uma obra patriótica que visa a libertar a Itália dos estrangeiros. Ambicionando um príncipe poderoso, capaz de expulsar os intrusos e promover a unidade de sua terra, Machiavelli não hesita em colocar nas mãos daquele todo o poder.

O livro compõe-se de vinte e seis capítulos, onde o autor examina o que é um principado, quantas espécies existem, como os adquire, conserva e perde. O último capítulo é a "exortação para libertar a Itália dos bárbaros".

Depois de quatro séculos do aparecimento de *O Príncipe,* o mundo ainda está às voltas com o problema político. Se Machiavelli vivesse hoje, transportaria sua visão italiana para o plano universal e seria tentado a concluir que a desordem tenderá a crescer cada vez mais, enquanto o problema político não for resolvido.

3. *Elementos para o comentário do texto.* Foi escolhido o capítulo XVIII da obra *O Príncipe.* Ver-se-á Machiavelli apregoando uma doutrina política ímpia e indigna, defendendo a tese que o celebrizou: o fim justifica os meios.

118

Segundo o florentino, o Estado não tem que respeitar um pacto, desde que as circunstâncias tornem prejudiciais ou difíceis o seu cumprimento.

Este capítulo tem dado margem aos mais inflamados comentários e ataques à doutrina política de Machiavelli. Entre muitos que já escreveram sobre o assunto, citam-se: Guilherme Ferrero, na Itália; Pedro de Ribadeneyra, na Espanha; João A. Garcia, na Argentina, etc.

4. TEXTO.

De que modo os príncipes devem cumprir sua promessa

Ninguém deixa de compreender quanto é digno de louvores o príncipe que cumpre a palavra dada, que opera com retidão e não com duplicidade; mas a experiência nos demonstra, pelo que sucede em nossos tempos, que são precisamente os príncipes que fizeram menos caso da fé jurada, que envolveram os demais com sua astúcia e riram dos que confiaram em sua lealdade, os únicos que realizaram grandes empresas.

Digamos primeiro que há duas maneiras de combater: uma com as leis; outra, com a força. A primeira é distintiva do homem; a segunda do animal. Mas, como freqüentemente a primeira não basta, é forçoso recorrer à segunda. Um príncipe deve então saber comportar-se como animal e como homem. Isto é o que os antigos escritores ensinaram aos príncipes de modo velado quando disseram que Aquiles e muitos outros príncipes antigos foram confiados ao centauro Quíron (¹) para que os criasse e educasse. Significa que, como o preceptor é metade animal e metade homem, um príncipe deve saber empregar as qualidades de ambas as naturezas, e que uma não pode durar muito tempo sem a outra.

De maneira que, já que se vê obrigado a comportar-se como animal, convém que o príncipe se transforme em

---

(1) "Quíron ensina também Medicina a Aquiles, razão por que alguns o consideram mestre do Eácida. Segundo Homero, Aquiles foi educado apenas por sua mãe e por Fênix." Homero, *Ilíada,* trad. bras., introd. e notas de Eugène Lasserre, São Paulo, Difusão Européia do Livro, 1961, p. 79, nota de rodapé.

raposa e em leão, porque o leão não sabe proteger-se das armadilhas nem a raposa proteger-se dos lobos. Terá, pois, que ser raposa para conhecer as armadilhas e leão para espantar os lobos. Os que apenas se servem das qualidades de leão, demonstram pouca experiência.

Portanto, um príncipe prudente não deve observar a fé jurada quando semelhante observância for contra seus interesses e quando hajam desaparecido as razões que o fizeram prometer [2]. Se os homens fossem todos bons, este preceito seria bom mas como são perversos, e não o observariam contigo, tão pouco tu deves observá-lo com eles [3]. Nunca faltaram a um príncipe razões legítimas para disfarçar a inobservância. Poder-se-iam citar inumeráveis exemplos modernos de tratados de paz e promessas tornadas inúteis por causa da infidelidade dos príncipes. Quem melhor soube ser raposa, triunfou. Mas é preciso saber disfarçar bem e ser hábil em fingir e dissimular. Os homens são tão simples e de tal maneira obedecem às necessidades do momento que quem quer enganar encontrará sempre quem se deixe enganar.

Não quero calar um dos exemplos contemporâneos. Alexandre VI nunca fez nem pensou outra coisa senão em enganar os homens, e sempre encontrou oportunidade para fazê-lo [4]. Jamais houve homem que prometesse com mais desembaraço nem que fizesse tantos juramentos sem cumprir nenhum; e, sem embargo, seus enganos sempre

---

(2) Machiavelli procurou subverter as doutrinas políticas básicas da Idade Média; em especial, tentou minar as bases éticas da política.

(3) O autor defende aqui sua tese pessimista a respeito da natureza do homem. Não obstante, parece ter sido mais um pessimismo teórico que conflita com seu entusiasmo pelo ideal de *virtù*. As palavras finais de O Príncipe, citação de Petrarca, testemunham o entusiasmo e vontade de operar que dominaram o ideal maquiaveliano:

"Virtù contro a furore
Prenderá l'arme; e fia il combatter corto,
Ché l'antico valore
Nelli italici cor non è ancor morto."

(4) Machiavelli procurou, em toda a obra, através de fatos passados ou contemporâneos, argumentos a favor de suas tendências políticas.

tiveram um resultado feliz, porque conhecia bem esta parte do mundo.

Não é preciso que um príncipe possua todas as virtudes citadas, mas é indispensável que aparente possuí-las. E até me atreverei a dizer isto: que as ter e praticar sempre é prejudicial, e aparentar tê-las, útil. Está bem mostrar-se piedoso, fiel, humano, reto, religioso e assim mesmo sê-lo efetivamente; mas se deve estar disposto a ir-se ao outro extremo se isso for necessário. E há de ter-se presente que um príncipe, e sobretudo um príncipe novo, não pode observar todas as coisas graças às quais os homens são considerados bons, porque, freqüentemente, para conservar-se no poder, vê-se arrastado a trabalhar contra a fé, a caridade, a humanidade e a religião. É preciso, pois, que tenha uma inteligência capaz de adaptar-se a todas as circunstâncias, e que, como disse antes, não se aparte do bem enquanto possa, mas que, em caso de necessidade, não titubeie em entrar no mal (5).

Por tudo isso, um príncipe deve ter muitíssimo cuidado de que não lhe brote nunca dos lábios algo que não se revista das cinco virtudes citadas, e de que, ao vê-lo e ouvi-lo, pareçam a clemência, a fé, a retidão e a religião mesmas, sobretudo esta última. Pois os homens, em geral, julgam mais com os olhos que com as mãos, porque todos podem ver, mas poucos tocar. Todos vêem o que parece ser, mas poucos sabem o que é; e estes poucos não se atrevem a opor-se à opinião da maioria, que se escuda atrás da majestade do Estado. E nas ações dos homens e particularmente dos príncipes, onde não há apelação possível, atende-se aos resultados. Trate, pois, um príncipe de vencer e conservar o Estado (6), que os meios sempre serão honrados e louvados por todos; porque o vulgo se

---

(5) Com esta passagem, explica-se porque o vocábulo "maquiavélico" passou a ser empregado como sinônimo de perfido, ardiloso ou velhaco.

(6) Para ele, o Estado é um fim em si mesmo. Não acredita que a lei moral tenha força para limitar a autoridade do governante; com isto, demonstra seu desprezo pela concepção da política medieval. Realmente, a Renascença caracterizou-se por modificações profundas em todas as fases do pensamento.

121

deixa enganar pelas aparências e pelo êxito: e no mundo só há o vulgo, já que as minorias não contam senão quando as maiorias não têm onde se apoiar. Um príncipe destes tempos (7), a quem não é oportuno nomear, jamais prega outra coisa que concórdia e boa fé; e é inimigo acérrimo de ambas, já que, se as houvesse observado, teria perdido mais de uma vez a fama e as terras.

(Maquiavelo, *El Príncipe*, trad. arg., Buenos Aires, Editorial Sopena S.A., 1960, pp. 89 a 92.)

B. *FRANÇOIS RABELAIS* (1494-1553)

1. *Notícia sobre o autor.* François Rabelais nasceu numa granja, perto de Chinon. Durante sua vida foi beneditino, médico, professor de Anatomia e cura de Meudon. Revelou-se sempre um espírito combativo e inconformado. Atacou a educação formalista e livresca, preparando terreno para o realismo e o naturalismo pedagógicos.

Suas idéias educacionais estão contidas em *Gargântua* e *Pantagruel,* escritos cheios de ironia e hilaridade. *Gargântua* foi publicado em 1534, após a publicação de *Pantagruel;* foi o segundo na ordem de apresentação, mas conta a estória do primeiro dos gigantes de suas gestas.

2. *Pantagruel.* Esta obra, cujo personagem principal empresta seu nome ao título, foi publicada em 1532. Pantagruel é filho do gigante Gargântua e, como o pai, dono de apetite e sede insaciáveis.

O livro compreende duas partes: a educação de Pantagruel e suas guerras vitoriosas contra os Dipsodos. É a primeira parte que interessa mais de perto a este estudo.

O filho de Gargântua dá mostra de uma voracidade prodigiosa e, depois, de uma inteligência muito viva. Após ter visitado todas as Universidades de França, fixa-se em Paris. É aí que recebe a célebre carta de seu pai, estimulando-o a estudar, ao mesmo tempo que demonstra uma enternecedora admiração pelo saber nascente.

Pantagruel torna-se amigo de Panurge, herói malicioso e velhaco que ocupou definitivamente um lugar na galeria de tipos da literatura mundial (8).

---

(7) Fernando, o Católico.

(8) "Carneiros de Panurge" é uma alusão literária que se refere à vingança desse personagem que lançou ao mar, depois de tê-lo comprado, o mais belo carneiro do vendedor Dindenaut. Todos os outros carneiros seguiram o companheiro. O próprio Dindenaut, tentando agarrá-lo, caiu também ao mar e morreu.

A alusão aplica-se quando se trata de pessoas que seguem cegamente o exemplo de outras.

122

A segunda parte do livro diz respeito às lutas de Pantagruel contra os Dipsodos que invadiram o reino da Utopia. Desponta, neste aspecto, o auxílio de Panurge que o ajuda a desbaratar os invasores e a tornar-se rei.

Os contemporâneos de Rabelais quiseram ver em Pantagruel a personificação de Henrique II. Na verdade, Rabelais parece mesmo ter tido a intenção de focalizar a realeza com seu apetite insaciável. Entretanto, percebe-se que o autor quer fazer de Pantagruel um epicurista, bebedor alegre e bom conviva.

3. *Elementos para o comentário do texto.* Gargântua escreve a carta ao filho, estudante em Paris, criticando os erros da educação de seu tempo e associando a didática à observação dos fatos e estudos da natureza.

Encoraja Pantagruel a aproveitar-se de todos os meios disponíveis para adquirir conhecimentos.

A carta é, em realidade, o plano de estudos para Pantagruel. É um hino humanista ao saber, pecando pelo exagêro, porque preconiza a universalidade dos conhecimentos.

4. Texto.

Carta de Gargântua a Pantagruel

Embora meu finado pai, de boa memória, Grandgousier, tivesse consagrado todo seu zelo para que eu lucrasse em toda perfeição e saber político; que meu trabalho e estudo correspondessem muito bem, talvez mesmo ultrapassassem seu desejo, todavia, como você pode compreender, o tempo não era ainda nem tão propício nem tão adequado às letras como presentemente, nem eu tinha a variedade de preceptores que você teve. A época era ainda tenebrosa e sentia-se, até então, o odor da infelicidade e a calamidade dos Godos que haviam destruído a boa literatura. Mas, pela bondade divina, a luz e dignidade, no meu tempo, foram de novo dadas às letras; e eu vejo nisso tanto progresso que, com dificuldade, seria no presente recebido na primeira classe dos pequenos escolares eu que, em minha mocidade, era (não sem erro) reputado o mais sábio do referido século...

Hoje todas as ciências foram restabelecidas, as línguas restauradas: a grega, sem a qual é vergonhoso uma pessoa considerar-se sábia; a hebraica, a caldaica e a latina. Os

123

livros impressos em uso, tão elegantes e corretos, foram inventados em minha época por inspiração divina, como, em contraposição, a artilharia por sugestão diabólica. O mundo inteiro está cheio de pessoas sábias, de preceptores doutos, de amplas bibliotecas, e penso que nem ao tempo de Platão nem de Cícero nem de Papiniano (⁹) havia tanta facilidade de estudos como se vê agora; e não será mais necessário, doravante, encontrar pessoas de categoria nem de boa posição se não forem buriladas na oficina de Minerva (¹⁰). Vejo os bandidos, carrascos, aventureiros e palafreneiros de hoje mais doutos que os doutores e pregadores de meu tempo.

Que direi? As mulheres (¹¹) e moças aspiram a esta glória e maná celeste de boa doutrina. Tanto é verdade que, na idade em que me encontro, fui obrigado a aprender as línguas gregas, as quais, embora não houvesse condenado como Catão (¹²), não tinha tido tempo disponível para aprender na minha juventude; assim, voluntariamente, deleito-me lendo as *Morais* (¹³) de Plutarco, os belos *Diálogos* de Platão, os *Monumentos* de Pausânias (¹⁴) e as *Antigüidades* de Ateneu (¹⁵), esperando a hora que agrade

---

(9) Papiniano (morto por ordem do Imperador Caracala, em 212 d.C.) foi um célebre jurisconsulto romano. Gozou de muita popularidade.

(10) Minerva, a Atena dos gregos, é a deusa da sabedoria.

(11) Alusão à Marguerite D'Angoulème, rainha de Navarra, poetisa mística e platônica; deixou poesias e o *Heptâmeron,* coletânea inacabada de novelas galantes, no estilo do *Decameron* de Boccaccio. Alusão também a Louise Labé, a "Bela Cordoeira" (devido à profissão do marido) que escreveu lindos versos de amor.

(12) Catão, o Censor, célebre por sua austeridade. Detestava tudo que vinha da Grécia. Entretanto, na sua velhice, aprendeu o grego. Atacava a usura dos publicanos; contudo, emprestava dinheiro a juros altos. Seu nome tornou-se sinônimo de pessoa severa e grave ou que, hipocritamente, aparenta isso.

(13) Conjunto de tratados sobre variados assuntos: dissertações, máximas, anedotas, etc.

(14) Geógrafo e historiador grego do século II d.C.

(15) Escritor grego do século III d.C. Escreveu *O Banquete dos Sofistas,* obra cheia de ensinamentos sobre história e literatura clássicas.

a Deus, meu criador, chamar-me e mandar-me sáir desta Terra ([16]).

Pelo que, meu filho, exorto-o a empregar sua juventude no progresso dos estudos e da virtude. Você está em Paris, com seu preceptor Epistemon; este, por orientações práticas e verbais, e aquela, por louváveis exemplos, podem-no instruir. Entendo e quero que aprenda perfeitamente as línguas, primeiramente a grega, como quer Quintiliano; secundariamente, a latina; depois a hebraica por causa das santas epístolas; a caldaica e arábica pela mesma razão; que forme seu estilo, quanto à grega, à imitação de Platão; quanto à latina, à maneira de Cícero; que não haja história que não tenha presente na memória ([17]) a qual o ajudará a geografia de tudo quanto se tem escrito.

Das artes liberais, Geometria, Aritmética e Música, dei--lhe algum gosto quando ainda pequeno, entre cinco e seis anos de idade; continue o resto, e da Astronomia saiba todas as regras ([18]). Deixe a Astrologia divina e a arte de Lúlio ([19]) como abuso e vaidade. Do Direito Civil quero que saiba de cor os belos textos e compare-os com a Filosofia.

Quanto ao conhecimento dos fatos da natureza, quero que se adorne cuidadosamente deles; que não haja mar, ribeiro ou fonte dos quais não conheça os peixes; todos os pássaros do ar, todas as árvores, arbustos e frutos das florestas, todas as ervas da terra, todos os metais escondidos no ventre dos abismos, as pedrarias do Oriente e do Sul, nada lhe seja desconhecido ([20]).

---

(16) Esta parte expressa o entusiasmo humanista de Rabelais pela cultura e sabedoria antigas.

(17) Rabelais não consegue livrar-se totalmente da influência medieval.

(18) Alusão ao *quadrivium* da Idade Média.

(19) Raimundo Lúlio (1235-1315), escritor e alquimista espanhol. A alquimia tinha por escopo descobrir o "elixir da vida" e a "pedra filosofal".

(20) Aqui Rabelais exagera. Preconiza um conhecimento universal e total, chamado por J. Palmero de "Gigantismo de Cultura". *Apud* Larroyo, *Historia General de la Pedagogia*, 10.ª ed. México, Editorial Porrúa, 1967, p. 319. Falta moderação ao autor. O aluno terá que

Depois, cuidadosamente, estude sem cessar os livros dos médicos gregos, árabes e latinos, sem condenar talmudistas e cabalistas (21); e, por freqüentes estudos de Anatomia, adquira perfeito conhecimento do outro mundo que é o homem. E, durante algumas horas do dia, entre em contacto com as santas epístolas, primeiramente em grego o *Novo Testamento* e a *Epístola dos Apóstolos*, depois em hebreu o *Velho Testamento*. Em suma, que eu veja um abismo de ciência (22), porque doravante, transformando-se em homem adulto, você terá que sair desta tranqüilidade e pasmaceira de estudo e aprender a cavalaria e as armas para defender minha casa e socorrer nossos amigos em todos os negócios contra assaltos dos malfeitores. E quero que, brevemente, você experimente quanto lucrou; e tal poderá ser feito defendendo teses de seu saber, publicamente, para todos e contra todos, freqüentando as pessoas letradas que estão em Paris e outros lugares.

Mas, porque segundo o sábio Salomão, sabedoria não entra absolutamente em alma malévola, e ciência sem consciência não é senão a ruína da alma, convém servir, amar e crer em Deus e n'Ele colocar seus pensamentos e suas esperanças, e pela fé, formada de caridade, estar a Ele associado, de sorte que jamais seja desamparado pelo pecado. Tenha por suspeitos os abusos do mundo. Não coloque seu coração na vaidade, porque esta vida é transitória, mas a palavra de Deus permanece eternamente (23). Seja útil ao seu próximo e ame-o como se fosse você mes-

---

se tornar enciclopédia. Sob tal acúmulo de ciência sua personalidade arrisca a sufocar-se. Entretanto, é digno de elogios no que se refere à correlação da ·educação com a natureza; reconhece o valor das ciências aprendidas não nos livros, porém como resultado da observação.

(21) Talmudistas eram os seguidores das doutrinas contidas no *Talmude,* coleção de leis, costumes e tradições judaicas. Cabalistas, seguidores de cabala (em hebraico, tradição), corrente religiosa mística que, entre outras coisas, previa o aparecimento de um Salvador, capaz de reconduzir o povo judeu à Terra da Promissão. Estes indivíduos eram muito estimados na época em que Rabelais viveu.

(22) Eis aí delineado o objetivo da educação rabelaisiana.

(23) Passagem inspirada no *Evangelho de São Mateus,* XXIV, 35 "O céu e a terra passarão, mas as minhas palavras não passarão."

126

mo (^{24}). Reverencie seus preceptores; fuja das pessoas às quais você não pode parecer e não receba em vão as graças que Deus lhe deu. E quando perceber que conhece todo o saber aí ensinado (^{25}), retorne para mim a fim de que o veja e dê-lhe minha bênção antes de morrer.

Meu filho, a paz e graça de Nosso Senhor esteja com você, *amen*. Utopia, 17.º dia do mês de março. Seu pai, Gargântua.

> (André Lagarde et Laurent Michard, *XVIe Siècle, Paris,* Imprimerie Chaix, 1957, pp. 49 a 51.)

C. *MICHEL EYQUEM DE MONTAIGNE* (1533-1592)

1. *Notícia sobre o autor.* O aristocrático Senhor de Montaigne nasceu em Périgord. Seu pai despertou-lhe o gosto pelo latim, através de um método original, exposto nos *Ensaios*:

> "Logo que desmamei, antes que se me destravasse a língua, confiou-me (seu pai) a um alemão, que morreu médico famoso em França e que ignorava completamente o francês mas possuía perfeitamente o latim. Esse alemão, que meu pai mandara vir de propósito e pagava muito caro, ocupava-se continuamente de mim. Dois outros menos sábios do que ele acompanhavam-me sem cessar quando folgava o primeiro. Os três só me falavam em latim. Quanto aos outros de casa, era regra inviolável que nem meu pai nem minha mãe nem criados ou criadas dissessem em minha presença senão as palavras latinas que haviam aprendido para se entenderem comigo. Excelente foi o resultado. Meu pai e minha mãe adquiriram conhecimento suficiente dessa língua para um caso de necessidade e o mesmo aconteceu com as outras pessoas que lidavam comigo. Em suma, tanto nos latinizamos que a coisa se estendeu às aldeias circunvizinhas onde ainda hoje se conservam, pelo uso, vários nomes latinos de artífices e ferramentas. Quanto a mim, aos seis anos não compreendia mais o francês ou o dialeto da terra que o árabe. *Mas sem método, sem livros, sem gramática, sem regras, sem chicote nem lágrimas, aprendera um latim tão puro quanto o do meu professor,* porquanto nenhuma noção de outra língua o podia perturbar" (^{26}).

---

(24) Nesta carta, Rabelais acentua um aspecto negligenciado em *Gargântua*: a formação moral que o autor faz repousar na fé religiosa.

(25) Em Paris.

(26) Montaigne, *Ensaios*, L. I, trad. de Sérgio Milliet, Porto Alegre, Editora Globo S.A., 1961 p. 236. Itálicos nossos.

Montaigne foi conselheiro do Parlamento de Bordéus (1554-1570); nessa época, conheceu La Boétie que lhe revelou o estoicismo e despertou-lhe o apreço da amizade (27).

Casou-se em 1565 e, em 1570, renunciou a seu cargo no parlamento. Retirou-se, então, para seus domínios, dedicando-se à leitura e meditação; compõe os *Ensaios* (1571 a 1580) (28).

Fez duas viagens: na primeira, em 1580 a 81, percorreu a Alemanha e Itália, confirmando, através de observações, a relatividade das coisas humanas; na segunda, em 1589, fez rápida estada em Paris, procurando alcançar a paz interior que o livrasse do medo da morte.

2. *Ensaios.* É "um livro de boa fé" (29). Está calcado na experiência e razão de seu autor. Baseando-se em textos antigos, Montaigne elabora um auto-retrato e analisa em si mesmo as condições humanas.

O livro trata dos mais variados assuntos, abrangendo especulações filosóficas sobre a morte, amizade, educação, etc. Não se acomoda rigidamente a nenhum sistema filosófico; às vezes, é estóico, outras vezes, cético. O próprio título da obra demonstra que o autor jamais quis imobilizar-se numa certeza absoluta.

Baseando-se nas novidades da Renascença, *Ensaios* procura encontrar os princípios da arte de bem viver, através de um humanismo que leva ao conceito do *honnête homme* (30). Prepara, assim, a situação para os moralistas do século seguinte.

3. *Elementos para o comentário do texto.* Três capítulos de *Ensaios* são consagrados à educação: "Pedantismo" (L. I, Cap. XXV), "Da educação das crianças" (L. I., Cap. XXVI) e "Da afeição dos pais com os filhos" (L. II, Cap. VIII).

No capítulo sobre o "Pedantismo" — do qual se extraiu uma parte que será transcrita a seguir —, Montaigne procura mostrar os defeitos da educação da época, livresca e alienada da vida. Os vícios consistiam, sobretudo, no abuso da dialética e na audição indigesta. Montaigne ataca esses pontos, mostrando-se irritado com o pedantismo de seus contemporâneos e com o falso conceito de conhecimento e educação.

---

(27) "É, em verdade, um belo nome e digno da maior afeição o nome de irmão; e por isso La Boétie e eu o empregamos quando nos tornamos amigos." *Id., ibid.,* p. 245.

(28) A primeira edição aparece em 1580, em dois livros.

(29) Montaigne, *op. cit.,* p. 97.

(30) Cf. o conceito de *honnête homme* no cap. VI, nota n.º 1, p. 151.

128

4. TEXTO.

Pedantismo

Sofri muitas vezes, em minha infância, ao ver sempre nas comédias italianas o professor como um bobo e o nome de *magister* não ter muito honrosa significação entre nós. Porque, entregue à sua orientação e guarda, que podia fazer senão aborrecer-me com essa reputação? Procurava bem os escusar da desigualdade natural que existe entre o vulgo e as raras e excelentes pessoas, em julgamento e saber; tanto mais quanto são os hábitos de uns inteiramente diversos de outros. Mas aborrecia-me notar que os homens mais esclarecidos eram exatamente os que menos admiravam os professores, como o nosso bom Du Bellay:

"Odeio sobretudo um saber pedantesco" ([31]).

E isto é um costume antigo. Plutarco diz que, entre os romanos, "grego" e "escolástico" eram palavras censuráveis e pejorativas.

Depois, com a idade, achei que isso tinha razão de ser, e que "magis magnos clericos non sunt magis sapientis" (os maiores clérigos não são os mais sábios) ([32]). Mas pode acontecer que uma alma rica do conhecimento de tantas coisas não se torne mais viva e esperta, e que um espírito grosseiro e vulgar acumule, sem se corrigir, os discursos e julgamentos dos mais excelentes espíritos que o mundo produziu — embora sobre isso eu coloque ainda dúvidas.

Para abrigar tantos pensamentos de outros cérebros, tão grandes e fortes, é necessário (dizia-me uma jovem, a primeira das nossas princesas) ([33]) que o seu próprio cérebro

---

(31) Versos extraídos de *Regrets,* coletânea de poemas, de Joachim Du Bellay (1522-1560), onde exprimiu, com delicadeza, durante longa estada em Roma, a nostalgia de sua terra natal.

(32) Palavras do Frei Jean de Entommeures, em *Gargântua,* de Rabelais.

(33) Alusão à irmã de Henri de Navarre, Catherine de Bourbon, considerada "a primeira de nossas princesas", depois que Marguerite de Valois se tornou rainha de Navarra.

oprima-se, constranja e diminua para dar lugar ao que recebe de outrem.

Eu diria, de bom grado, continuava, que como as plantas morrem por excesso de seiva, e as lâmpadas por excesso de azeite, assim a ação do espírito por excesso de estudo e de matéria, o qual, tomado e embaraçado por uma imensa variedade de coisas, perde o meio para libertar-se.

Mas, a razão parece ser outra, porque quanto mais nossa alma se enche, mais se enriquece; e os velhos tempos dão-nos exemplos de homens hábeis no governo das coisas públicas, de grandes conselheiros de Estado também grandes sábios.

Quanto aos filósofos, desinteressados de toda ocupação pública, foram também algumas vezes, na verdade, desprezados pela liberdade dos autores cômicos de seu tempo, uma vez que suas opiniões e maneiras tornavam-nos ridículos. Quereis fazê-los juízes dos direitos de um processo, das ações de um homem? Eles são bem prestos. Investigam ainda se há vida e movimento; se o homem é diferente do boi; o que é agir e sofrer; que espécies de bestas são as leis e a justiça. Falam de um magistrado ou conversam com ele? São de uma liberdade irreverente e incivil. Ouvem louvar seu príncipe ou um rei? São pastores para eles, ociosos como os pastores, ocupados apenas em ordenhar e tosquiar seus animais, mais rudemente, porém. Estimai alguém por possuir duas mil jeiras de terra? Riem-se, acostumados que estão a abraçar todo o mundo como sua propriedade. Orgulhai-vos de vossa pobreza por contardes sete avós gloriosos? Eles os estimam pouco, pois, concebendo só a imagem universal da natureza, contam quantos antepassados cada um de nós teve entre ricos, pobres, reis, servos, gregos e bárbaros. E ainda que fôsseis descendentes de Hércules, achariam vaidade fazer-vos valer deste presente da fortuna. Assim os desdenhava o vulgo, como ignorante das coisas primeiras e comuns, como presunçosos e insolentes. Mas, esta pintura platônica ([34]) está longe de retratar os mestres. Invejavam-se

---

(34) Refere-se ao *Teeteto*, de Platão.

os filósofos porque, estando acima do comum dos homens, desprezavam as ações públicas, educados numa vida particular e inimitável, regulados por princípios superiores e fora de uso normal. Quanto aos professores, desdenham-se-nos, como estando abaixo do comum dos homens, incapazes de cargos públicos, levando uma vida de costumes baixos e vis que os coloca depois do vulgar.

Odi homines ignava opera, philosopha sententia (Odeio os homens incapazes de operar, filósofos de palavra somente) [35].

Quanto aos filósofos, grandes em ciência, digo que foram maiores ainda nos atos. Assim aquele geômetra de Siracusa [36] que, tendo sido arrancado da contemplação para inventar alguma coisa prática para a defesa de seu país, imaginou súbito uma seqüência de engenhos espantosos cujos efeitos ultrapassavam todas as criações humanas. Desdenhou, todavia, ele mesmo, toda esta manufatura, jogos de sua sabedoria, pensando ter ela corrompido a dignidade de sua arte. Assim, eles, se algumas vezes passaram da teoria à ação, elevaram-se tão alto, que se diria terem seu coração e sua alma maravilhosamente aumentado e enriquecido no estudo das coisas. Mas alguns, vendo o cargo de governantes políticos ocupados por homens incompetentes, afastaram-se; e quando se perguntou a Crates [37] até que momento se deveria filosofar, recebeu-se esta resposta: — "Até que não haja mais burriqueiros conduzindo nossos exércitos". Heráclito abdicou a realeza em favor de seu irmão; e aos efésios, que o reprovaram por ter passado seu tempo a brincar com seus irmãos diante do templo, disse: —

---

(35) Marcus Pacúvio (220-130 a.C.) um dos mais antigos poetas dramáticos de Roma, mais filósofo, em realidade, que poeta. Sobrinho de Ênio.

(36) Arquimedes (287-212 a.C.), criador de fórmulas para achar-se a superfície e volume do cilindro e da esfera e inventor da alavanca, da roldana, das rodas dentadas, etc. Devido a sua engenhosidade, conseguiu prolongar, por três anos, a resistência de Siracusa, assediada pelos romanos.

(37) Filósofo grego, do IV século a.C., pertencente à escola cínica e discípulo de Diógenes.

131

"Não será melhor fazer isto, que governar os negócios públicos em vossa companhia?" Outros, tendo colocado a imaginação acima da fortuna e do mundo, achavam as cadeiras da justiça e os tronos dos reis, baixos e vis. Empédocles recusou a realeza que os agrigentinos lhe ofereciam [38]. Tales [39] condenando, algumas vezes, seus concidadãos por se preocuparem muito com os interesses particulares e com o enriquecimento, eles lançam-lhe em rosto que assim falava à moda da raposa, por não poder fazer o mesmo. Em vista disso, teve vontade, por passatempo, de tentar a experiência; e, tendo por este golpe rebaixado seu saber a serviço do lucro e do dinheiro, organizou um tráfego que, em um ano, trouxe tantas riquezas que apenas os mais experimentados no ofício podiam lucrar igual, em toda sua vida.

Narra Aristóteles [40] que alguns falavam desse Tales, Anaxágoras [41] e semelhantes, que eram sábios mas não eram prudentes, pois não se ocupavam o suficiente das coisas úteis. Não distingo bem essa diferença de palavras, mas isto não serve absolutamente de escusa à minha pessoa; e, vendo a módica e necessitada fortuna com que se satisfaziam, seríamos induzidos a pronunciar que eles não são nem sábios nem prudentes, usando a mesma expressão.

Abandono essa primeira razão, e creio que é preferível dizer que este mal vem de uma maneira errada de encarar as ciências. E pelo modo como as aprendemos, não é de admirar que nem os escolares nem os mestres se tornem, por isso, mais hábeis, embora se façam cada vez mais doutos. Na verdade, os cuidados e despesas de nossos pais visam

---

(38) Empédocles, filósofo e médico de Agrigento, do século V a.C., foi muito considerado pelos seus contemporâneos. O exemplo de Montaigne parece mal colocado porque a lenda mostra Empédocles como um orgulhoso suicida que se lançou na cratera do Etna para que se não achassem vestígios de seu corpo e se pensasse que havia subido ao céu; o vulcão, depois de tê-lo devorado expeliu suas sandálias como querendo revelar a fraude desse suicídio.

(39) Filósofo e matemático grego (640-548 a.C.), nascido em Mileto e pertencente à escola jônica.

(40) Na obra *Ética a Nicômaco*.

(41) Filósofo grego (500-428 a.C.), pertencente à escola jônica.

apenas a mobiliar-nos a cabeça de ciência; de bom senso e de virtude, nada de novo. Gritai ao nosso povo, a propósito de um transeunte: — "Lá vai um homem sábio!" E de outro: — "Lá vai um homem bom!" Ninguém deixará de voltar os olhos e o respeito para o primeiro. Seria necessário um terceiro gritador: — "Oh! cabeças pesadas" ([42])! Per guntamo-nos de boa vontade: — "Sabe grego ou latim? Escreve em prosa ou verso?" Mas se ele se tornou melhor ou mais prudente — o que é principal — isto é secundário. É preciso inquirir quem sabe melhor, não quem é mais sábio ([43]).

Esforçamo-nos para preencher a memória e deixamos a consciência e o entendimento vazios. Assim como os pássaros vão à procura do grão e o trazem no bico sem o experimen- tar, para serem provados por seus filhotes, assim nossos mes- tres vão pilhando a ciência nos livros, alojando-a na ponta da língua, tão-somente para vomitá-la e lançá-la ao vento.

É admirável que tal tolice se encontre, muitas vezes, em meu próprio exemplo. Não faço o mesmo na maior parte desta composição? Vou roubando aqui e ali, dos livros, as sentenças que me agradam, não para guardá-las, porque não possuo reservatórios, mas para transportá-las para aqui, onde, verdadeiramente, elas não são mais minhas do que do primeiro lugar onde estavam. Somos, isto eu creio, sábios da ciência do presente, não da ciência do passado, tão-pouco da do futuro.

Mas, o que é pior, nossos estudantes e aqueles a quem ensinarão não se nutrem nem se alimentam muito mais que isso; a ciência passa assim de mão em mão, com o único objetivo de entreter os outros e contar estórias, como moeda recolhida, inútil a qualquer uso, e empregada apenas para calcular e depois atirar-se fora.

---

(42) No original: "O les lourdes testes!" Essa expressão foi tra- duzida como "cabeças de pote" em Montaigne, *op. cit.*, p. 206. Signi- fica cabeças que se enchem, à semelhança de um pote, e acabam por fi- car pesadas com o excesso de conhecimentos que nelas se despejam.

(43) O ideal da educação, hoje, é o do homem que sabe e, tam- bém, é bom. Não basta apenas ser sábio, contudo, não basta ser somente bom.

133

Apud alios loqui didicerunt, non ipsi secum (Aprenderam a falar com os outros, não consigo próprios) [44].
Non est loquendum, sed gubernandun. (Não se trata de falar, mas de velar o leme) [45].

A natureza, para mostrar que não há nada selvagem naquilo que ela conduz, faz nascer nos países onde as artes são menos cultivadas, muitas produções de espírito, que se equiparam com as melhores. Sobre este meu propósito, é delicioso o provérbio gascão, a respeito dos tocadores de gaita de fole: *Bouha prou bouha, mas a remuda lous dits qu'em; souffler prou souffler, mais nous en sommes à remuer les doits* (Soprar é muito fácil, mas a dificuldade está em mexer os dedos).

Sabemos dizer: — "Cícero disse assim; eis os costumes de Platão; estas são as próprias palavras de Aristóteles". Mas que dizemos de nós próprios? que pensamos? que fazemos? Diria igualmente bem um papagaio. Estas ações fazem-me lembrar daquele rico romano, que tinha sido cauteloso, despendendo grandes somas, para recrutar homens capazes em todos os gêneros de ciência, que ele mantinha continuamente ao redor de si; e quando tinha, por acaso, oportunidade de falar, entre seus amigos, de uma coisa ou de outra, aqueles supriam seu lugar e iam logo perto dele fornecer-lhe, ou uma frase, ou um verso de Homero, cada um segundo sua especialidade; e chegou a pensar que este saber fosse seu, porque ele o tirava da cabeça de seu pessoal, como aqueles cujos conhecimentos habitam em suas suntuosas livrarias.

Conheço um que ao ser indagado sobre o que sabe, pede-me um livro para mostrar-mo; e não ousaria dizer-me que tem o traseiro sarnento, antes de estudar em seu dicionário o que é sarnento e traseiro.

Tomamos as opiniões dos outros, e eis tudo. É preciso fazê-las nossas. Parecemos pròpriamente aquele que, necessitando de fogo, vai pedi-lo na casa do vizinho e, encontrando

---

(44) Cícero.
(45) Sêneca.

134

um braseiro bonito e grande, lá permanece para aquecer-se, sem se lembrar mais de trazer um pouco para sua casa. De que nos adianta ter a barriga cheia de carne se não a digerimos? se não a assimilamos? se não nos faz crescer e fortificar-nos? Pensamos, por acaso, que Lúculo (46), que as letras conduziram e formaram tão grande capitão, sem experiência, as tenha aprendido à nossa moda?

Deixamo-nos levar tantas vezes pelo braço dos outros que aniquilamos nossas forças. Quero armar-me contra o terror da morte? Sirvo-me de Sêneca. Quero arranjar consolo para mim ou para outro? peço emprestado a Cícero. Teria tirado tudo de mim mesmo, se a isso me houvessem exercitado. Não aprecio, absolutamente, esse saber relativo e mendigado.

> (Michel de Montaigne, *Essais,* livre premier, chap. XXV, "Du Pédantisme", Paris, Société Les Belles Lettres, 1946, pp. 186 a 192.)

---

(46) General romano que dirigiu a guerra contra Mitridates.

BIBLIOGRAFIA

1. ABRY, E., CROUZET, R., BERNÈS, J. et LÉGER, J. — *Les grands écrivains de France illustrés,* XVIe Siècle, Paris, Didier, 1952.

2. BURNS, Edward McNall — *História da Civilização Ocidental,* I, trad. bras., 2.ª ed. Porto Alegre, Editora Globo, 1967.

3. LAGARDE, A. et MICHARD, L. *XVIe,* 7e. éd. Paris, *Imprimerie* Chaix, 1957.

4. LANSON, G. et TUFRAU, P. — *Manuel illustré d'histoire de la littérature française,* Paris, Librairie Hachette, 1952.

5. LARROYO, Francisco — *História General de la Pedagogia,* 10.ª ed. México, Editorial Porrúa, 1967.

6. LUZURIAGA, LORENZO — *História da Educação e da Pedagogia,* trad. bras., São Paulo, Companhia Editora Nacional, 1955.

7. MAQUIAVELO, Nicolas — *El Principe,* trad. arg., prologo y apendice de Mauricio Lubel, Buenos Aires, Editorial Sopena Argentina S.A., 1960.

8. MONTAIGNE, Michel de — *Ensaios,* I, trad. bras., Porto Alegre, Editora Globo, 1961.

9. MONTAIGNE, Michel de — *Essais,* L. premier, texte établi et présenté par Jean Plattard, Paris, Société Les Belles Lettres, 1946.

10. RIBOULET, L. — *História da Pedagogia,* trad. bras., São Paulo, Livraria Francisco Alves, 1951.

CAPÍTULO V

EDUCAÇÃO RELIGIOSA REFORMADA

ENTENDIMENTO HISTÓRICO

A Renascença abriu as portas para a liberdade que procurou afirmar-se no terreno estético e, também, no religioso. Relacionando-se com este segundo aspecto surge a Reforma, movimento que principia na Alemanha, no século XVI, e pelo qual parte da Europa contestou a autoridade do Papa e da Igreja Católica.

Entre os motivos determinantes da Reforma, podem-se arrolar:

1.º a corrupção em que havia caído grande parte do clero; entre os vícios apontavam-se: a simonia, a avareza, a degradação dos costumes, a ambição política, etc.;

2.º os protestos de Wiclef, na Inglaterra, e João Huss, na Boêmia, nos séculos XIV e XV, contra o desvio da Igreja de suas primitivas crenças;

3.º o desenvolvimento do espírito crítico da corrente humanista que acentuou o valor da personalidade e da individualidade livre ante qualquer coação exterior.

Uma das figuras mais salientes desse movimento foi Martinho Lutero (Alemanha), seguido de perto por Zwinglio e Calvino (Suíça).

REPRESENTANTE

MARTINHO LUTERO (1483-1546)

1. *Notícia sobre o autor.* O principal inspirador da Reforma foi o monge agostiniano Martinho Lutero, nascido em Eisleben, na Saxônia.

A centelha que acendeu o estopim da revolta luterana foi o caso do dominicano Tetzel, que começou a vender indulgência para o Papa Leão X e para o arcebispo da Mogúncia. Inconformado com essa atitude, Martinho Lutero formulou noventa e cinco teses, contra a referida venda das indulgências, e afixou-as à porta da Igreja de Wittenberg, em 1517. A partir daí, não mais parou de agitar o pensamento alemão, através, ora de sermões, ora de panfletos.

Em 1520, Leão X condena, em uma bula, os ensinamentos do monge agostiniano e dá-lhe sessenta dias para retratar-se. Lutero queima publicamente a bula papal. Consumou-se a excomunhão. Um edito de Carlos V estigmatiza-o e considera-o fora da lei. Ele abriga-se contra o perigo no castelo de um amigo. O imperador ausenta-se, para dirigir a guerra contra a França, e o edito não chega a ser executado.

Então, Lutero aproveita-se das circunstâncias para prosseguir na campanha de divulgação de suas idéias que implantaram, definitivamente, a nova igreja protestante em solo alemão, daí irradiando-se para outros países.

Alguns pontos principais de sua doutrina:

1.º negação da autoridade do Papa, dos Padres e dos Concílios;

2.º protesto contra as indulgências;

3.º admissão do Evangelho, que pode ser interpretado segundo a consciência de cada um, sem o concurso da autoridade eclesiástica;

4.º primado da fé sobre as obras.

2. *A Liberdade do Cristão*. Entre os escritos reformistas de Martinho Lutero, apontam-se: *À Nobreza Cristã da Nação Alemã*, obra em latim, em que pleiteia, junto aos príncipes, a promoção da reforma da Igreja; *Sobre o Cativeiro Babilônico da Igreja*, que marca sua cisão com a Igreja; *A Liberdade do Cristão,* onde exprime o sentimento de independência nascente nos europeus.

Neste último escrito, Lutero aborda o intrincado problema da liberdade do cristão e coloca o leitor face a duas proposições aparentemente contraditórias: o cristão como livre senhor de todas as coisas e servo sujeito a tudo. Lutero esforça-se por resolver a questão. Começa apontando uma distinção fundamental entre o homem exterior ou corporal e o homem interior ou espiritual.

O pequeno tratado compõe-se de trinta parágrafos com assuntos assim distribuídos:

1.º os dois primeiros parágrafos colocam e justificam, através de citações bíblicas, o tema essencial do escrito;

2.º os dezesseis seguintes tratam do homem interior e de sua liberdade;

3.º os doze últimos tratam do homem exterior e de sua servidão (explicando por que o homem não pode, por si mesmo, adquirir méritos) e condenam a doutrina da justificação pelas obras.

Mas, se o homem não deve fazer o bem para merecer a salvação, é contudo obrigado a observar uma certa disciplina; pela caridade para com o próximo, agindo com este como Cristo agiu, o cristão é obrigado a realizar boas obras.

Assim Lutero, que negou serem as boas obras necessárias ou mesmo úteis para o homem justificar-se ou salvar-se, assegura que o cristão, contudo, cumprirá tais normas espontaneamente, em atenção a si mesmo e por caridade ao próximo. O tratado termina com uma breve e sublime visão onde o cristão aparece libertado do pecado, da lei e dos mandamentos, pela fé, vivendo em Cristo e no próximo.

3. *Elementos para o comentário do texto.* O texto escolhido refere-se aos sete primeiros parágrafos de *A Liberdade do Cristão.* Lutero defende a tese do primado da fé sobre as obras, calcando-a na Epístola de São Paulo aos romanos [1].

As boas obras da igreja — jejuns, peregrinações, sacramentos de nada valem [2]. Somente pela absoluta submissão à vontade divina é que o homem pode tornar-se merecedor aos olhos de Deus.

"Essa doutrina da justificação pela fé, opondo-se à salvação pelos sacramentos e pelas demais obras da igreja, é geralmente considerada a pedra angular da revolta luterana" [3].

A *Liberdade do Cristão*

Ao prudente e sábio Senhor Jerônimo Mühlpfort, preboste da cidade de Zwickau [4], meu muito amigo e protetor, apresento, eu, Doutor Martinho Lutero, agostiniano, minhas breves saudações e bons augúrios.

Prudente e sábio senhor e bondoso amigo, o digno Mestre João Egran, pregador de sua ilustre cidade, elogiou seu amor ardente pela Santa Escritura que, o senhor, com

---

(1) "Com efeito, não me envergonho do evangelho: pois ele é uma força vinda de Deus para a salvação de todo o que crê, ao judeu em primeiro lugar e depois ao grego. Porque nele se revela a justiça de Deus, que se obtém pela fé e conduz a fé, como está escrito: *O justo vive da fé* (Heb. 2, 4)." *Ep. aos romanos,* I, 16 e 17.

(2) "Eliminou todos os sacramentos, com exceção do batismo e da eucaristia, e negou que mesmo esses tivessem qualquer poder sobrenatural de trazer a graça dos céus à terra." Edward McNall Burns, *História da Civilização Ocidental,* I, trad. bras. 2.ª ed. Porto Alegre, Editora Globo, 1967, p. 465.

(3) *Id., ibid.,* p. 463.

(4) Cidade da Saxônia, Alemanha, à beira do Mulde.

zelo infatigável, não cessa de proclamar e celebrar diante dos homens.

Porque ele deseja torná-lo meu conhecido, de boa vontade aceito e deixo-me alegremente convencer, por ser--me um prazer particular aprender onde a verdade divina é amada; há, infelizmente, muitas pessoas e, mais que todas as outras, aquelas que se apresentam como protetoras dessa mesma verdade, que opõem obstáculos a ela com violência e malícia, fato, muitas vezes inevitável, porque Cristo que veio ao mundo para ser sujeito de escandalo e signo de contradição, é uma pedra contra a qual muitos se chocam para cair, e, em seguida, levantar. Assim, para inaugurar nossas relações e nossa amizade, quero-lhe dedicar o texto alemão deste pequeno tratado e sermão — cujo texto latino dediquei ao Papa — onde exponho a todos os fundamentos irrepreensíveis, espero, de minha doutrina sobre o Papado. Recomendo-me agora, assim como o senhor e todos os demais, à graça divina. *Amen.* Wittenberg, 1520.

Jesus

1.º A fim de que tenhamos um conhecimento profundo do verdadeiro Cristão e saibamos em que consiste a liberdade obtida por ele e que lhe foi dada por Cristo, sobre a qual São Paulo fala freqüentemente ([5]), adiantarei duas proposições:

Um Cristão é um senhor livre de todas as coisas e não submisso a ninguém.

Um Cristão é um servo sujeito a todas as coisas e submisso a todo o mundo.

Essas duas proposições encontram-se claramente em São Paulo (*I Cor.*, 12, 9, 19): "Eu sou livre em todas as

---

(5) "Graças a Deus, porém, que, depois de terdes sido escravos do pecado, obedecestes de coração à regra de doutrina na qual tendes sido instruído, e, libertados do pecado, vos tornastes servos da justiça." *Ep. aos romanos,* VI, 17 e 18. "É para que sejamos homens livres, que Cristo nos libertou." *Ep. aos Gálatas,* V, 1.

coisas e sou o servidor de todos" e nos *Rom*. 13, 8: "Não tendes obrigação para com as pessoas, se esta não for o amor mútuo". Mas, o amor é sujeito e submisso àquilo que ama. Isto, igualmente, está escrito sobre Cristo, em *Gál*. 4, 4: "Deus enviou seu filho, formado de uma mulher e submisso à lei."

2.º Para entender estas duas fórmulas contraditórias da liberdade e servidão, devemos lembrar-nos de que cada Cristão tem duas naturezas, uma corporal e outra espiritual. Pela sua alma, merece ser chamado homem novo, espiritual, interior; pela carne e pelo sangue, merece ser chamado homem corporal, homem velho e homem exterior. Por causa desse contraste, salientam-se na Escritura as duas proposições que se opõem no que diz respeito ao sujeito da liberdade e da servidão ([6]).

3.º Considerando o homem interior e espiritual para ver em quais condições é um Cristão justo, livre e merecedor desse nome, é evidente que nenhum elemento exterior pode torná-lo livre ou justo, seja qual for o nome que se lhe dê, porque sua justiça e liberdade, inversamente, sua malícia e sujeição, não são nem corporais nem exteriores. De que vale a alma se o corpo é independente, robusto e são, se come, bebe e vive como quer? Inversamente, em que a alma padece se o corpo é cativo, doente e extenuado, se tem fome, sede e sofre, contrariamente a seus

---

(6) "Em conjunto, a classe média via-se mais exposta do que auxiliada pelo colapso da ordem feudal e pelo surto do capitalismo. A imagem que Lutero fez do homem espelhava precisamente esse dilema. O homem é livre de todos os vínculos que o prendem a autoridades espirituais. Mas esta liberdade deixa-o angustiado, avassala-o com uma sensação de sua própria insignificância e incapacidade. Êsse indivíduo livre é isolado e esmagado pela experiência de sua insignificância individual. A teologia de Lutero dá vazão a esse sentimento de desamparo e de dúvida.

A imagem do homem que ele esboça em termos religiosos descreve a situação individual que foi ocasionada pela evolução social e econômica de sua época.

O membro da classe média era tão inerme face às novas forças econômicas quanto era o homem, na descrição de Lutero, face a Deus." Erich Fromm, *O Medo à Liberdade*, Rio, Zahar Editores, 1967, p. 76.

desejos? Nenhuma destas coisas penetra até a alma para libertá-la ou entregá-la à servidão, tornando-a justa ou má.

4.º Assim, quando o corpo sonha com os hábitos consagrados, como querem os sacerdotes e pessoas da igreja, a alma não tira disso nenhum proveito; não mais do que quando reside nas igrejas e lugares consagrados ou quando, materialmente, ora, jejua, entregando-se à peregrinação, executando toda espécie de boas obras que, desde tempos imemoriais, podem efetuar-se pelo corpo ou em si. O que deve dirigir a alma e conferir-lhe integridade e liberdade deve ser de uma outra natureza. Porque tudo que foi dito até aqui, todas estas obras e ritos, um homem mau, hipócrita ou beato pode executar ou cumprir; entregando-se a tais práticas, os homens não podem tornar-se outra coisa senão verdadeiros beatos. Contrariamente, a alma nada padece se o corpo veste hábitos profanos, reside em lugares profanos, come, bebe, não participa de preces ou peregrinações e abstém-se de todas as obras executadas pelos hipócritas já mencionados.

5.º Nem no céu, nem na terra a alma possui outro meio para viver justa, livre e cristamente que não seja o Santo Evangelho, a palavra de Deus, pregada por Cristo [7]. Como Ele mesmo diz (*João*, 11, 25): "Eu sou a ressurreição e a vida, aquele que crê em mim viverá eternamente"; e do mesmo modo (14, 6): "O homem não vive só de pão

---

(7) A importância que Lutero deu à Bíblia foi extraordinária. Muitos educadores, entre os quais Luzuriaga, chegam a admitir que a principal obra educativa do monge agostiniano foi a tradução da Bíblia para o alemão, idioma que por isso foi-se impondo, paulatinamente, em todas as escolas. Lorenzo Luzuriaga, *História da Educação e da Pedagogia,* trad. bras., São Paulo, Companhia Editora Nacional, 1955, p. 122. Nem todos, entretanto, são da mesma opinião: "Não se pode afirmar que a Reforma tenha dado ao povo a Bíblia em vernáculo, porque havia pelo menos 24 edições alemãs antes da de Lutero". Paul Monroe, *História da Educação,* trad. bras., 6.ª ed. São Paulo, Companhia Editora Nacional, p. 194. Bréal afirma que, fazendo da "Sagrada Escritura a fonte da crença, a Reforma *contraía a obrigação* de dar a cada um os meios de salvar-se pela leitura e compreensão da Bíblia". *Apud* Francisco Larroyo, *Historia General de la Pedagogia,* 10.ª ed. México, Editorial Porrúa, 1967, p. 323.

mas de toda palavra que sai da boca de Deus". Assim, devemos estar certos de que a alma pode privar-se de todas as coisas, exceto da palavra de Deus e, faltando a palavra de Deus, nada poderá ajudá-la a subsistir. Quando ela tem a palavra, não tem necessidade de mais nada; encontra na palavra sua suficiência, alegria, paz, luz, ciência, justiça, verdade, sabedoria, liberdade, seu alimento e todos os bens superabundantes (8). Assim, lemos no Saltério e, particularmente, no salmo 118, 119 que o profeta não apela para seus juramentos e pregões, nada além da palavra de Deus. O que a Escritura tem como pior flagelo de Deus e maior marca de sua cólera é a supressão de Sua palavra aos homens; contrariamente, Deus não pode manifestar melhor Sua graça, senão invocando Sua palavra, como ele diz no salmo 104, 107, 20: "Ele envia Sua palavra e assim os ajuda". E Cristo não veio para preencher nenhuma outra função senão para pregar. Todos os Apóstolos, bispos, sacerdotes e todo o estado eclesiástico não foram chamados e instituídos senão pela palavra, se bem que, infelizmente, seja hoje de outro modo.

6.º Mas, perguntar-se-á: qual é pois a palavra que desperta tão grande graça e como se deve usá-la? Resposta: não é outra senão a pregação feita por Cristo, como está no Evangelho. Ela deve ser de tal forma — e o é, com efeito — que permita entender seu Deus dizer-lhe que toda sua vida e obras não são nada aos Seus olhos, mas que você está destinado à perdição eterna, assim como tudo que reside em seu íntimo. Se acredita verdadeiramente

---

(8) Para Lutero, "a religião é uma vida, não uma ciência, e tudo deve ser feito com o pensamento constante da salvação própria e da alheia. Donde, a importância extraordinária que atribui à educação das crianças. Nunca dantes se ouviram, a esse respeito, apelos tão prementes às famílias e às autoridades civis. Não há maior dano para a cristandade que o descurar das crianças... E por isso é da mais alta necessidade que o homem casado se ocupe da alma do filho, bem mais profunda e aplicadamente que de seu corpo; e não considere esse filho senão como precioso tesouro eterno que Deus lhe confiou para proteger e para que nem o diabo, nem o mundo, nem a carne o façam perecer." "Sermão sobre o estado de casado (1519)." J. Leif e G. Rustin, *Pedagogia Geral Pelo Estudo das Doutrinas Pedagógicas,* trad. bras., São Paulo, Companhia Editora Nacional, 1960, p. 51.

145

n'Ele, como é seu dever, é preciso desesperar-se de si mesmo e reconhecer que Oséias tinha razão em escrever: "O' Israel, não tens nada em ti que não seja tua perda, mas é em mim só que está teu socorro" (*Os.*, 13, 9). Mas para que você saia e escape de si mesmo, quer dizer, de sua perdição, Ele apresentou-lhe Seu caro Filho Jesus Cristo, e disse-lhe, através de vivificante e consoladora palavra que você deve abandonar-se a Ele com fé robusta e audaciosa confiança; então, por causa dessa fé, todos os seus pecados serão perdoados, você triunfará sobre as coisas que o perderam, e será direito, verídico, calmo, justo e ainda terá cumprido todos os mandamentos e ter-se-á libertado de todas as coisas ([9]). Como diz São Paulo (*Hom.* 1, 17): "O cristão justo não viverá senão pela fé"; e em *Rom.* 10, 4: "Cristo é o fim e cumprimento de todos os mandamentos para aqueles que crêem n'Ele".

7.º Assim, o que mereceria ser o único estudo e exercício de todos os Cristãos seria a impregnação da palavra e de Cristo, a manutenção e o fortalecimento da fé, pois não há nenhum outro estudo que possa formar um Cristão ([10]). Cristo disse aos judeus (*Jo*, 6, 28) que lhes pediria as obras a serem realizadas para agir ao agrado de Deus e cristã-

---

([9]) "Lutero admitiu a existência de uma iniqüidade inata na natureza humana que orienta o homem para o mal e impossibilita qualquer homem de praticar uma boa ação baseado em sua própria natureza (...) Esta convicção da ruindade do homem e de sua própria incapacidade para fazer qualquer coisa de bem por seus próprios méritos é um requisito essencial para a graça divina. Só se o homem humilhar-se e derribar sua vontade pessoal e seu orgulho, a graça de Deus descerá sobre ele." Erich Fromm, *op cit.*, pp. 71 e 72.

([10]) "Certas doutrinas de Lutero e Calvino são tão parecidas com a Igreja Medieval que às vezes é difícil enxergar qualquer diferença essencial entre elas. Como o protestantismo e o calvinismo, a Igreja Católica sempre negara que o homem pudesse encontrar a salvação apoiado exclusivamente na força de suas próprias virtudes e merecimentos; de que ele poderia passar sem a graça de Deus como um meio indispensável à salvação. Não obstante, a despeito de todos os elementos comuns à antiga e nova teologia, o espírito da Igreja Católica havia sido basicamente diferente do espírito da Reforma, especialmente com relação ao problema da liberdade e dignidade humanas e ao efeito dos atos do homem sobre seu próprio destino." *Id., ibid.*, p. 67.

mente: "Eis a única obra que Deus exige, é que vós creiais naquilo que Ele vos enviou". E foi também a Ele unicamente que Deus, o Pai, confiou esse mister. Assim, isto é realmente uma riqueza superabundante como uma fé verdadeira em Cristo, porque traz consigo toda a felicidade, afastando tudo que possa opor-se a ela. Como disse Marcos (16, 16): "Aquele que crer e for batizado será salvo, aquele que não crer será condenado". A esse respeito, o profeta Isaías, que havia tido a visão deste tesouro da fé, fazia esta pregação (*Is.*, 10, 22): "Deus dará uma soma abreviada de Sua palavra sobre a terra e esta soma abreviada, tal como um dilúvio, fará transbordar a justiça", o que quer dizer que a fé, contendo abreviadamente o cumprimento de todos os mandamentos, justificará superabundantemente todos aqueles que a possuírem, se bem que nada mais será necessário para ser justo e piedoso. Assim diz São Paulo (*Rom.*, 10, 10): "Aquele que crer de coração permanecerá justo e piedoso".

(Luther, *Les grands écrits réformateurs*, "La liberté du Chrétien", introduction, traduction, notes de Maurice Gravier, nouvelle édition revue, Paris, Editions Montaigne, MCMLV, pp. 253 a 261.)

BIBLIOGRAFIA

1. BURNS, Edward McNall — *História da Civilização Ocidental,* I, trad. bras. 2.ª ed. Porto Alegre, Editora Globo, 1967.
2. EBY, Frederick — *História da Educação Moderna,* trad. bras., Porto Alegre, Editora Globo, 1962.
3. LARROYO, Francisco — *História General de la Pedagogia,* 10.ª ed. México, Editorial Porrúa, 1967.
4. LUTHER — *Les grands écrits réformateurs,* "La liberté du chrétien", introduction, traduction, notes de Maurice Gravier, nouvelle édition revue, Paris, Editions Montaigne, MCMLV.
5. LUZURIAGA, Lorenzo — *História da Educação e da Pedagogia,* trad. bras., São Paulo, Companhia Editora Nacional, 1955.
6. SANTOS, Theobaldo Miranda — *Noções de História da Educação,* 4.ª ed. São Paulo, Companhia Editora Nacional, 1952.

CAPÍTULO VI

EDUCAÇÃO NO SÉCULO XVII

ENTENDIMENTO HISTÓRICO

O século XVII foi marcado por variadas características nos diversos setores da vida humana.

1.° Setor Econômico. Fase de economia essencialmente agrícola. Os precários princípios técnicos em uso não foram suficientes para evitar as fomes endêmicas e a precoce mortalidade dos homens da época.

2.° Setor Estatal. Período de guerras civis. Exemplo: a política de Richelieu, na França, incidindo sobre pesadas exigências fiscais, provocou guerras camponesas (1636-1639).

3.° Setor Político Internacional. Tendência dos Estados para o Imperialismo. Cresceu o desejo de poder. Destacou-se um nome: a família Habsburgo, da Espanha e Áustria. Guerras devoraram a Europa, esgotando os Estados.

4.° Setor Moral. O ideal era o nobre, o cavaleiro, *l'honnête homme* [1]. O herói procurou a beleza, a suprema perfeição e até mesmo o gigantesco e desmesurado no cumprimento do dever [2].

---

(1) Explicando o conceito de "honnête homme" pode-se dizer que "cette notion est infiniment complexe: l'"honnête homme" idéal, selon Faret (*L'Art de plaire à la Cour*, 1640) est le gentilhomme qui joint à la "naissance" les dons du corps, la souplesse et la grâce, — la culture de l'esprit, le désir d'être "passablement imbu de plusieurs sciences", plutôt que "solidement profond en une seule", le goût des vers, la connaissance des langues, — enfin les "dons... et ornements de l'âme", le courage, la probité, la noblesse naturelle des manières, et, couronnant le tout, les vertus chrétiennes. Il s'agit de démêler dans chaque cas, la nuance qui l'emporte sur les autres, sans oublier d'ailleurs que l'"honnête homme" est déja souvent, comme aujourd'hui, l'"homme de bien", vertueux et probe". Gaston Cayrou, Le Français Classique, sixième édition, Didier, Editeur, Paris, 1948, p. 467.

(2) No *Le Cid*, de Corneille, D. Diègue exige de Rodrigue: "meurs, ou tue", para lavar a honra daquele, ultrajada pelo Conde de Gormas —

5.º Setor Científico. As descobertas perturbaram a Igreja, habituada de longa data a seguir Aristóteles [3]. João Kepler (1571-1630) resumiu a harmonia dos mundos celestes nas leis imortais que trazem o seu nome: 1.º as órbitas planetárias são elipses de que o Sol ocupa um dos focos. 2.º as áreas, descritas pelos raios vetores, são proporcionais aos tempos. 3.º os quadrados dos tempos das revoluções planetárias são proporcionais aos cubos dos grandes eixos das órbitas. Galileu (1564-1642) investigou sobre as leis do movimento. O resultado de seu trabalho provocou reação por parte da Igreja; detido durante vinte e três dias no Palácio da Inquisição, teve que abjurar das opiniões de Copérnico (1473-1543).

Realizaram-se tentativas no sentido de destruir os elementos que minavam o corpo social. Entre os nomes mais significativos da época que batalharam por modificações no *statu quo*, destacam-se, no campo da educação, Comênio, Descartes, Locke e Fénelon.

Comênio é o profeta da moderna escola democrática; confere igual dignidade a todos os níveis educativos e o direito de educação a todos. Descartes procurou destronar Aristóteles, conferindo ao homem razões para viver e criar. Locke popularizou uma filosofia prática que se integrava ao espírito da época. Fénelon reagiu contra a política de Luís XIV, propondo mudanças sociais.

O século XVII terminou dentro de uma efervescência de idéias. Mas, "deve sua fecundidade precisamente, em grande parte, às suas crises. Ao pretender remediá-las, ao lutar contra as forças de dissociação e destruição, o homem multiplicava suas invenções em todas as ordens e ultrapassava-se" [4].

---

pai de Chimène. E este reconhece em Rodrigue o cavalheiro perfeito ao dizer-lhe:

"Je sais ta passion, et suis ravi de voir
Que tous ses mouvements cèdent à ton devoir;

....

Et que, voulant pour gendre un cavalier parfait,
Je ne me trompais point aux choix que j'avais fait."
(*Le Cid, Corneille*, II, 2, 423-428.)

(3) Para os aristotélicos a Terra era o centro do mundo. Copérnico, Kepler e Galileu desmentiram essa teoria. Bacon — (1561-1626) atacou Aristóteles e buscou um método para a investigação científica do real; conferiu importância à observação e experimentação. Contudo, não logrou oferecer uma visão do Universo, capaz de substituir Aristóteles.

(4) Roland Mousnier, *Os Séculos XVI e XVII*, Tomo IV, trad. bras., São Paulo, Difusão Européia do Livro, 1957, p. 368.

REPRESENTANTES

A. JOÃO AMOS COMÊNIO (1592-1670)

1. *Notícia sobre o autor.* Comênio foi um notável pedagogo nascido na Morávia, região da Europa Central. Morreu em Amsterdão. Estudou em Herborn e Heidelberg. Ocupou a reitoria de um colégio em Lissa e tomou ordens na Igreja da Morávia. Em virtude de perseguições políticas e religiosas, foi obrigado a passar grande parte de sua vida no exílio, primeiro na Polônia, depois na Suécia, na Prússia e em Amsterdão.

Suas teorias educacionais são acentuadamente atuais. Aplicou quase todos os grandes princípios da pedagogia progressiva; fixou as bases da organização do ensino, desde a escola maternal até a academia; chamou a atenção dos educadores para o desenvolvimento das aptidões da criança em contacto com as coisas; elevou-se ao plano moderno da escola unificada, etc.

Suas obras são numerosas, merecendo especial referência: *Pansophiae Prodromus* (1630) onde defende a generalização do ensino, subordinado a um órgão de controle universal; *Janua Linguarum Reserata* (1631), obra destinada a apresentar seu novo método de ensino do latim, por meio de ilustrações e lições objetivas; *Orbis Sensualium Pictus* (1658), destinada a exaltar os processos intuitivos com noções ilustradas através de imagens gráficas; *Didactica Magna* (1633), talvez sua mais conhecida obra pedagógica, onde expõe sua doutrina a respeito da educação e organização prática das escolas.

2. *Didactica Magna.* É destinada a expor o artifício universal para ensinar todas as coisas, ou seja, modo certo e raro, para todas as comunidades, praças e aldeias de qualquer reino cristão, de erigir escolas de tal natureza, que toda a juventude, de ambos os sexos, sem excetuar ninguém, possa ser instruída nas letras, reformada nos costumes, educada na piedade, durante os anos da puberdade, em tudo aquilo que se relaciona com esta vida e a futura, com BREVIDADE, AGRADO e SOLIDEZ (5).

A obra compreende trinta e três capítulos, distribuídos entre os mais variados assuntos de ensino:

Cap.   I — "O homem é o último ser criado, a mais absoluta e a melhor das criaturas."

Cap.   II — "O fim último do homem está fora desta vida."

Cap.   III — "Esta vida é somente preparação para a vida eterna."

---

(5) João Amos Comênio, *Didática Magna,* trad. de Nair Fortes Abu-Merhy, Rio, Edição da "Organização Simões", 1954, p. 29.

Cap.   IV — "Conhecer a si mesmo, dirigir e encaminhar para Deus, não só a si próprio como a todas as demais coisas — são os três graus de preparação para a eternidade."

Cap.   V — "A natureza colocou em nós a semente dos três elementos citados: Erudição, Virtude e Religião."

Cap.   VI — "Convém formar o homem, se deve ser tal."

Cap.   VII — "A formação do homem se faz muito facilmente na primeira idade e só pode ser feita nela."

Cap.   VIII — "É preciso formar a juventude conjuntamente em escolas."

Cap.   IX — "Deve-se reunir nas escolas a juventude masculina e feminina."

Cap.   X — "O ensino nas escolas deve ser universal."

Cap.   XI — "Até agora têm faltado escolas que correspondam perfeitamente a seu fim."

Cap.   XII — "Pode-se reformar as escolas para melhorá-las."

Cap.   XIII — "A base da reforma escolar é a ordem."

Cap.   XIV — "A ordem, que vamos estabelecer nas escolas, devemos tomá-la da natureza e há de ser tal que nenhuma espécie de obstáculos possa alterá-la."

Cap.   XV — "Fundamentos da prolongação da vida."

Cap.   XVI — "Requisitos gerais para aprender e ensinar. Isto é: de que maneira devemos ensinar e aprender com tal segurança que necessariamente se hão de sentir os efeitos."

Cap.   XVII — "Fundamentos da facilidade para aprender a ensinar."

Cap.   XVIII — "Fundamentos da solidez para aprender a ensinar."

Cap.   XIX — "Fundamentos para aumentar a rapidez no ensino."

Cap.   XX — "Método das Ciências em particular."

Cap.   XXI — "Método das Artes."

Cap.   XXII — "Método das Línguas."

Cap.   XXIII — "Método dos Costumes."

Cap.   XXIV — "Método de inculcar a Piedade."

Cap.   XXV — "Se quisermos reformar as escolas conforme as normas verdadeiras do Cristianismo, temos de prescindir dos livros dos gentios, ou, pelo menos, usá-los com mais cautela que até agora."

Cap.   XXVI — "Sobre a disciplina escolar".

Cap.   XXVII — "Da divisão das escolas em quatro espécies, de acordo com a idade e aproveitamento."

Cap. XXVIII — "Idéia da Escola Moderna."

Cap.   XXIX — "Idéia da Escola Comum."

Cap.   XXX — "Esboço da Escola Latina."

Cap.   XXXI — "Da Academia."

Cap.   XXXII — "Sobre a ordem geral das escolas."

Cap. XXXIII — "Dos requisitos necessários para começar a prática do método universal."

154

Ao fazer-se a indicação de todos os capítulos da *Didactica Magna* outro não foi o propósito senão o de apresentar ao leitor uma visão global da obra, já que se trata de uma das mais importantes publicações educacionais do século XVII.

3. *Elementos para o comentário do texto.* Apesar de Comênio afirmar, no Capítulo II, que "todas as coisas que fazemos e sofremos nesta vida demonstram que nela não conseguimos nosso último fim" (6), ele se revela, contudo, um filho de seu século ao escrever o décimo nono capítulo da *Didactica Magna.* Fala da necessidade da rapidez no ensino, do planejamento, da gradação, da economia, da utilidade, etc.

Neste capítulo, Comênio coloca oito problemas fundamentais, a saber: "como um único professor pode ser suficiente para qualquer número de alunos"; "como podem os mesmos livros instruir a todos"; "de que maneira todos, na escola, podem fazer as mesmas coisas"; "como empregar o mesmo método para tudo"; "como encher a inteligência de muitas coisas com poucas palavras"; "como ensinar as coisas para que se possa obter, com um só trabalho, o duplo ou o triplo"; "como se poderá fazer tudo gradualmente" e "meio de suprimir e evitar os obstáculos".

A seguir, na íntegra, o oitavo problema do Capítulo XIX, onde o autor coloca problemas atuais como: importância da utilidade, existência das diferenças individuais, respeito devido às inclinações do aluno, etc.

4. TEXTO.

Meio de suprimir e evitar os obstáculos

Já se disse com razão: não há nada de mais inútil que o estudo e o conhecimento de numerosas coisas que não podem ser utilizadas. E ainda: sábio é quem conhece as coisas úteis, não quem conhece muitas coisas. Poder-se-á orientar os trabalhos escolares para a utilidade e economizar o tempo no ensinamento das matérias se se evitar cuidadosamente de ensinar:

1. As coisas inúteis.
2. As coisas alheias.
3. Os detalhes insignificantes.

---

(6) *Id., ibid.*, p. 66.

155

É coisa inútil a que não serve nem aos bons costumes nem à piedade e sem a qual podemos ser instruídos como, por exemplo, os nomes e a história dos ídolos e ritos pagãos, os diferentes passatempos dos poetas e cômicos, supérfluos e livres, etc. Se se encontrar alguém desejoso de aprender essas coisas, através desses autores que menciono, tanto pior! Mas, não é de nenhuma utilidade estudá-los nas escolas onde se deve dar os fundamentos da sabedoria. Que tolice, escreveu Sêneca, aprender o supérfluo quando o tempo nos é avaramente medido. Não se deve aprender coisa alguma exclusivamente para a escola, mas para a vida, a fim de que os alunos não tenham de lançar ao vento nenhuma de suas aquisições ao sair da escola [7].

São alheias as coisas que não convêm nem a esta nem àquela inteligência, nem a um nem a outro. Há, com efeito, diversidade de natureza entre as ervas, árvores ou animais que faz com que cada um desses seres seja tratado de maneira característica. Não é diferente para o espírito humano [8].

É verdade, sim, é verdade que não faltam as inteligências felizes que tudo compreendem; mas não é menos verdade que também não faltam jovens que, diante de certo tipo de problema, se embaraçam e perdem o equilíbrio. Há quem seja águia nas ciências especulativas; porém, nas atividades práticas procede como um asno diante de um lírio. Há quem tenha aptidão para diversos estudos, mas é idiota no que diz respeito ao conhecimento de Música. Assim também acontece com outros se têm a infelicidade de serem obrigados a estudar Matemática, Poética, Lógica, etc. Que fazer nestes casos? Querer caçar à força num sítio que não atrai a caça, é querer lutar contra a natureza, quer dizer, fazer esforços inúteis, porque o resultado será negativo ou sem relação com as penas impos-

---

(7) Ensinar apenas o que é útil.

(8) Comênio enfocou o problema das diferenças individuais e discutiu como encará-las. Percebe-se nesta passagem a tendência do autor a raciocinar por analogia; a base de seus princípios metodológicos estava nessas constantes analogias com a natureza exterior e com as artes mecânicas

tas(⁹). O educador é ministro e não mestre formados ou deformador da natureza; se perceber que um de seus alunos se aventura a um estudo contrário ao seu gosto natural, seu dever não é o de incitá-lo nisso; ele poderá estar certo de que esse aluno ganhará normalmente, num outro estudo, o que perde naquele. Com efeito, quebre-se ou corte-se um único ramo de uma árvore e todos os outros brotarão mais vigorosos porque toda a sua vitalidade se instalará neles. E se nenhum aluno for constrangido a estudar algo contra sua vontade, não haverá motivo algum para causar-lhe desgosto ou entorpecer-lhe a mente; cada um progredirá rapidamente nos estudos para os quais é inclinado por seus instintos com a permissão da Providência divina (¹⁰) e depois, à medida que convier às suas capacidades servirá utilmente à Humanidade.

Querendo entrar em detalhes (por exemplo: verificar todas as diferenças que existem entre as plantas e entre os animais, analisar todos os trabalhos dos artesãos, os nomeados instrumentos, etc.) corre-se o risco de cair-se na prolixidade e confusão, quer dizer, no tédio. É suficiente pois, nas escolas, passar em revista os gêneros das coisas com suas diferenças principais (porém, verdadeiras). Uma tal investigação deverá ser completa e de efeito durável: o resto se aprenderá facilmente no momento próprio. Quem quer obter uma rápida vitória sobre o inimigo não se detém para assaltar pequenas posições; não se preocupa senão com a conduta geral da guerra, certo de que se,

---

(9) A educação proposta por Comênio fundou-se, de um lado, na natureza da criança e de acordo com seu desenvolvimento e, de outro lado, orientou-se para o conhecimento das coisas com vistas à sua utilização.

(10) Comênio revela-se profundamente religioso.

Aos 20 anos foi para o Colégio de Herborn, em Nassau, com vistas ao ministério eclesiástico. Nesse estabelecimento educativo conheceu João Henrique Alsted, um teólogo calvinista interessado na reforma educacional. Após sua estada em Herborn e uma permanência em Amsterdão, voltou à Morávia onde se viu guindado à posição de principal bispo dos Irmãos Morávios. Esta ordem influenciou sobremaneira o espírito de Comênio, no sentido democrático, uma vez que seus membros acreditavam que todos são irmãos, sem distinção de classe.

na batalha, detiver a vitória e conquistar as principais posições, todo o resto virá espontaneamente às suas mãos e cairá sob seu poder. É precisamente o que acontece no caso que nos interessa: se nossa inteligência colhe êxito na busca das coisas principais, os mínimos detalhes revelar-se-ão por si mesmos. A esta espécie de obstáculos pertencem: os vocabulários e dicionários chamados Gerais, isto é, que contêm todas as palavras de uma língua; e uma vez que uma boa parte delas não servirá jamais, por que obrigar os jovens a aprendê-la e sobrecarregar-lhes a memória ([11])?

(Jean Amos Comenius, *Pages Choisies,* introduction de Jean Piaget, Lausanne, Unesco, 1957, pp. 82 a 84.)

B. *RENÉ DESCARTES* (1596-1650)

1. *Notícia sobre o Autor.* René Descartes nasceu em La Haye (Touraine). Sua juventude nada tem de particular. Fez estudos no Colégio dos Jesuítas de La Flèche, uma das melhores e mais célebres escolas de sua época. Em 1616 licenciou-se em Direito em Poitiers.

Oficial na Holanda, sob o comando de Maurício de Nassau, encontra tempo para escrever um *Traité de Musique* (1618), onde explica a Música por um cálculo de proporções.

A noite de 10 de novembro de 1619 é decisiva na vida de Descartes. Ele estava em seu quarto aquecido ([12]) naquela entrada rigorosa do inverno da Baviera, entretido em suas meditações, quando descobriu, entusiasmado, *um método universal para a pesquisa da verdade.* Fez então um voto de peregrinação em Notre-Dame-de-Lorette. Prosseguiu em suas viagens através da Alemanha e Holanda, voltou à França, tornou a partir para a Suíça e Itália. Retornando à França, fixou-se em Paris (1625-1629), entregando-se à vida mundana.

---

(11) Comênio sublinhou uma série de problemas novos para seu século: o desenvolvimento mental, os fundamentos psicológicos dos métodos didáticos, as relações entre escola e sociedade, a necessidade de organizar e até mesmo regulamentar os quadros administrativos de ensino, etc. Ter tomado consciência da existência de tais questões e sublinhado sua importância vital para o futuro da Humanidade é o grande título de glória do célebre educador focalizado.

(12) "Descartes *diz* que era uma estufa (*poêle*), mas muitos comentaristas consideram isso impossível. Os que conhecem as antigas casas bávaras, porém, me asseguram que isso é inteiramente crível." Bertrand Russell, *História da Filosofia Ocidental,* Livro Terceiro, trad. bras., 2.ª ed. São Paulo, Companhia Editora Nacional, p. 82.

Antes de 1629 Descartes não foi um escritor. Nesse ano, ele se radicou na Holanda, onde permaneceu durante vinte anos, para aí trabalhar livremente. Compôs, então, um *Traité de Métaphysique* e depois um *Traité de la lumière*. Estava relativamente contente com seus trabalhos quando tomou conhecimento da condenação de Galileu pela Inquisição; o célebre estudioso de Pisa havia sido condenado por ter endossado o sistema de Copérnico sobre o movimento da Terra. Ora, as obras de Descartes giravam justamente em torno desse tema. Atemorizado, seu primeiro impulso foi parar de escrever (1633).

Mas, em 1637 redigiu o *Discours de la Méthode,* do qual se falará no item seguinte; em 1641 expôs, em latim, sua metafísica na célebre *Méditations sur la philosophie première* que subestima Aristóteles ([13]); em 1644 apareceu, para completar sua doutrina, ainda em latim, *Renati Descartes Principia Philosophiae;* finalmente, em 1649 fez publicar o *Traité des Passions de l'âme,* conjunto de reflexões sobre moral, que encerrou a série de suas grandes publicações.

Convidado pela Rainha Cristina, dirigiu-se para Estocolmo, em setembro de 1649, onde foi recebido condignamente. Porém, o clima da Suécia fez-lhe mal. Em fevereiro de 1650 caiu doente com uma inflamação no peito e a 11 do mesmo mês, com 53 anos de idade, faleceu.

2. *Discours de la Méthode.* Foi a primeira grande obra filosófica e científica escrita em francês. Para bem compreendê-la, é indispensável conhecer o alvo que Descartes se propôs a atingir ao escrevê-la. No item anterior foi exposta sua decisão de parar de escrever, por causa da condenação de Galileu. Entretanto, para satisfazer os amigos, entregou-se à composição da obra que ora se comenta. Seu objetivo foi claro e simples: dar um breve resumo de seu sistema; expor seu método com detalhes; provar, através de exemplos irrefutáveis, a força extraordinária de seus processos de investigação.

A obra compõe-se de quatro partes: *Discurso Sobre o Método; Dióptrica; Meteoros* e *Geometria.*

O *Discurso Sobre o Método* tem por objetivo expor a parte filosófica da obra; os outros três tratados cuidam das aplicações de seu método. A *Dióptrica* expõe a lei de refração da luz, conhecida ainda hoje com o nome de *lei de Descartes.* Os *Meteoros* cuidam da explicação do arco-íris duplo. Aí não se encontra a descoberta da decomposição da luz pelo prisma; mas este evento, que estaria reservado a Newton, está admiravelmente preparado. A *Geometria* contém uma reforma completa da Álgebra, e os meios de resolver as equações do 3.º e 4.º graus.

---

(13) Por causa disso é acusado de blasfêmia e até mesmo de ateísmo.

O *Discours de la Méthode* é uma obra de considerável importância dentro da História da Filosofia. Compõe-se de seis partes:

1.ª Considerações sobre as ciências.
2.ª Principais regras do método.
3.ª Algumas regras de moral tiradas do método.
4.ª Provas da existência de Deus e da alma humana ou Fundamentos da Metafísica.
5.ª Ordem das questões de Física.
6.ª Coisas necessárias para ir além na pesquisa da natureza.

Nesta obra, o autor, rejeitando a autoridade dos escolásticos, submete todas as coisas à dúvida metódica, reconstrói a ciência partindo do célebre princípio: *Cogito, ergo sum* (*Je pense, donc je suis*) e fixa as quatro regras necessárias para bem conduzir o raciocínio.

3. *Elementos para o comentário do texto*. A fim de dar-se, tanto quanto possível, uma visão geral da obra de Descartes, foram selecionados seis trechos do *Discours,* correspondentes a cada uma das parte acima enumeradas.

O trecho inicial incide sobre as primeiras páginas da obra. Descartes já deixa transparecer aí sua intenção de apresentar um método novo para a pesquisa da verdade. Por outro lado, demonstra seu desagrado pela formação que recebera no Colégio dos Jesuítas de la Flèche. A 2.ª parte do texto diz respeito às regras que adotou para orientar seu pensamento. Descartes não deixou nenhuma obra pedagógica, mas o *Discours* contém vários princípios utilizados pela educação. Costuma-se dizer que a 1.ª parte dessa obra é capítulo de Pedagogia. Pode-se afirmar o mesmo da 2.ª parte, que contém as quatro regras para encaminhar o espírito na pesquisa da verdade. Essas regras, de uso constante na educação, contêm alguns princípios de considerável importância: apresentar ao educando apenas idéias claras; dividir as questões a estudar em tantas parcelas quantas forem necessárias; a análise não basta, é preciso acrescentar a síntese, etc. A 3.ª parte refere-se à moral provisória estatuída por Descartes. Depois que passou a adotar esses princípios de moral provisória, sentiu-se muito satisfeito, a ponto de julgar não existirem outros mais doces ou mais inocentes. A 4.ª parte está relacionada com o famoso *Cogito* cartesiano que constitui o âmago da teoria do conhecimento do discutido filósofo. O *penso, logo existo* é uma certeza imediata, intuitiva. Pode-se duvidar da existência de todo objeto, menos da própria existência. A 5.ª parte incide sobre um aspecto muito importante da filosofia de Descartes: "a imortalidade da alma". Do capítulo final do livro foi extraído um pequeno trecho que se propõe a mostrar, num pioneirismo ousado, a intenção do autor em escrever o *Discours* em língua vernácula.

4. TEXTO.

Considerações referentes às ciências

O bom senso é o que há de melhor dividido no mundo [14], porque cada um pensa ser tão bem provido dele que, mesmo aqueles mais difíceis de contentarem-se com outras coisas, não costumam absolutamente desejar mais do que têm. E nisto não é verossímil que todos se enganem; isso testemunha mais que o poder de bem julgar e distinguir o verdadeiro do falso, que é propriamente o que se chama de bom senso ou razão, é igual em todos os homens. Assim, a diversidade de nossas opiniões não vem do fato de uns serem mais razoáveis que outros, mas unicamente do fato de conduzirmos nossos pensamentos por diferentes vias e não considerarmos as mesmas coisas [15]. Porque não é suficiente ter um espírito bom, o principal é aplicá-lo bem [16]. As maiores almas são capazes dos maiores vícios, assim como das maiores virtudes. Os que caminham muito lentamente podem avançar muito mais se seguirem sempre o caminho direito, o que não fazem os que correm e afas-

---

(14) *Bom senso* e *senso comum,* duas formas elementares de razão, ainda que se confundam muitas vezes, são no entanto distintas. O *senso comum* representa o nível médio da razão humana em época determinada. O *bom senso* não é mais do que a razão no que esta possui de primitivo e fundamental, isto é, a faculdade de discernir o verdadeiro do falso nas circunstâncias ordinárias da vida. Estes dois termos tomam-se muitas vezes um pelo outro. Para Descartes, porém, o termo bom senso é sinônimo de senso comum, isto é, da faculdade de perceber os primeiros princípios com as conseqüências mais próximas, a qual é idêntica em todos os homens. C. Lahr, *Manual de Filosofia,* trad. port., 6.ª ed. Porto, Livraria Apostolado da Imprensa, 1952, p. 156.

(15) É preciso abster-se de exagerar a eficácia do método, a ponto de pretender que, por si só, origina toda a diferença entre os espíritos. Foi essa a posição de Descartes. *Id., ibid.,* p. 353.

(16) "Nem o talento, por maior que seja, poderá dispensar-se de qualquer método; nem o método, por mais perfeito que seja, poderá suprir o talento. Contudo, se fosse preciso escolher, deveria preferir-se um pouco menos de talento, com um pouco mais de método." *Id., ibid., loc. cit.*

tam-se desse trajeto. Por mim, jamais presumi que meu espírito fosse em algum aspecto mais perfeito que o da maioria. Até mesmo desejei, muitas vezes, ter o pensamento tão pronto ou a imaginação tão nítida e distinta, a memória tão ampla e atual como a de muitos outros. Não conheço absolutamente outras qualidades melhores para o aperfeiçoamento do espírito ([17]). Por ser a razão, ou o *senso*, a única coisa que nos confere a qualidade de homens, e nos distingue dos animais, quero crer que se ache inteiramente em cada um. Sigo nisto a opinião comum dos filósofos que dizem haver apenas alguma coisa de mais ou menos entre os *acidentes* e não entre as *formas* (*formas substantiales*) ou natureza dos *indivíduos* de uma mesma espécie ([18]).

---

(17) Observar o resumo de qualidades que constituem, segundo Descartes, a perfeição do espírito.

(18) Faz-se necessário relembrar os conceitos de *acidente, forma substancial* e *espécie* para melhor se compreender o significado da frase acima. Por *acidente* deve-se entender o ente cuja essência consiste em existir noutro como em seu sujeito. Por *forma substancial,* o ato primeiro, isto é, a perfeição que especifica a matéria-prima. Explica-se: a essência dos corpos é composta de *matéria-prima* e *forma substancial.* Imagine-se, para exemplo, uma *árvore.* Cortada e transformada ela deu um *livro;* este se queimou e transformou-se em *cinzas;* estas, em *adubo;* este, por sua vez, transformou-se em *cereal* e assim por diante. Ora, *árvore, cinzas, adubo, cereal* são quatro *formas substanciais* diferentes, adquiridas por um mesmo princípio, a matéria, que sempre fica atrás de todas as *transformações;* se não houvesse a matéria, que sempre permanece, já não seriam quatro transformações, mas sim quatro criações. Isto que permanece através de todas as mudanças, que pode receber toda e qualquer forma substancial, mas que em si mesma não possui nenhuma forma substancial, é só *potência,* potência pura, isto é, ela não tem nenhum ato, nenhuma perfeição; seu nome é *matéria-prima. Prima,* em latim, quer dizer *primeira,* porque vem, mentalmente, antes de qualquer matéria real, de qualquer quantidade. É um princípio primeiro, é a causa material de todos os corpos. Nessas quatro mudanças substanciais, houve também quatro *formas substanciais.* A forma substancial é que determina a matéria-prima para ser esta árvore, ou esta cinza, ou este cereal, ou qualquer corpo. Daí, a definição de forma substancial, acima proposta. Por *espécie* deve-se entender a idéia universal reflexa, que representa a *essência completa* de muitos indivíduos. Exemplo: Humanidade. José Antônio Tobias, *Iniciação à Filosofia,* ed. rev. e aumentada, São Paulo, Editora do Brasil S.A., 1968, pp 166, 85, 86 e 35.

Mas não recearei dizer que tive muitas oportunidades de encontrar-me, desde minha mocidade ([19]), em certos caminhos que me conduziram a considerações e máximas com as quais formei um método que me pareceu ter proporcionado o meio de aumentar, por degraus, meus conhecimentos e de levá-lo, pouco a pouco, ao mais alto ponto ao qual a mediocridade de meu espírito e a curta duração de minha vida me permitiriam atingir ([20]). Dele já colhi tantos frutos que, de acordo com o julgamento que faço de mim mesmo, antes procuro inclinar-me para o lado da desconfiança que da presunção. Observando, com olhos de filósofo, as diversas ações e empreendimentos de todos os homens, não diviso quase nenhuma que não me pareça vã e inútil, embora não deixe de sentir uma extrema satisfação pelo progresso que penso já ter feito na pesquisa da verdade, e de conceber tais esperanças para o futuro que, se dentre as ocupações humanas, haja uma que seja solidamente boa e importante, ouso crer que seja esta que escolhi.

Todavia, é possível que me engane, e talvez não seja senão um pouco de cobre ou vidro o que tomo por ouro ou diamante. Sei quantas vezes estamos sujeitos a enganar-nos sobre aquilo que nos diz respeito; e quantas vezes também os juízos de nossos amigos devem ser considerados suspeitos quando são a nosso favor. Mas muito estimarei em demonstrar, neste discurso, quais os caminhos que segui e de apresentar minha vida como em um quadro ([21]), a fim de que cada um possa julgá-la e, consoante a opinião comum que se tiver, consiga eu um novo meio de instruir-me, que juntarei àqueles dos quais costumo servir-me.

Assim, meu desejo não é o de ensinar aqui o Método que cada um deve seguir para bem conduzir sua razão,

---

(19) Época precisa difícil de se fixar. Propõe-se o ano de 1619 Descartes contava, então, 23 anos de idade.

(20) Os arroubos de modéstia de Descartes, revelados neste trecho, não devem ser levados a sério.

(21) A filosofia cartesiana é exposta de maneira diferente no *Discours* e nos *Principia*. No primeiro, a exposição é biográfica e no segundo, lógica.

mas unicamente fazer ver de que maneira procurei conduzir a minha. Os que se dispõem a dar preceitos devem considerar-se mais hábeis do que aqueles que os recebem, e se falham nas mínimas coisas devem ser censurados [22]. Contudo, propondo-se este escrito a ser apenas uma estória ou, se melhor desejarem, uma fábula na qual, através de alguns exemplos dignos de serem imitados, talvez se encontrem muitos outros que não apresentem razões para serem seguidos, espero que ele seja útil a alguns, sem ser nocivo a ninguém, e que todos me sejam gratos pela franqueza.

Nutri-me de letras desde a infância e, porque me persuadissem de que por este meio eu poderia adquirir um conhecimento claro e seguro de tudo que é útil à vida, manifestei um profundo desejo de aprender [23]. Contudo, assim que terminei todo esse curso de estudos [24], na conclusão do qual se costuma ser recebido na classe dos doutos, mudei totalmente de opinião. Isto porque me embaracei em tantas dúvidas e erros que parecia não ter colhido outro proveito no esforço de instruir-me senão o de ter descoberto cada vez mais a minha ignorância. Não obstante, eu estava numa das mais célebres escolas da Europa [25], onde pensava que deveriam existir homens sábios, se é que eles existem em algum lugar da Terra. Aprendi tudo o que os outros aprendiam; e não me considerando contente com as ciências que nos ensinavam, li todos os livros que me chegaram às mãos e que versavam sobre assuntos curiosos e raros. A par disso, conhecia os juízos que os outros faziam de mim; e não achava absolutamente que me considerassem inferior a meus condiscípulos, embora dentre eles alguns se destinassem a preencher o lugar de nossos professores. Enfim, nosso século parecia-me tão florescente e fértil em bons espíritos como os séculos anteriores.

---

(22) Responsabilidade de quem se propõe a orientar.

(23) Notar, uma vez mais, a tendência autobiográfica da obra.

(24) Seu coração estava repleto de amargo desapontamento porque não fora capaz de descobrir certeza alguma no conhecimento.

(25) Alusão ao Colégio dos Jesuítas de la Flèche.

Isso me concedia a liberdade de julgar os outros por mim e a pensar que não houvesse nenhuma doutrina no mundo tal como antes me haviam feito crer.

. . . .

PRINCIPAIS REGRAS DO MÉTODO ([26])

(...) Como a multiplicidade de leis fornece, muitas vezes, desculpas ao vício, de sorte que um Estado é bem mais regrado quando, possuindo apenas poucas, elas são rigorosamente observadas, assim acreditei que, em lugar do grande número de preceitos de que a Lógica é composta ([27]), bastar-me-iam os quatro seguintes, contanto que eu tomasse a firme e constante resolução de não deixar de observá-los sequer uma só vez.

O primeiro era de não receber alguma coisa por verdadeira sem que eu a conhecesse evidentemente como tal ([28]). Quer dizer, evitar cuidadosamente a precipitação ([29]) e a prevenção ([30]) e não incluir nada em meus juízos que não se apresentasse tão clara e distintamente ([31]) a meu espírito que não subsistisse nenhum motivo de dúvida.

---

(26) É durante sua permanência na Alemanha, no inverno de 1619 a 1620, que Descartes decide fazer *tabula rasa* de todos os conhecimentos anteriores e reconstruir o edifício de seu saber, somente à luz da razão. Por isso, é considerado o fundador do racionalismo filosófico. Descartes procurou, então, libertar-se de toda autoridade, até mesmo da de Aristóteles, e não se render senão à *evidência*. Não se deve esquecer que a Renascença houvera já suscitado o livre-exame; antes de René Descartes a renovação da ciência tinha começado com Leonardo da Vinci, Kepler, Galileu e outros. Entretanto, Descartes teve o mérito de proclamar o princípio e a legitimidade dessa renovação em Filosofia

(27) Alusão às sutilezas da lógica escolástica.

(28) É a regra da *evidência*. O evidente é o que aparece diretamente ao espírito por uma *intuição racional*. Cf. a nota 26, acima: Descartes procurou libertar-se da autoridade dos antigos e da Igreja.

(29) Conclusão superficial, sem exame suficiente.

(30) Idéia preconcebida.

(31) A idéia *clara* é imediatamente presente ao espírito. É *distinta* quando é precisa e diferente de todas as outras.

O segundo, dividir cada dificuldade examinada em tantas parcelas quantas possíveis e necessárias para melhor resolvê-las ([32]).

O terceiro, conduzir por ordem meus pensamentos, começando pelos objetos mais fáceis e mais simples de conhecer ([33]), para subir pouco a pouco, como por degraus, até ao conhecimento das coisas mais complexas, supondo ainda uma ordem entre os que não se sucedam naturalmente uns aos outros ([34]).

E o último, fazer para cada caso ([35]) enumerações tão completas e revisões tão gerais que se esteja seguro de nada haver omitido.

Estes longos encadeamentos de razões simples e fáceis, dos quais os geômetras costumam servir-se para chegar às mais difíceis demonstrações, fizeram-me imaginar que todas as coisas que podem cair no conhecimento dos homens sucedem-se da mesma maneira ([36]) e que desde que se possa abster de receber por verdadeira uma coisa que não o seja e se guarde sempre a ordem necessária para deduzir umas das outras, não existirão verdades nem tão distantes que não sejam alcançadas nem tão escondidas que não sejam descobertas.

. . . .

ALGUMAS REGRAS DA MORAL TIRADAS DO MÉTODO ([37])

(...) Mas, a fim de não permanecer irresoluto em minhas ações, enquanto a razão me obrigasse a estar em

---

(32) Regra da *análise*. Decompor o complexo em elementos simples, claros e distintos. Tem por objeto descobrir o princípio do qual depende a solução de cada questão.

(33) Principalmente aqueles que são conhecidos pela evidência.

(34) Descartes admite que todo objeto de conhecimento é racional e comporta uma ordem: o espírito traz em si a ordem do mundo. O terceiro preceito é a regra da *síntese* ou *dedução*.

(35) Tanto na análise como na síntese.

(36) O método geral de Descartes tomou por modelo a dedução *a priori* dos geômetras.

(37) É a terceira parte do *Discours*. Descartes propõe uma *moral provisória*.

meus juízos, e para viver dessa forma tão feliz quanto pudesse, estabeleci para mim uma moral provisória que consistia em três ou quatro máximas que lhes quero apresentar.

A primeira consistia em obedecer às leis e aos costumes de meu país (38), mantendo constantemente a religião na qual Deus me deu a graça de ser instruído desde minha infância, governando-me nas outras coisas segundo as opiniões mais moderadas e mais distantes dos excessos, comumente aceitos na prática, pelos mais sensatos entre os quais eu necessitasse viver.

(. . .) Minha segunda máxima era ser mais firme e resoluto o quanto pudesse em minhas ações e seguir constantemente as opiniões mais duvidosas desde que a isso me tivesse uma vez determinado, como se elas fossem bastante seguras. Imitava nisso os viajantes que, encontrando-se perdidos em uma floresta, não devem errar de um lado para outro nem parar num mesmo lugar, mas caminhar, tanto quanto possível, numa reta, seguindo um mesmo rumo, não o abandonando por razões de somenos, ainda que tenha sido talvez o acaso o fator determinante da escolha.

(. . .) Minha terceira máxima estava em buscar sempre vencer antes a mim do que a sorte; em modificar meus desejos mais do que a ordem do mundo e, de maneira geral, acostumar-me a crer que nada está tão inteiramente sob nosso poder como os próprios pensamentos; e após termos feito da melhor forma possível o concernente às coisas exteriores que nos afetam, aquilo que apesar de tudo isso não foi conseguido deverá ser dado como inatingível. Isso apenas me parecia suficiente para impedir-me de não dese-

---

(38) É interessante comparar-se essa frase de Descartes com o seguinte excerto de Montaigne: "A opinião pública nada tem a ver com o nosso pensamento, mas o resto, nossas ações, nosso trabalho, nossas fortunas, e nossa própria vida, cumpre-nos colocá-los a serviço da coletividade e submetê-lo a sua aprovação. Por isso, o bom e grande Sócrates recusou salvar a vida pela fuga, pois seria desobedecer ao magistrado que o condenava, embora fosse este possivelmente injusto e iníquo. *Observar as leis do país em que nos encontramos é a primeira das regras, é uma lei que prima sôbre as demais".* Montaigne, *Ensaios,* I, trad. de Sérgio Milliet, Porto Alegre, Editora Globo S.A., 1961, p. 191. Grifos nossos.

jar nada no futuro que eu não pudesse conseguir e dar-me, assim, por satisfeito.

(...) Enfim, para conclusão desta moral, pensei em fazer um retrospecto das diversas ocupações que os homens têm nesta vida, a fim de escolher a melhor. Sem querer dizer nada a respeito da dos outros, pensei que seria melhor continuar com aquela que já tinha, quero dizer, empregar toda a vida no cultivo da razão e avançar tanto quanto possível no conhecimento da verdade, seguindo o Método que me prescrevera...

.   .   .   .

PROVAS DA EXISTÊNCIA DE DEUS E DA ALMA HUMANA OU FUNDAMENTOS DA METAFÍSICA

Não sei se devo entretê-los com as minhas primeiras meditações neste retiro ([39]), porque elas são tão metafísicas e tão pouco comuns que talvez não agradem a todos. Todavia, a fim de que se possa julgar se os fundamentos dos quais me servi são bastante firmes, sinto-me de certa forma constrangido a falar disso. Há muito tempo notara que, no tocante aos costumes, é necessário, algumas vezes, seguir as opiniões que se sabe serem incertas, como se elas fossem indubitáveis, como disse atrás. Mas, como naquela ocasião eu me desejasse dedicar somente à busca da verdade, pensei que seria melhor fazer o contrário e rejeitar como absolutamente falso tudo aquilo de que pudesse imaginar a mínima dúvida, a fim de verificar se não restaria depois disto alguma coisa em minha crença que fosse totalmente fora de dúvida ([40]). Assim, porque nossos sentidos nos enganam algumas vezes, supus que não existisse coisa alguma que correspondesse exatamente ao que eles nos fazem imaginar. Como existem homens que se enganam em seus raciocínios, mesmo no que diz respeito às mais

---

(39) Referência à Holanda, cerca de 1629.

(40) É o que se denominou *dúvida metódica*. A grande preocupação de Descartes foi o Pirronismo. O que ele quis foi estabelecer uma filosofia totalmente inatacável às objeções dos críticos.

simples noções de Geometria, e incorrem em Paralogismos [41], e acreditando que eu também estava sujeito a falhar como qualquer outra pessoa, rejeitei como falsas todas as razões que anteriormente tomara por demonstrações. Enfim, considerando que os mesmos pensamentos que temos, quando estamos acordados, podem ocorrer também quando dormimos, sem que exista um somente que seja verdadeiro, resolvi fingir que todas as coisas que haviam entrado em meu espírito não eram mais verdadeiras do que as ilusões de meus sonhos [42]. Mas, logo depois, observei que, enquanto eu queria pensar que tudo era falso, era preciso que eu, ao pensar, fosse alguma coisa. Notei que esta verdade *penso, logo existo* era tão firme e segura que todas as mais extravagantes suposições dos céticos não seriam capazes de abalá-la. Julguei que poderia recebê-la sem escrúpulo como o primeiro princípio da filosofia que eu procurava [43].

---

(41) "O paralogismo distingue-se com freqüência do sofisma; neste caso, o paralogismo significa um erro de raciocínio cometido de boa fé, e o sofisma um raciocínio defeituoso feito com a intenção de enganar. A Lógica, como não se ocupa das intenções, não tem nenhuma razão para distinguir duas operações idênticas em si mesmas; por isso, emprega indiferentemente os dois termos." C. Lahr, *op. cit.*, p. 336.

(42) Manifestações de fundo cético. Para o ceticismo não se pode *"legítima e cientificamente"* possuir a certeza de coisa alguma; e assim, o sábio deve abster-se de toda a afirmação, de toda a negação, e ficar na dúvida universal, único estado legítimo e definitivo do espírito humano". *Ib., ibid.,* p. 661.

(43) Assim se expressa Leonel Franca, a respeito do *cogito*: "é, pois, a única verdade de que não se pode duvidar, e que, portanto, constitui o fundamento (...) o ponto de partida de qualquer construção filosófica. E por que não se pode duvidar dessa verdade? Porque é evidente, porque nós a concebemos clara e distintamente". E mais adiante, falando da psicologia cartesiana afirma que seu ponto de partida "é a existência do pensamento. Penso, logo existo. Se cessasse totalmente de pensar, cessaria totalmente de existir. O pensamento é pois a essência da alma (...). Por pensamento entende-se não só a representação intelectual, mas tudo quanto cai sob o domínio da consciência — fenômenos sensíveis e afetivos, intelectivos e volitivos. Aplicando ao pensamento assim considerado a introspecção ou observação interna — único método possível na sua psicologia, conclui Descartes a espiritualidade da alma. O principal argumento desta tese é, para ele, a

ORDEM DAS QUESTÕES DE FÍSICA

(...) Embora existam muitos animais que testemunhem mais habilidade que nós em alguns de seus atos, é ainda uma coisa notável ver-se que os mesmos, muitas vezes, não demonstram absolutamente nada em outras. De modo que aquilo que eles fazem melhor do que nós não prova que eles tenham espírito, porque neste caso tê-lo-iam mais do que nós e fariam melhor que nós muitas outras coisas. Isso evidencia que, ao contrário, eles não possuem nenhum espírito e que é a Natureza que age neles, segundo a disposição de seus órgãos, assim como um relógio que, composto apenas de rodas e molas, pode contar as horas e medir o tempo, com mais exatidão que nós com toda a nossa prudência ([44]).

Eu havia descrito depois disso a alma racional, demonstrando que ela não pode de maneira alguma ser tirada do poder da matéria, tanto quanto as outras coisas das quais havia falado. Ela deve ter sido expressamente criada. E descrevera que não é suficiente que ela esteja alojada no corpo humano assim como um piloto em seu navio, senão talvez para mover seus membros, porém que é necessário que ela seja unida mais estreitamente a ele, para possuir sentimentos e apetites semelhantes aos nossos e assim compor um verdadeiro homem. Além disso, estendi-me um pouco a respeito do problema da alma porque ele é dos mais inportante. Realmente, depois do erro daqueles que negam Deus, erro que penso ter suficientemente refutado acima, não há nenhum outro que afaste mais os espíritos fracos

---

idéia clara e distinta da irredutibilidade absoluta entre o pensamento e o movimento de incompatibilidade irreconciliável entre os atributos da coisa extensa e da coisa pensante". *Noções de História da Filosofia,* 13.ª ed. Rio de Janeiro, Livraria Agir Editora 1952, pp. 142, 144 e 145.

(44) É a conhecida hipótese das *bestas-máquinas,* insustentável e abandonada nos dias atuais.

170

do caminho reto da virtude do que aquele de imaginar que a alma dos animais é da mesma natureza que a nossa e que, conseqüentemente, nada temos a temer nem a esperar depois desta vida, da mesma forma que as moscas e as formigas ([45]). Quando se sabe quanto elas diferem, compreendem-se melhor as razões que provam que nossa alma é de natureza inteiramente independente do corpo e, por isso, não está absolutamente sujeita a morrer com ele. Não vendo, pois, outras causas que a destruam, somos levados naturalmente a julgar daí que ela é imortal ([46]).

. . . .

COISAS REQUERIDAS PARA IR ALÉM NA PESQUISA DA NATUREZA

(...) Escrevo em francês, que é a língua de meu país, preferentemente ao latim, que é a de meus preceptores. Por isso, espero que aqueles que se servem apenas da razão natural poderão julgar melhor minhas opiniões, do que aqueles que crêem apenas nos livros antigos ([47]). E aqueles que unem o bom senso ao estudo, os únicos que pretendo por meus juízes, não serão, estou seguro, tão apaixonados pelo latim que recusem entender minhas razões só pelo fato de as explicar em língua vulgar.

> (Descartes, *Discours de la Méthode,* avec une introduction et des notes par T. V. Charpentier, Paris, Librairie Hachette, 1951, pp. 44 a 49, 63 a 65, 69, 71 a 74, 79 e 80, 111 a 113, 132 e 133.)

---

(45) Descartes gaba-se de ter suprimido todas as dificuldades do materialismo. Mas não percebe que, admitindo que simples máquinas possam fazer o que fazem os animais, não está longe de admitir que máquinas um pouco mais perfeitas possam fazer o que fazem os homens.

(46) Percebe-se que Descartes não se jacta de ter demonstrado a imortalidade da alma.

(47) A grande contribuição de René Descartes para a Pedagogia foi a de ter exigido um método eficaz nas tarefas da consciência. Estes trabalhos para descobrir um procedimento seguro na investigação logo tiveram frutíferas ressonâncias. Assim como os novos métodos perturbam a tradição da ciência, assim também quer suprir a rotina tradicional do ensino, através de métodos racionais. Isto afeta primeiro a

C. JOHN LOCKE (1632-1704).

1. *Notícia sobre o autor.* Extraordinário filósofo, nascido em Wrington, uma pequena aldeia perto de dez milhas de Bristol, na Inglaterra. Aos 14 anos foi matriculado na Escola Westminster. Aos 20 anos ingressou no Christ Church College, em Oxford. Recebeu os graus de *Bachelor in Arts* e *Master of Arts* e, durante algum tempo, foi tutor de Grego, Retórica e Ética. Aplicou-se, então, à Medicina, um campo mais propício às suas inclinações.

Teve experiências educacionais como tutor do filho do Conde de Shaftesbury, um rapaz de 15 anos e, mais tarde, orientou a educação também do neto. Após a queda de Shaftesbury, Locke refugiou-se na Holanda.

Escreveu sobre vários assuntos: Filosofia, Política, Religião e Educação. É considerado um dos grandes pilares do empirismo inglês. Em 1690, publicou dois *Tratados Sobre o Governo* onde expunha seus pontos de vista contrários ao direito divino dos reis. Escreveu também quatro *Cartas Sobre a Tolerância,* encarecendo a separação entre a Igreja e o Estado, e a liberdade da consciência para quem crê em Deus. Em 1687 apareceu o famoso *Ensaio Sobre o Entendimento Humano* que será objeto deste estudo. Em 1693 publicou o não menos importante *Alguns Pensamentos Sobre a Educação.* Após sua morte algumas de suas obras foram publicadas por amigos. Dentre elas, a mais conhecida é *Conduta do Entendimento,* uma espécie de tratado sobre o treinamento da faculdade racional; ainda: *Alguns Pensamentos Sobre Leitura e Estudo Para um Gentil-Homem, Instruções Para a Conduta de um Jovem Gentil-Homem* e *Do Estudo.*

Locke foi o pai de uma nova teoria do conhecimento. Contrapôs-se a René Descartes no tocante às idéias inatas, acreditando que todo o conhecimento humano deriva da percepção sensorial.

2. *Ensaio Sobre o Entendimento Humano.* Trata-se de um alentado volume, composto de quatro livros, cada um deles subdividido em vários capítulos.

O Livro I defende a tese que o celebrizou de que "não há princípios inatos na mente". O Livro II é uma explanação sobre as idéias: origem, idéias simples, a percepção como "a primeira idéia simples produzida pela via da reflexão", discernimento, idéias complexas, os números, infinito, potência, idéias

---

reforma do ensino das línguas; depois, a das matérias científicas, buscando uma ordem e norma que corresponda à natureza das coisas. Assim, surge uma nova *didática* como a parte da teoria da educação que trata de metodizar o processo da aprendizagem. Francisco Larroyo, *História General de la Pedagogia,* 10.ª ed. México, Editorial Porrúa, 1967, p. 357.

complexas de substância, causa e efeito, identidade e diversidade, idéias claras e obscuras, distintas e confusas, reais e fantásticas, adequadas e inadequadas, verdadeiras e falsas, associação de idéias, etc. O Livro III é sobre as palavras: significação, nomes de idéias simples, de substâncias, termos abstratos e concretos, imperfeição das palavras, abuso das palavras, remédio contra as imperfeições e abusos, etc. O Livro IV é dedicado ao conhecimento: graus, alcance, realidade do conhecimento, a verdade, proposições universais, máximas, proposições frívolas, nosso conhecimento acerca da existência em si, de Deus e das outras coisas, juízo, probabilidade, graus de assentimento, razão, fé e razão, divisão das ciências, etc. São mais de setecentas páginas de um estudo exaustivo a respeito do entendimento.

Para Locke, a mente humana é uma *tabula rasa,* "papel em branco" no qual nada está escrito. Não contém noção alguma: nem mesmo a idéia de Deus ou qualquer noção de certo ou errado. Somente se registra algo na mente do recém-nascido quando ele começa a perceber o mundo exterior por meio dos sentidos. Mas, as *idéias simples* resultantes da percepção sensorial são tão-somente as bases do conhecimento. Nenhum ser humano poderia viver inteligentemente apenas com elas. Tais idéias simples devem ser fundidas em *idéias complexas.* Este é o papel do entendimento ou razão, que tem o poder de combinar, coordenar e organizar as impressões recebidas pelos sentidos, construindo um sistema de verdades gerais. Sensação e razão são indispensáveis — uma fornece a matéria-prima do conhecimento e a outra trabalha-a, dando-lhe forma significativa.

O *Ensaio Sobre o Entendimento Humano* é um dos mais importantes tratados filosóficos porque se deve a ele, em grande parte, a elaboração de quase todos os demais tratados que apareceram depois.

3. *Elementos para o comentário do texto.* Consoante foi dito, uma das mais famosas teses da doutrina de John Locke diz respeito à rejeição das idéias inatas. Corajosamente, Locke ousou discutir, com espírito científico, a proposição que assentava o conhecimento numa base inata.

A fim de melhor se aquilatar o pensamento do vigoroso filósofo inglês, foram separados nove parágrafos do livro I, Capítulo II do *Ensaio Sobre o Entendimento Humano.* O capítulo contém, ao todo, vinte e oito parágrafos. Entretanto, os nove escolhidos são significativos e suficientes para justificar a tese defendida pelo autor.

4. TEXTO.

NÃO HÁ PRINCÍPIOS INATOS NA MENTE

§ 1. *A maneira como adquirimos qualquer conhecimento basta para provar que não é inato.* É opinião estabelecida entre alguns homens que há no entendimento certos princípios inatos, certas noções primárias, caracteres, como impressos na mente do homem que a alma recebe em seu primeiro ser e traz ao mundo com ela ([48]). Para convencer o desprevenido leitor da falsidade de semelhante suposição, bastaria limitar-me a mostrar (como espero fazê-lo nas seguintes partes desta obra) de que modo os homens, somente com o emprego de suas faculdades naturais, podem alcançar todo o conhecimento que possuem sem a ajuda de nenhuma impressão inata, e podem chegar à certeza sem tais noções ou princípios. Porque imagino que facilmente se admitirá que seria impertinente supor que são inatas as *idéias* de cor, tratando-se de uma criatura a quem Deus dotou de vista e do poder de recebê-las a partir dos objetos externos, por meio dos olhos. E não menos absurdo seria atribuir algumas verdades a certas impressões da natureza e a certos caracteres inatos, quando podemos observar em nós mesmos algumas faculdades adequadas para alcançar tão fácil e seguramente um conhecimento daquelas verdades, como se houvessem sido originalmente impressas em nossa mente ([49]).

---

(48) "A barreira suprema ao progresso intelectual e moral da época estava no antigo mito de que as idéias são inatas; isto quer dizer que elas são dons inatos da faculdade racional. Esta doutrina deu apoio a todos os princípios tradicionais e escolásticos que eram usados como justificativa para as condições decrépitas da Igreja, do Estado, da Sociedade e da Escola. Era nociva, porquanto impedia todo esforço para o progresso do conhecimento por observação e experimentação." Frederick Eby, *História da Educação Moderna,* trad. bras., Porto Alegre, Editorial Globo S.A., 1962, p. 250.

(49) Locke demoliu o mito das idéias inatas. Qual, então, a origem do conhecimento? A resposta é simples: "*Todas as idéias vêm da sensação ou da reflexão*". "Suponhamos, então, que a mente seja, como se disse, um papel em branco, limpo de qualquer inscrição, sem nenhuma idéia. Como se chega a tê-las? De onde a mente faz esse prodigioso depósito que a ativa e ilimitada imaginação do homem pin-

Porém, como a um homem não se lhe permite seguir impunemente seus próprios pensamentos na busca da verdade quando o conduzem, por pouco que seja, fora do caminho habitual, exporei as razões que me fizeram duvidar da verdade daquela opinião, para que sirvam de desculpa a meu erro, se nele incorri, o que deixo ao juízo daqueles que, como eu, estão dispostos a abraçar a verdade onde quer que a encontrem.

§ 2. *O assentimento geral constitui o principal argumento.* Pressupõe-se comumente que haja certos princípios, tanto especulativos como práticos (pois se fala dos dois), aceitos universalmente pela Humanidade. Disto se infere que devem ser umas impressões permanentes que recebem as almas dos homens em seu primeiro ser, e que as trazem ao mundo com elas, de um modo tão necessário e real, como trazem as faculdades que lhes são inerentes.

§ 3. *O consenso universal não prova nada de inato.* Este argumento, tirado do consenso universal, tem em si esse inconveniente: embora sendo certo que de fato houvesse umas verdades aceitas por toda a Humanidade, isso

---

tou nela, com uma variedade quase infinita? De onde tira todo esse material de raciocínio e conhecimento? A isto respondo com uma só palavra: da *experiência;* ela é o fundamento de todo o nosso saber e dela ele, em última instância, se deriva. *As observações que fazemos acerca dos objetos sensíveis externos, ou acerca das operações internas de nossa mente, que percebemos, e sobre as quais refletimos nós mesmos, é o que supre nosso entendimento de todos os materiais de pensamento.* Estas são as fontes do conhecimento, de onde dimanam todas as idéias que temos ou que podemos ter naturalmente." John Locke, *Ensayo sobre el Entendimiento Humano*, trad. mex., México, Fondo de Cultura Económica, 1956, p. 83. Locke apontou, então, duas fontes de experiência: uma externa, que são os cinco sentidos; outra interna, que são as experiências que o conhecimento recebe do funcionamento de seu espírito nas atividades mentais conscientes. A massa de dados sensoriais que inunda a consciência através dos órgãos sensoriais, familiariza a mente com o mundo objetivo e forma a base de tudo o que se pode saber a respeito dos objetos do mundo. Em acréscimo às experiências que vêm do mundo exterior, há, ainda, as experiências que a mente tem de suas próprias operações. Posto que, segundo Locke, os materiais de todo conhecimento provêm da experiência, sua concepção epistemológica recebe o nome de *empirismo.*

não provaria que fossem inatas, desde que haja outro modo de mostrar de que maneira puderam chegar os homens a esse acordo universal acerca dessas coisas que todos aceitam; e isto me parece que se pode mostrar.

§ 4. "O que é, é; e "é impossível que a mesma coisa seja e não seja". *Duas proposições que não são universalmente aceitas.* Mas, o que é pior, este argumento do consenso universal que se empregou para provar os princípios inatos, parece-me que é uma demonstração de que não há tais princípios inatos, porque não há nenhum princípio ao qual toda a Humanidade preste um consentimento universal. Começarei com os especulativos, exemplificando o argumento nesses celebrados princípios da demonstração de que *toda coisa que é,* e de que *é impossível que a mesma coisa seja e não seja,* que me parece, entre todos, teriam o maior direito ao título universal de inatos. Gozam de tão firme fama de serem máximas de aceitação universal que pareceria estranho, sem dúvida, que alguém o pusesse em dúvida. Não obstante, tomo a liberdade de afirmar que essas proposições andam tão longe de receber o assentimento universal, que grande parte da Humanidade nem sequer tem notícia delas ([50]).

§ 5. *Esses princípios não estão impressos naturalmente na alma, porque os desconhecem as crianças, os idiotas, etc.* Porque, primeiro é evidente que todas as crianças e os idiotas não têm a menor apreensão ou pensamento daquelas proposições e semelhante carência basta para destruir aquele consentimento universal, que forçosamente tem que ser o concomitante necessário de toda verdade inata. Pois me

---

(50) Eram de vários tipos as idéias e os princípios que os filósofos encaravam como inatos. Algumas proposições eram puramente abstratas, como as citadas no texto: *"toda coisa que é, é"* e *"é impossível que a mesma coisa seja e não seja".* Algumas eram concepções religiosas, por exemplo: a idéia de Deus, considerada fundamental por René Descartes. Outras eram relativas à natureza moral, senso do que é justo e injusto, bom e mau. E, por fim, os axiomas matemáticos originais que, em virtude de sua certeza auto-evidente, transcendem a experiência empírica. Se todas essas idéias fossem inatas, então todo o conhecimento repousaria num fundamento inato. Foi essa posição que Locke contestou.

parece quase contraditório dizer que há verdades impressas na alma que ela não percebe e não entende já que, se significa algo isso de estar impressas, é porque, precisamente certas verdades são percebidas; imprimir alguma coisa na mente, sem que a mente o perceba, parece-me apenas inteligível. Se, portanto, as crianças e os idiotas têm alma, têm mentes com aquelas impressões, será inevitável que as percebam e necessariamente conheçam e aprendam aquelas verdades; mas, como isso não acontece, é evidente que não existem tais impressões. Porque, se são noções naturalmente impressas como, então, podem ser inatas? E se são noções impressas como, então, podem ser conhecidas? Dizer que uma noção está impressa na mente, ao mesmo tempo, dizer que a mente a ignora e que ainda não a percebe, é como reduzir a nada essa impressão. De nenhuma proposição pode dizer-se que esteja na mente, da qual ela não tinha também notícia e da qual não seja também consciente. Porque se de alguma proposição pode dizer-se isso, então, pela mesma razão, de todas as proposições que são certas e das quais a mente é capaz de assentir poder-se-á dizer que estão na mente e são impressas ([51]). Posto que se acaso pudesse dizer-se de alguma que está na mente, a qual esta ainda não a conhece, tem que ser só porque é capaz de conhecê-la; e disso, com efeito, é capaz a mente acerca de todas as verdades que chegue jamais a conhecer. Ainda mais, desse modo pode haver verdades impressas na mente de que jamais tive nem pude ter conhecimento; porque um homem pode viver muito e, enfim, morrer na ignorância de muitas verdades que sua mente era capaz de conhecer, e de conhecer com certeza. De tal sorte que se a capacidade

---

(51) "Se bem que Locke negasse que o conhecimento é um dom inato da mente humana, ele não incluiu nessa negativa todos os aspectos da vida mental. Não deu o passo radical que seus seguidores deram mais tarde, de negar a existência da alma ou do espírito antes da chegada da primeira sensação. Não somente admitiu a existência da alma ou mente, como também que ela possuía certas capacidades. Em seus últimos escritos admitiu a existência de todos os apetites e faculdades mentais, mas não entrou em discussão quanto às relações com os processos da experiência sensorial." Frederick Eby, *op. cit.*, p. 254.

de conhecer é o argumento em favor da impressão natural, nesse caso, todas as verdades que um homem chegue a conhecer serão inatas; e esta alegação não passa senão de um modo muito impróprio de falar, o qual, embora pretenda afirmar o contrário, não diz nada diferente daqueles que negam os princípios inatos. Porque ninguém, creio, jamais negou que a mente seja capaz de conhecer várias verdades. A capacidade, dizem, é inata; o conhecimento é adquirido. Mas, por que, então, tanto empenho a favor de certas máximas inatas? Se as verdades podem imprimir-se no entendimento sem serem percebidas, não consigo ver a diferença que pode haver entre quaisquer verdades que a mente seja capaz de conhecer, no que diz respeito à sua origem. Forçosamente, todas são inatas ou todas são adventícias, e em vão se tentará distingui-las ([52]). Quem, portanto, fale de noções inatas no entendimento, não pode (se desse modo significa uma certa classe de verdades) significar que tais noções estejam no entendimento de maneira que este não as tenha jamais percebido e das quais seja ainda totalmente ignorante. Porque se estas palavras: *estar no entendimento* têm algum sentido reto, significam ser entendidas. De tal forma que estar no entendimento e não ser compreendido, estar na mente e nunca ser percebido, é o mesmo que dizer que uma coisa é e não é na mente e no entendimento. Se, portanto, estas duas proposições: *qualquer coisa que é, é e é impossível que a mesma coisa seja ou não seja* fossem as impressas pela natureza, os meninos não poderiam ignorá-las; os pequeninos, e todos os dotados de alma teriam necessariamente de tê-las no entendimento, conhecê--las como verdadeiras e outorgar-lhes seu consentimento.

§ 6. *Que os homens as conheçam quando alcançam o uso da razão.* Para evitar esta dificuldade, replica-se geralmente que todos os homens conhecem essas verdades e lhes prestam seu assentimento quando alcançam o uso da razão,

---

(52) A filosofia de Locke é uma reação contra o idealismo cartesiano. Descartes dividia as idéias em adventícias, factícias e inatas; Locke não aceita essa classificação e defende que a única origem das idéias é a experiência. Tal é o fim de seu livro *Ensaio Sobre o Entendimento Humano.*

o que basta, dizem, para provar que são inatas. Contesto (53).

§ 7. *Contesta-se.* As expressões duvidosas que apenas têm alguma significação, passam por ser razões claras para aqueles que, estando prevenidos, não se dão ao trabalho de examinar nem o que eles mesmo dizem. Porque para aplicar aquela réplica com algum sentido aceitável ao nosso atual propósito, tem que significar uma destas duas coisas: ou que tão logo os homens alcancem o uso da razão, estas supostas inscrições nativas chegam a ser conhecidas e observadas por eles; ou que o uso e o treino da razão dos homens ajudam-nos a descobrir esses princípios e se os dão a conhecer de um modo certo.

§ 8. *Se a razão os descobrisse, não se provaria que são inatos.* Se querem dizer que pelo uso da razão os homens podem descobrir esses princípios, e que isso basta para provar que são inatos, seu modo de argumentar reduz-se a isto: todas as verdades que a razão nos pode descobrir com certeza e fazer-nos assentir firmemente a elas, serão verdades naturalmente impressas na mente; esse consentimento universal que, segundo se diz, é o que os particulariza, não significa mais que isto: pelo uso da razão somos

---

(53) Há quem veja no empirismo uma negação completa da razão. É a posição de Lahr que assim se expressa: "...a *origem das idéias só se explica recorrendo a uma faculdade propriamente espiritual, a razão* (...) Nem todos os filósofos o compreenderam desta maneira. Uns negaram simplesmente a razão, julgando ver na experiência a fonte única dos nossos conhecimentos. São os *empiristas* de todas as classes e de todos os graus. Outros exageraram a importância da razão excluindo totalmente a experiência: são os *idealistas* seja qual for a escola a que pertencem. Para os primeiros, todos os nossos conhecimentos nos vêm de fora; é a teoria da *tabula rasa;* para os segundos haurimos de nós mesmos todos os conhecimentos: é a teoria do *inatismo".* C. Lahr, *op. cit.,* p. 157.

Essa posição, contudo, não é pacífica. Comentando uma passagem da obra *Alguns Pensamentos Sobre a Educação* de Locke, em que o autor enaltece a razão, escreve Eby: "nada há de contraditório na opinião de Locke de que todo o conhecimento se origina da percepção sensorial e de que a razão é a mais elevada faculdade do espírito. Mostrou como o julgamento racional combina em conceitos e julgamentos os materiais fornecidos pelos sentidos. O homem é uma criatura sensorial e racional". Frederick Eby, *op. cit.,* p 255.

capazes de chegar a um conhecimento certo delas e consentir com elas; e, afinal de contas, não haverá diferença alguma entre as máximas dos matemáticos e os teoremas que se deduzem delas. A umas e outros haverá que se lhes conceder que são inatos, posto que, em ambos os casos, se trata de descobrimentos feitos por meio da razão e são verdades que uma criatura racional pode chegar a conhecer com certeza se tão-somente dirigir corretamente por esse caminho seus pensamentos.

§ 9. *É falso que a razão os descobre.* Mas, como podem pensar esses homens que o uso da razão seja necessário para descobrir princípios que se supõem inatos, quando a razão (se temos que crer neles) não é senão a faculdade de deduzir verdades desconhecidas, partindo de princípios ou proposições já conhecidos? Certamente, não se pode pensar que seja inato o que exige a razão para ser descoberto, a não ser que, como já disse, aceitemos que todas as verdades certas que a razão nos ensina sejam inatas. Seria como pensar que o uso da razão é tão necessário para que nossos olhos descubram os objetos visíveis como é necessário o uso da razão, ou seu exercício, para que nosso entendimento veja aquilo que está originalmente gravado nela, e que não pode estar no entendimento antes que ela o perceba. De maneira que fazer que a razão descubra essas verdades assim impressas é o mesmo que dizer que o uso da razão descobre a um homem o que já sabia antes; e se os homens têm originariamente essas verdades impressas e inatas anteriormente ao uso da razão, e não obstante permanecem na ignorância delas até que chegam ao uso da razão, isso equivale a dizer que os homens as conhecem e não as conhecem ao mesmo tempo [54].

> (John Locke, *Ensayo Sobre el Entendimiento Humano,* trad. mex., México, Fondo de Cultura Económica, 1956, pp. 21 a 26.)

---

(54) Negando a doutrina das idéias inatas, Locke deu azo a diversas implicações importantes para a Filosofia e a Educação: 1.º Se nada existe na mente antes do nascimento também não se pode assegurar que a depravação é inata no coração humano. Sua doutrina foi, então, de encontro à tese dos educadores e teólogos que aceitavam o dogma

D. FRANÇOIS SALIGNAC DE LA MOTHE FÉNELON (1651-1715).

1. *Notícia sobre o autor.* Descendente de família nobre. Fénelon estudou em Cahors e, posteriormente, no Colégio de Plessis, em Paris. Fez o Curso de Teologia e recebeu as ordens sacras.

Sua vida transcorreu no reinado de Luís XIV, o "Rei Sol" (rei da França; 1643 a 1715). Apesar de seu-espírito simples e amante da solidão, sofreu muitos dissabores: após a publicação de sua obra *Aventures de Télémaque* perdeu a proteção da corte, pois nos conselhos de Mentor viu-se uma crítica ao governo de Luís XIV; por outro lado, Inocêncio XII condenou vinte e três máximas expostas em *Explication des maximes des saints,* que o tornaram suspeito de quietismo ([55]).

Em 1693 foi nomeado membro da Academia e, em 1695, arcebispo de Cambrai. Em 1698 foi nomeado preceptor do Duque de Borgonha, neto de Luís XIV. Além das duas obras acima citadas, Fénelon escreveu *Traité de l'éducation des filles, Dialogues des morts, Démonstration de l'existance de Dieu, Réfutation du système de Malebranche sur la nature et la grâce, Lettres sur divers sujets concernant la religion et la métaphysique.*

2. *Traité de l'éducation des filles.* Esta obra, escrita em 1687, valeu-lhe um lugar na História da Educação. Destinada ao Duque e à Duquesa de Beauvilliers, revela as qualidades do pedagogo que foi Fénelon.

Após haver demonstrado a importância da educação das jovens (cap. I) e os inconvenientes da educação comum que causa tédio e alimenta a frivolidade (cap. II), Fénelon fornece alguns conselhos de ordem geral. É preciso cuidar da saúde das crianças, fazê-las amar a verdade e desprezar a fantasia (cap. III), instruin-

---

teológico da depravação inata absoluta; 2.° Se a alma é "tabula rasa", todos os indivíduos são iguais ao nascer: rico e pobre, escravo e rei, etc. As diferenças entre os homens são causadas pela educação; 3.° A mente da criança possui o mesmo equipamento fundamental que se encontra na mente do adulto. Naquela o conhecimento está implícito, apesar de não atualizado; neste, ele é compreendido. Se as idéias não são inatas, então, a criança difere radicalmente do adulto, no tocante a seus dons intelectuais. Locke chamou a atenção para o caráter da mente infantil. Mostrou que a faculdade racional emerge tardiamente na vida da criança. *Id., ibid.,* pp. 253 e 254.

(55) O quietismo era uma doutrina mística que fazia consistir a perfeição cristã no amor de Deus e na inação da alma, sem obras exteriores. O quietismo teve representantes em todas as épocas. Seu chefe mais conhecido foi o padre espanhol Molinos que, em meados do século XVII, publicou uma obra ascética, idealizando a religião de tal maneira que se tornava incompreensível para o povo. A doutrina foi censurada pelo Papa em 1699.

181

do-as através de processos indiretos, sem severidade excessiva, usando ares austeros somente em último caso (cap. V); atentar para os perigos que a imitação de maus modelos pode acarretar (IV); aproveitar o gosto das crianças pelos contos maravilhosos, ensinando-lhes episódios de religião, como: "a criação, a queda de Adão, o dilúvio, a vocação de Abrão, o sacrifício de Isaac, os episódios de José" (56), etc. (cap. VI); "inculcar-lhes as verdades cristãs, sem lhes oferecer matéria alguma de dúvida" (57); dar-lhes noções sobre o Decálogo, os Sacramentos e a oração (cap. VIII).

Em seguida, aborda a educação das jovens em particular, a maneira de combater nelas a timidez, o falso pudor, ensinando-as a ser discretas e precavidas (cap. IX); combate a vaidade (cap. X) e quer que elas se preparem para seus deveres de mulher: educar os filhos, vigiar os serviços, ser econômica no lar, etc. (cap. XI); devem aprender, ainda, a Gramática, a Aritmética, um pouco de Direito, História, Eloqüência, Poesia, Pintura e Música (cap. XII). Os pais deverão escolher uma boa governante, mas, sobretudo, ocupar-se eles próprios de seus filhos (cap. XIII).

3. *Elementos para o comentário do texto.* Consoante foi dito, no primeiro capítulo do *Traité de l'éducation des filles* Fénelon demonstra a importância da educação das moças.

Faz uma distinção entre o espírito da mulher e do homem, abordando assim o tão comentado problema psicológico das diferenças individuais. Mostra quais são os setores nos quais a mulher deve e não deve entrar.

Enaltece o papel que a mãe e a amante desempenham no destino dos povos: o mal que os homens causam tem sua origem na má educação que receberam da primeira e nas paixões que lhes inspirou a segunda. Portanto, a má educação das mulheres causa maior mal que a dos homens.

4. TEXTO.

Importância da Educação das jovens

A educação das jovens é a matéria menos considerada por nós, e abandonada com mais freqüência à rotina e ao capricho das mães, que supõem que o belo sexo não tem necessidade de grande número de conhecimentos (58).

---

(56) Fénelon, *Educación de la Juventud,* trad. arg., Buenos Aires, Editorial Tor, s/d, p. 46.

(57) *Id., ibid.,* p. 52.

(58) Não é novidade a preocupação com a educação das moças. Xenofonte, na obra *Econômica,* fala da educação das jovens relacionan-

A educação das jovens é considerada como negócio de especialíssima importância em suas relações com o bem público e, ainda que nela não haja menos defeitos que na das crianças, ao menos existe a persuasão de que para lograr êxito são necessárias grandes luzes. Os que se crêem mais aptos deram não poucas regras em matéria de tal importância. Quantos mestres! quantos colégios! quanto se gastou em livros, em investigações e observações da ciência nos diferentes métodos para ensinar idiomas e na eleição de professores! Entretanto, em toda essa série

---

do-a com a organização do lar. Platão queria que as mulheres dos guerreiros recebessem a mesma educação dos esposos: "...se exigimos das mulheres o mesmo serviço que dos homens, temos que dar-lhes igual educação (...) Demos aos homens os benefícios da música e da ginástica (...) Necessário é, portanto, ensinar às mulheres estas artes, adestrá-las para a guerra e tratá-las em tudo à maneira de homens". Platão, *A República,* trad. bras.., 4.ª ed. São Paulo, Atena Editora, s/d, p. 185. O Cristianismo também não negligenciou o problema. São Jerônimo em suas cartas pedagógicas endereçadas a Laeta e Gaudentius, quanto à educação de seus filhos, adverte-os sobre a falta da cultura física e estética. Toma a Virgem como paradigma da educação feminina, exigindo que esta educação não seja em nada inferior à do homem. Na Idade Média tem-se notícia de renomados religiosos que se distinguiram por sua sabedoria: a monja Roswitha, abadessa de Ganderheim, sabia Grego, Latim e Filosofia; Bertila dava em Chelles lições de Escritura Sagrada; a irlandesa Hilda era autoridade em Línguas Clássicas. A regra de Cesário, bispo de Arles, prescrevia que as religiosas soubessem ler e exigia a leitura diária durante duas horas. Dirigidas por este bispo, as religiosas entregavam-se à cópia de manuscritos. Também se dedicavam a esse mister as religiosas do Mosteiro de Kildare, na Irlanda, fundado por Santa Brígida e as do Convento de Santa Cruz de Poitiers, fundado por Santa Radegunda. Os beniditinos dão um passo à frente na educação das mulheres: instituem a instrução sistemática para jovens não religiosas. Para isso, organizaram duas escolas: uma *interior,* para a formação de noviças e outra *exterior* para leigas. Os estudos da *escola interna* (de onde saíam as mestras da *escola externa*) não eram elementares; exigia-se o conhecimento do Latim àquelas que fossem seguir o *trivium* e o *quadrivium.* Deduz-se que a instrução adquirida por elas era, além de religiosa, também científica. Santa Hildegarda é a grande representante da cultura feminina beneditina. Foi polígrafa: escreveu sobre Hagiografia, Medicina, Farmácia, Astronomia, Física, etc. A Renascença também insistiu para que as jovens recebessem educação. Erasmo e Vives igualam as mulheres aos homens. Este último expõe suas idéias sobre o assunto no livro *A Educação da Mulher Cristã* em que pedia estudasse as Letras Clássicas, a Retórica, a Gramática e a Poesia.

de preparativos acha-se mais aparência que solidez. Mas, é bom que se diga, indicam a elevada idéia que se tem da educação das crianças. As meninas, diz-se, não têm necessidade de ser sábias, tornando-as a curiosidade vãs e pretensiosas: basta que saibam um dia governar a casa e obedecer aos maridos sem argumentar [59]; muito nos ensina a experiência sobre a multidão de mulheres que chegaram ao ridículo com sua ciência. E com isto se crê ter o direito de abandonar cegamente as jovens à direção de mães ignorantes e indiscretas [60].

É certo que há de temer-se a formação de sábias ridículas [61]. Geralmente, o espírito da mulher é mais apoucado, porém mais afeiçoado ao saber que o do homem, não sendo, portanto, conveniente fazê-las dedicarem-se a estudos que possam enfastiá-las [62]. Não devem intervir

---

(59) Fénelon procura traçar um plano de educação mais amplo que o então vigente. Insurge-se contra a idéia de que só a educação dos jovens é que conta.

(60) Levanta-se contra a opinião generalizada de que só a educação dos rapazes deve ser conduzida com cuidado, ciência e por pessoas competentes.

(61) Percebe-se que ele não quer fazer da mulher uma pedante ou uma pretensiosa.

(62) É oportuno transcrever-se a posição da Psicologia atual no tocante à propalada inferioridade intelectual da mulher. Ver-se-á que a tese de Fénelon a respeito da incapacidade da mulher em relação ao homem não tem validade. Eis o que diz um dos compêndios recentes: "De acordo com os resultados obtidos em pesquisas, as diferenças sexuais de capacidade e personalidade são como as diferenças raciais, muito menores do que antigamente se supunha. Mesmo nos velhos tempos, quando geralmente se supunha que as mulheres eram incapazes de grandes realizações intelectuais, era forçoso admitir exceções, pois em todos os séculos têm havido mulheres de grande capacidade literária. Também em questões administrativas e políticas têm havido mulheres que chegaram a posição de grande poder e manifestaram capacidades extraordinárias: Isabel da Inglaterra e Catarina, a Grande, da Rússia, por exemplo. De maneira menos pública, no mundo dos negócios e no lar, muitas mulheres têm-se revelado administradoras competentes.

Se bem que as realizações femininas, especialmente em poesia e obras de ficção, se tenham feito notáveis desde há muito tempo, poucas mulheres, até o século passado, fizeram muito no campo da investigação científica. Mesmo atualmente, quando já existe número razoável de mulheres cientistas, algumas das quais alcançaram grande reputação por

no Governo do Estado nem fazer a guerra, nem entrar no ministério das coisas santas e, do mesmo modo, prescindir de certos conhecimentos afetos à Política, Milícia, Jurisprudência, Filosofia e Teologia ([63]). Não são próprias delas a maior parte das artes mecânicas, tendo disposições apenas para exercícios moderados ([64]). Seu corpo e espírito são dotados de menos força e robustez que o dos homens, mas, em comparação, a natureza dotou-as de mais habilidade, curiosidade e economia para atender tranqüilamente aos exercícios da casa ([65]).

Mas, quais as conseqüências da natural debilidade da mulher? É débil? Por isso, há que se fortalecer. Não só tem deveres a cumprir; tem obrigações que constituem o

---

suas descobertas, as que se dedicam à arte literária são muito mais numerosas do que as que se dedicam à ciência. E pode ser que as mulheres se inclinem naturalmente mais para a literatura que para as ciências.

Parece que *em inteligência geral, tal como é medida por nossos testes padronizados, não existe diferença entre os sexos. O QI médio é para as meninas, como para os meninos, 100".* Robert S. Woodworth e Donald G. Marquis, *Psicologia*, trad. bras., 2.ª ed. São Paulo, Companhia Editora Nacional, 1959, p. 234. Grifos nossos. Entretanto, é digno frisar-se que, a despeito de alguns erros, Fénelon adiantou-se bastante ao espírito da época.

(63) Fénelon definiu a educação da mulher segundo o papel que ela teria de representar.

(64) Cf. cap. VII, nota n.º 49, pp. 212 e 213.

(65) Cf. nota 62, acima. É, mais ou menos a mesma posição dos dois psicólogos supracitados para quem, no recesso do lar, a mulher tem-se revelado competente administradora. Note-se o que dois escritores franceses dizem a respeito do *Traité de l'éducation des filles*: "este encantador livrinho revela uma fina e segura intuição da alma feminina. As idéias nele abundam, muitas vezes justas, algumas vezes aventureiras, sempre interessantes: educação agradável, lições de coisas, emprego da arte e do senso estético, exclusão da música (agente de exaltação nervosa) em proveito do desenho, subordinação do saber ao juízo e à utilidade prática, etc. Fénelon faz tudo resultar dum único princípio: a consideração do papel que a mulher desempenha na família e no mundo. — A este princípio se junta um segundo, que inspira todo o método: é preciso seguir a natureza, orientá-la para a necessidade, sobretudo desenvolvê-la". G. Lanson et P. Tuffrau, *Manuel Illustré d'Histoire de la Littérature Française*, Buenos Aires, Librairie Hachette, 1952, p. 333.

fundamento de toda a vida humana. São as mulheres que arruínam e sustentam as casas, que atendem aos pormenores mais insignificantes da vida doméstica e, por conseguinte, dão a solução ao que mais imediatamente se refere ao gênero humano, desempenhando, por isso, papel importante nos bons e maus costumes de quase todo o mundo. A mulher discreta, laboriosa e impregnada de religião é a alma da família inteira, harmonizando tudo no plano temporal e eterno (66). E se as mulheres não ajudam na execução, os homens não podem consolidar nenhum bem efetivo em suas deliberações, ainda que apareçam publicamente com toda a autoridade.

O mundo não é uma quimera; é a reunião de todas as famílias e quem poderá dirigi-las com mais primoroso cuidado que as mulheres (67)? Além de sua autoridade natural e contínua assistência aos afazeres domésticos, têm a vantagem de haverem nascido diligentes, prolixas, engenhosas, insinuantes e persuasivas. E se o matrimônio — sociedade mais íntima que existe — converte-se em sensaboria contínua, podem os homens esperar para si mesmos algo de atraente na vida? E se as mães corrompem os filhos desde os primeiros anos, que serão eles para, futuramente, formarem o gênero humano (68)?

Eis aí, pois, a ocupação da mulher de tanta importância para a sociedade como a do homem, posto que tem a seu cargo o governo e a direção da casa, a felicidade e o bem-estar do marido e a boa educação dos filhos. Acrescente-se que a virtude não é menos própria da mulher que do homem. E sem falar do bem e do mal que podem causar ao público, são a metade do gênero humano, redimidas com o sangue de Jesus Cristo e destinadas à vida eterna.

---

(66) As mulheres têm que desempenhar deveres que são a base de toda a vida humana.

(67) Fénelon trata do educando e de sua adaptação à vida com profundo senso de realidade. Não aceita o pessimismo carrancudo dos Jansenistas nem o otimismo exagerado que caracterizará, mais tarde, Rousseau. Encara a criatura humana como é realmente: mescla de bem e de mal.

(68) A educação deve começar desde a mais tenra idade.

Enfim, além do bem que faz a mulher quando recebeu a educação esmerada, não se pode esquecer o mal que causa ao mundo se lhe falta aquela educação capaz de inspirar-lhe a virtude. É certo e seguro que a má educação da mulher é causa de maiores males que a do homem, já que as desordens dos homens têm com freqüência sua origem na má educação que receberam de suas mães e nas paixões que mais tarde outras mulheres lhes inspiraram.

Quantas intrigas a história nos oferece! Quantos transtornos nas leis e nos costumes! Quantas guerras sangrentas! Quantas novidades contra a religião! Quantas revoluções nos Estados! E tudo por causa das desordens nos costumes da mulher. São provas suficientes da importância que tem a boa educação da mulher.

(Fénelon, *Educación de la juventud*, trad. arg., Buenos Aires, Editorial Tor, s/d, pp. 5 a 8.)

BIBLIOGRAFIA

1. ABRY, E., CROUZET, P. e AUDIC, Ch. — *Histoire illustrée de la littérature française,* Paris, Didier, 1942.
2. BURNS, Edward Mc Nall — *História da Civilização Ocidental,* I trad. bras., 2.ª ed. Porto Alegre, Editora Globo, 1967.
3. COMENIUS, Jean Amos — *Pages choisies,* introduction de Jean Piaget, Lausanne, Unesco, 1957.
4. DESCARTES — *Discours de la méthode,* avec une introduction et des notes par T. V. Charpentier, Paris, Librairie Hachette, 1951.
5. EBY, Frederick — *História da Educação Moderna,* trad. bras., Porto Alegre, Editora Globo S. A., 1862.
6. FÉNELON — *Educación de la Juventud,* trad. arg., Buenos Aires, Editorial Tor, s/d.
7. HUBERT, René — *História da Pedagogia,* trad. bras., São Paulo, Companhia Editora Nacional, 1952.
8. LAGARDE, André et MICHARD, Laurent — *XVIIe Siècle,* Paris, Imprimerie Chaix, 1957.
9. LAHR, C. — *Manual de Filosofia,* trad. port., 6.ª ed. Porto, Livraria Apostolado da Imprensa, 1952.
10. LARROYO, Francisco — *História General de la Pedagogia,* 10.ª ed. México, Editorial Porrúa, 1967.
11. LEIF, J. e RUSTIN, G. — *Pedagogia Geral Pelo Estudo das Doutrinas Pedagógicas,* trad. bras., São Paulo, Companhia Editora Nacional, 1960.
12. LOCKE, John — *Ensayo sobre el Entendimiento Humano,* trad. mex., México, Fondo de Cultura Economica, 1956.
13. LUZURIAGA, Lorenzo — *História da Educação e da Pedagogia,* trad. bras., São Paulo, Companhia Editora Nacional, 1958.
14. MOUSNIER, Roland — *Os Séculos XVI e XVII,* Tomo IV, trad. bras., São Paulo, Difusão Européia do Livro, 1957.
15. RIBOULET, L. — *História da Pedagogia,* trad. bras., São Paulo, Livraria Francisco Alves, 1951.
16. RUSSELL, Bertrand — *História da Filosofia Ocidental,* livro terceiro, trad. bras., 2.ª ed. São Paulo, Companhia Editora Nacional, 1967.

CAPÍTULO VII

EDUCAÇÃO NO SÉCULO XVIII

ENTENDIMENTO HISTÓRICO

O século XVIII prossegue inspirando-se em Descartes de quem herdou a dúvida metódica e a recusa de acreditar. Permaneceu o desejo de examinar tudo e aceitar apenas a verdade, e a vontade de não se curvar perante qualquer autoridade ou afirmação. Nota-se um grande interesse pela Matemática, Astronomia, Física, Química, Ciências Naturais, Ciências Humanas, etc. Mas, na Matemática não houve nenhuma descoberta digna de realce, embora tivessem aparecido trabalhos de valor ([1]). A Astronomia marcou-se por descobertas importantes: em 1751, Lacaille determinou as posições de todas as estrelas visíveis entre o Pólo Central e o Trópico de Capricórnio; em 1781, Herschel descobriu o planeta Urano e, em 1789, o sexto e sétimo satélites de Saturno; observações internacionais, efetivadas entre 1761 e 1769, permitiram calcular a distância da Terra ao Sol. A Física não brilhou tanto no início do século XVIII como no século XVII; apesar disso, "o estudo do calor pôde progredir graças à invenção de um instrumento de medida, preciso, constante, sensível, que até então faltara: o termômetro. Este foi o resultado dos esforços envidados por sábios de todas as nações que contribuíram com sucessivos aperfeiçoamentos" ([2]). Em 1752, Franklin fez a célebre experiência com um papagaio de seda e metal, conseguindo "retirar" a eletricidade de uma nuvem; inventou, então, o pára-raios ([3]). A Química acabou por constituir-se uma ciência. Lavoisier defendeu a tese de que na natureza nada se perde, nada se cria. De qualitativa, a Química transformou-se em quantitativa e o instrumento principal de investigação passou a ser a balança ([4]). As Ciências Naturais progrediram.

---

(1) *Tratado de Dinâmica* (1743) de D'Alembert e *Mecânica Analítica* (1788) de Lagrange.

(2) Roland Mousnier e Ernest Labrousse, *O Século XVIII*, Tomo V, trad. bras., São Paulo, Difusão Européia do Livro, 1957, p. 40.

(3) A mais importante obra de Benjamim Franklin sobre eletricidade foi *Experiments and Observation on Electricity*.

(4) Lavoisier concluiu que em qualquer reação química, realizada em vaso fechado, o aspecto exterior dos componentes pode modificar-se, mas o peso não se altera.

Devem ser lembrados os nomes de Buffon e Spallanzani. Êste desmascarou Needham, defensor da teoria da geração espontânea. Progressos notáveis também se realizaram no campo das *Ciências Humanas*: Buffon criou a Antropologia e a Geografia Humana; Vico, publicando em 1725 *Princípios de uma Nova Ciência,* pode ser considerado o fundador da Sociologia; em 1734, Montesquieu escreveu *Considerações sobre as causas da grandeza dos romanos e da sua decadência* e, em 1748, a célebre *Espírito das Leis* procurando, na primeira obra, atingir o problema da dinâmica social e, na segunda, concretizar a estática social; no campo da Economia Política surgiu o fisiocrata escocês Adam Smith; na História, Voltaire com *O Século de Luís XIV* (1751) e *Ensaio Sobre os Costumes e Espíritos das Nações* (1756); Lessing com *Educação do Gênero Humano* (1780); Condorcet com *Esboço de um Quadro Histórico dos Progressos do Espírito Humano* (1794); a "metafísica", entendida como estudo do entendimento humano, seguiu Locke com sua tese sensualista e mecanicista. Berkeley, no entanto, atacou as bases do mecanicismo, marchando em sentido contrário a todo o espírito do século XVIII.

Entretanto, muito ainda estava por fazer-se. O espírito científico era característica de uma minoria. O primeiro protesto do século XVIII contra a opressão foi o movimento chamado "Filosofia das Luzes", para quem a razão é rainha: tudo pode, tudo julga, só tem direito de subsistir o que se pode justificar pela luz do intelecto e *iluminar-se* pela inteligência humana. Estado, Sociedade, Direito, Economia, Religião e Educação têm que se submeter ao exame crítico do intelecto. Este movimento começou nos Países Baixos e na Inglaterra e tomou conta da França e Alemanha. Entre os iluministas citam-se: na Inglaterra, Tindal, Toland e Hume; na Alemanha, Leibniz, Cristian Wolff e Lessing; na França, Condillac (a única fonte do conhecimento é sensação), Helvécio e os enciclopedistas.

O segundo protesto do século XVIII foi o *Naturalismo.* O líder deste movimento foi Rousseau que propôs, ao invés da lei da razão, o novo evangelho da fé na natureza. Homem natural, para Rousseau, não é o pré-histórico, o primitivo; o que caracteriza nele esse estado natural é sua natureza intrínseca mesma, suas características inatas. Por natureza deve-se entender a vida originária, pura, não maculada por convenções sociais nem preconceitos. Na base da natureza humana encontram-se dois *sentimentos*: o amor próprio e a compaixão. A razão, embora desempenhe papel muito importante, porque "é o freio da força" (5), é apenas um aspecto da consciência e é menos profunda que a vida emocional. A influência de Rousseau foi grande no campo educacional. Entre seus numerosos discípulos contam-se Basedow e Pestalozzi.

Há ainda um outro importante marco do século XVIII: a Revolução Francesa (1789) que afetou a vida religiosa, econômica e educa-

---

(5) Jean-Jacques Rousseau, *Emile ou De L'Education,* Paris, Editions Garnier, 1951, p. 78.

cional da França (⁶). Principalmente por ter influenciado este último setor é que merece, neste capítulo, uma citação especial. *A Declaração dos Direitos do Homem e do Cidadão* estatuiu uma esfera dilatada de direitos individuais em face dos abusos do poder político. Proclamava, nos seus dezessete artigos, entre muitas coisas, o seguinte: os homens nascem livres e iguais em direitos (art. 1.°); os direitos do homem são a liberdade, a propriedade, a segurança e a resistência contra a opressão (art. 2.°); todos os cidadãos têm o direito de concorrer a todas as dignidades, cargos ou empregos. conforme sua capacidade, sem outra distinção que não seja a virtude ou talento (art. 7.°); ninguém deve ser incomodado pelas suas opiniões, embora sejam religiosas (art. 10.°).

Ligados à pedagogia da Revolução Francesa estão: Mirabeau, Talleyrand, Condorcet, Lepelletier, Lakanal e outros.

Para este capítulo foram selecionados textos de três eminentes representantes do século XVIII: Rousseau, líder do naturalismo; Pestalozzi, seguidor do primeiro e representante do neo-humanismo pedagógico e Lepelletier, um dos mais radicais representantes da Revolução Francesa.

REPRESENTANTES

A. *JEAN-JACQUES ROUSSEAU* (1712-1778)

1. *Notícia sobre o autor.* Jean-Jacques Rousseau nasceu em Genebra, na Suíça, de família calvinista. Sua mãe, filha de um pastor protestante, veio a falecer quando o filho tinha apenas uma semana de idade. Seu pai, relojoeiro famoso, educou-o de forma irregular, saturando-o de leituras, entre as quais *Vidas* de Plutarco e *Discurso Sobre a História Universal* de Bossuet. Isto contribuiu, talvez, para acentuar seu caráter sentimental e espírito aventureiro que demonstrou pelos anos afora.

Dos 10 aos 12 anos, ficou a cargo de uns tios que confiaram sua educação ao Pastor Lambercier, em Bossey. De volta a Genebra, tentou diversas profissões sem se fixar em nenhuma. Aos 16 anos, foge de sua cidade natal e entrega-se a hábitos de vadiação e preguiça. Pouco mais tarde, conheceu Madame de Warens, de Annecy, que se dedicava à conversão de jovens protestantes. Esta mulher exerceu grande influência em sua vida. Ela o manda a Turim, a fim de ser batizado. Sucessivamente lacaio, seminarista, professor de Música etc., voltou novamente para o teto hospitaleiro de Madame de Warens, tornando-se seu secretário remunerado e seu amante. Em 1741, numa crise de ciúmes, rompe com ela e parte para Paris. Aí ligou-se ao grupo literário e filosófico mais brilhante

---

(6) Grande foi a influência de Rousseau no espírito dos revolucionários. *Emílio* e *Contrato Social* foram as obras que mais diretamente entusiasmaram os homens da Revolução.

193

da França, no qual despontavam figuras da envergadura cultural e filosófica de um Voltaire e de um Diderot.

Em 1774 ligou-se por toda a vida a uma criada vulgar, Thérèse Levasseur, vivendo vinte e três anos juntos, antes que se efetivasse o casamento. Dessa união resultaram cinco filhos, todos enviados para o asilo de enjeitados.

Rousseau tornou-se célebre ao escrever dois discursos sobre temas propostos pela Academia de Dijon: 1.º *Se o Progresso das Ciências e das Artes Contribuiu para Corromper ou Purificar os Costumes* (1750); 2.º *Sobre a Origem e os Fundamentos da Desigualdade entre os Homens* (1753). Prosseguiu em sua marcha de escritor, publicando, entre outras obras, *Carta a D'Alembert* (1758) onde considerou o teatro como fonte de imoralidade. Compôs *Júlia ou a Nova Heloísa* (1761), romance epistolar onde trata do amor com grande entusiasmo, uma vez que sentia a alma ainda agitada pela paixão por Madame d'Houdetot. Em 1762 publicou *Emílio ou Da Educação,* um romance pedagógico de profunda repercussão social. Ainda no mesmo ano saiu *O Contrato Social* que serviu de inspiração à Revolução Francesa: eram reflexões sobre a sociedade ideal. Segundo o autor, a sociedade repousa num compromisso pelo qual cada parte contratante aliena sua liberdade em benefício da comunidade e se dispõe a seguir a vontade geral.

Por causa do capítulo sobre a "Profissão de Fé do Vigário Saboiano", de tendência deísta, *Emílio ou Da Educação* foi condenado pelo arcebispo de Paris, e Rousseau, ameaçado de prisão, fugiu para a Suíça (1762).

Retorna assim à vida errante, não parando de mudar de esconderijo. Em 1765 vai para a Inglaterra, onde o filósofo Hume oferece-lhe refúgio mas com ele acaba brigando. Em 1770 volta a Paris. Em 1777 aceita a hospitalidade de um fidalgo de nome Girardin, em cuja casa morre (1778).

Após sua morte foram publicadas suas *Confissões* nas quais desnuda sua alma (obra publicada entre 1781-1788).

2. *Emílio ou Da Educação.* Emílio é o nome de um aluno ideal, criado por Rousseau. A obra está dividida em cinco livros. No 1.º livro, trata da educação desde o nascimento até 2 anos. Começa negando o pecado original: "Tudo é certo em saindo das mãos do Autor das coisas, tudo degenera nas mãos do homem" [7]. Rousseau mostra a importância da educação do homem que começa com seu nascimento. "Antes de falar, antes de entender ele já se instruiu" [8]. Nesta primeira parte da obra, dá vários preceitos

---

(7) Jean-Jacques Rousseau, *op. cit.,* p. 5.

(8) *Id., ibid.,* p. 41.

194

higiênicos ao leitor, porque "a única arte útil da Medicina é a Higiene" [9]. Recomenda a vida em contacto com a natureza: "os animais, vivendo mais conforme à natureza, devem estar sujeitos a menor número de males que nós" [10] e é esta, exatamente, a maneira de viver que ele quer dar a seu aluno.

O 2.º livro abrange o período de vida que vai dos 2 aos 12 anos: "estamos no segundo período da vida, naquele no qual propriamente termina a infância" [11].

Agora Emílio trabalhará sobretudo no desenvolvimento de seu físico. Aconselha: "amai a infância; favorecei seus jogos, seus prazeres, seu amável instinto" [12].

Nada de lições formais: "nossa maneira pedante de educar é sempre a de ensinar às crianças o que aprenderiam muito melhor sozinhas, e esquecer o que somente nós lhes poderíamos ensinar" [13]. O ensino deve ser dado através da experiência direta: "em qualquer estudo que se possa ter, sem a idéia das coisas representadas, os signos representantes não são nada" [14].

"A primeira educação deve pois ser puramente negativa. Não consiste, absolutamente, em ensinar a virtude ou a verdade, mas em garantir o coração contra o vício, e o espírito contra o erro. Se puderdes nada fazer e nada permitir que se faça; se puderdes manter vosso aluno são e robusto até a idade de 12 anos, sem que ele saiba distinguir sua mão direita de sua mão esquerda, desde vossas primeiras lições os olhos de seu entendimento se abrirão à razão" [15]. O educador deverá esperar, com alegre confiança, a marcha natural da educação e intervir o menos possível no processo de formação. A natureza humana é boa [16], por isso a primeira educação deve ser *negativa*.

No 3.º livro, que abrange o período dos 12 aos 15 anos, Emílio estudará. A curiosidade será o único móvel do ensino: "Tornai vosso aluno atento aos fenômenos da natureza, cedo o tornareis curioso; mas, para alimentar sua curiosidade, não vos apresseis em satisfazê-la. Colocai os problemas ao seu alcance e deixai que

---

(9) *Id., ibid.*, p. 31.

(10) *Id., ibid.*, p. 31.

(11) *Id., ibid.*, p. 59.

(12) *Id., ibid.*, p. 62.

(13) *Id., ibid.*, p. 60.

(14) *Id., ibid.*, p. 106.

(15) *Id., ibid.*, p. 83.

(16) O ponto de partida do humanismo de Rousseau é a tese da bondade humana. Isto contraria um dogma teológico, mas se coaduna com os dados da observação positiva.

os resolva. Que ele nada saiba porque vós lho dissestes, mas por que o compreendeu por ele mesmo" [17].

Nada de livros. O único admitido é o *Robinson Crusoé* [18].

O fundamento da moral é o utilitarismo: "tratai de ensinar à criança tudo que lhe é útil à sua idade e vereis que todo seu tempo será mais que preenchido" [19].

No programa de instrução, em primeiro lugar estão as Ciências Físicas, principalmente a Astronomia. Emílio estudará a Geografia através de viagens. Nada de mapas, globos e esferas. Condena a História e a Gramática.

No 4.º livro, que cobre o período de 15 a 20 anos, Emílio tornar-se-á um ser amoroso e sensível. Rousseau dá muita importância a esta quadra da vida, dizendo que "o homem não é feito para permanecer sempre na infância. Sai dela no momento prescrito pela natureza; e esse momento de crise, se bem que curto, tem demoradas influências" [20].

O primeiro sentimento do homem educado é a amizade [21].

Nesse livro expõe as seguintes máximas:

1.º "Não é do coração humano pôr-se no lugar das pessoas mais felizes que nós, mas somente das que são dignas de pena" [22].

Para levar um jovem à humanidade, ao invés de fazê-lo admirar a sorte dos outros, é preciso mostrar-lha pelos lados tristes.

2.º "Só temos piedade dos outros daqueles males dos quais nos cremos isentos" [23].

3.º "A piedade que se tem do mal de outrem não se mede pela quantidade desse mal, mas pelo sentimento que se empresta àqueles que sofrem" [24].

No que diz respeito à religião, afirma: "aos 15 anos ele (Emílio) não sabe se tem uma alma e talvez aos 18 não seja ainda

---

(17) *Id., ibid.,* p. 186.

(18) Compreende-se porque: é a estória do homem segundo a natureza.

(19) Jean-Jacques Rousseau, *op. cit.,* p. 201. p. 201.

(20) *Id., ibid.,* p. 245.

(21) *Id., ibid.,* p. 258.

(22) *Id., ibid.,* p. 262

(23) *Id., ibid.,* p. 263.

(24) *Id., ibid.,* p. 264.

o momento para aprendê-lo; porque, se ele aprender mais cedo do que é necessário, correrá o risco de não saber jamais" (25).

O mestre ensinará somente realidades ao aluno: "para conhecer os homens é preciso vê-los agir. No mundo ouvimo-los falando; mostram seus discursos e escondem suas ações: mas na História estão sem máscaras e os julgamos pelos fatos" (26). Entretanto, ele julga que o estudo da História tem também seus perigos: um dos grandes defeitos dessa disciplina está em pintar muito mais os homens pelas suas más qualidades do que pelas boas. Só os maus são célebres; os bons, esquecidos ou ridicularizados. Não quer colocar nas mãos dos jovens nem Políbio nem Salústio; Tácito é leitura dos velhos. O verdadeiro modelo dos historiadores é Tucídides porque narra os fatos sem os julgar e sem, contudo, omitir nenhuma circunstância que permita ao leitor julgar por si mesmo.

Finalmente, o 5.º livro é consagrado à educação de Sofia, destinada a ser a esposa de Emílio. "Não é bom que o homem fique só. Emílio é homem; nós lhe prometemos uma companheira e é preciso dar-lha. Esta companheira é Sofia" (27).

Com a introdução deste novo personagem, ocupa-se da educação da mulher. Sofia é bem nascida, não é bela, gosta de atavios e entende disso; mas, detesta os vestidos ricos. Sabe cortar e costurar seus vestidos, conhece a cozinha e a copa, sabe os preços dos mantimentos, conhece-lhes as qualidades, sabe fazer suas contas. Tem um espírito agradável sem ser brilhante. É modesta e reservada, dócil e obediente. Tem uma religião baseada na razão, ama a virtude, é casta e honesta. Tem pouca prática da sociedade, mas é prestativa, atenciosa e põe graça em tudo que faz.

Eis, em resumo, uma das mais célebres obras de caráter pedagógico que, depois de mais de duzentos anos, ainda é lembrada e estudada nas escolas como um clássico no gênero.

3. *Elementos para o comentário do texto.* A fim de oferecer-se uma visão de conjunto da obra de Rousseau, foram procurados trechos concernentes aos cinco livros do *Emílio ou Da Educação.* O leitor encontrará nos textos selecionados referências à educação da natureza, das coisas e dos homens (L.I). Encontrará também considerações de cunho psicológico sobre a memória, o raciocínio e o imediatismo infantil, bem como sobre o problema do bilingüismo (L. II). Ainda serão expostos alguns conceitos do autor sobre o valor que se deve emprestar à infância, o papel do preceptor e problemas religiosos (L. III e IV). Finalmente, ver-se-ão importantes tomadas de posição no que tange às diferenças de

---

(25) *Id., ibid.,* p. 310

(26) *Id., ibid.,* p. 282.

(27) *Id., ibid.,* p. 445

197

sexo e educação feminina (L.V.). Todas essas idéias encadeadas permitem ao leitor vislumbrar em Rousseau o genial fundador da psicogenética infantil e juvenil (28).

4. TEXTO.

Nascemos fracos, temos necessidade de forças; nascemos desprovidos de tudo, temos necessidade de assistência(29); nascemos estúpidos, temos necessidade de juízo. Tudo isto que não temos no nascimento e possuímos quando somos grandes, é-nos dado pela educação.

Esta educação vem-nos da natureza, ou dos homens ou das coisas. O desenvolvimento interno de nossas faculdades e de nossos órgãos é a educação da natureza; o uso que nos ensinam a fazer desse desenvolvimento é a educação

---

(28) Contudo, pode-se fazer-lhe uma objeção: "Não podemos deixar de assinalar que, se todos os psicólogos contemporâneos concordam em reconhecer o valor do princípio da sucessão das fases do crescimento mental, não as distribuem exatamente da mesma forma que Rousseau. Recusam-se, sobretudo, a aceitar que cada uma dessas fases seja caracterizada pela predominância de uma grande faculdade mental. Não que Rousseau desconheça a unidade de organização mental em todas as idades e não insista freqüentemente nela, ou negue a continuidade do desenvolvimento psíquico através das idades sucessivas e diferenciadas. Objetaram-lhe, todavia, que não tinha distinguido exatamente na vida do espírito as estruturas e as funções, e havia ficado, assim, fiel à concepção tradicional da psicologia das faculdades". René Hubert, *História da Pedagogia*, trad. bras., São Paulo, Companhia Editora Nacional, 1957, p. 268.

(29) O 1.º livro do *Emílio ou Da Educação* fornece muitos preceitos higiênicos que visam a dar à criança melhores condições de vida. Salientando a necessidade que a criança tem de assistência, Rousseau antecipa-se à Psicologia atual. Veja-se o que diz um dos mais abalizados estudiosos da Psicologia Evolutiva moderna: "Nessa fase (do nascimento até 3 anos), a educação se apresenta como puericultura e retoma, nessa hora, seu velho sentido de *nutrição*. Educar o bebê é em verdade, nutrir-lhe o corpo e as atividades incessantemente acrescentadas. Isso supõe cuidados, cujos pormenores poderão parecer insípidos a alguém e são, ao contrário, dignos de inteira atenção do pedagogista. Nesse momento, com efeito, começa (se é que se não traça) o destino da criança". Maurice Debesse, *As Fases da Educação*, trad. bras., São Paulo, Companhia Editora Nacional, 1967, p. 15.

dos homens; e a aquisição de nossa própria experiência sobre os objetos que nos cercam é a educação das coisas.

Cada um de nós é, pois, formado por três espécies de mestres. O discípulo para o qual as diversas lições se contrariem, é mal educado, e não estará jamais de acordo consigo mesmo; aquele para quem as lições dirigem-se todas para os mesmos fins, e tendem para os mesmos alvos, vai sozinho para sua meta e vive coerentemente. Só esse é bem educado.

Ora, dessas três educações diferentes, a da natureza não depende nada de nós; a das coisas não depende senão em certos pontos. A do homem é a única da qual seríamos verdadeiramente senhores. Ainda assim não o somos senão por suposição. Porque quem pode esperar dirigir totalmente as palavras e ações de todos aqueles que rodeiam as crianças [30]?

Posto que a educação é uma arte, é quase impossível que ela triunfe, já que o concurso necessário a seu sucesso não depende de ninguém. Tudo que se pode fazer, à força de cuidados, é aproximar-se mais ou menos do alvo. Mas é preciso sorte para atingi-lo.

Qual é esse alvo? É o mesmo da natureza; isto acaba de ser provado. Já que o concurso das três educações é necessário à sua perfeição, é para aquela sobre a qual nada podemos que é preciso dirigir as duas outras. Mas talvez esta palavra natureza tenha um sentido muito vago. É preciso tratar aqui de fixá-lo [31].

A natureza, diz-se, é apenas o hábito. Que significa isso? Não há hábitos que se contraem pela força e que

---

(30) "Por outras palavras", diz René Hubert, explicando esse trecho, "nas sociedades corrompidas, a educação dos homens é viciosa por si mesma, contradiz a da natureza, falseia até a das coisas. Cumpre, pois, corrigir a ordem costumeira e não pretender formar o homem para a sociedade senão quando já a educação da natureza e das coisas produziram seus efeitos," Op. cit., pp. 269 e 270.

(31) Por natureza, Rousseau entende a vida originária, pura, sem convencionalismos.

não sufocam nunca a natureza? Tal é por exemplo, o hábito das plantas às quais se comprimem a direção vertical. A planta, posta em liberdade, guarda a inclinação que lhe foi forçada a tomar; mas, a seiva não modifica, com isso, sua direção primitiva; e se a planta continua a vegetar, seu prolongamento voltará a ser vertical. Dá-se o mesmo com a inclinação dos homens. Enquanto permanecemos numa mesma situação, podemos conservar aquelas que resultam do hábito, e que nos são menos naturais. Mas tão logo a situação mude, o hábito cessa e o natural se restabelece. A educação não é certamente senão um hábito. Ora, não há pessoas que olvidam e perdem sua educação e outras que a conservam? De onde vem essa diferença? Se restringirmos o nome de natureza aos hábitos conformes à natureza, podem-se poupar essas confusões.

Nascemos sensíveis ([32]) e, desde nosso nascimento, somos afetados de diversas maneiras pelos objetos que nos cercam ([33]). Tão logo temos por assim dizer consciência de

---

(32) No 4.º livro, Rousseau diz: "Existir para nós é sentir; nossa sensibilidade é incontestavelmente anterior à nossa inteligência e temos sentimentos antes que idéias". *Op. cit.*, p. 353. Coloca o *sentimento* na base da natureza humana.

(33) Compare-se essa frase de Rousseau com a seguinte, escrita por um psicólogo dos dias atuais e ver-se-á que os conceitos são mais ou menos os mesmos: "Basta observar a fisionomia de uma criança para nos darmos conta imediatamente da avidez dos seus sentidos: a boca entreaberta, disposta a absorver ou a chupar, as narinas dilatadas ao vento, os olhos, à flor do rosto, bem abertos sobre o mundo, espreitando tudo quanto se passa. Até mesmo as orelhas em forma de "folhas de couve", abrem-se igualmente para as sonoridades que vibram ao seu redor: quantas *portas abertas* em tudo isso!" Guy Jacquin, *As Grandes Linhas da Psicologia da Criança*, trad. bras., São Paulo, Livraria Editora Flamboyant, 1966, p. 22. Rousseau, entretanto, construiu um sistema pedagógico abstrato, fora da realidade, sem nenhuma possibilidade de aplicação prática; numa palavra, um sistema *a priori*. Referindo-se à psicologia da criança, Noemy da Silveira Rudolfer, distingue em sua evolução três períodos: o primeiro, filosófico; o segundo, pré-científico e o terceiro, científico. Pois bem, ao lado de Pestalozzi e Froebel, coloca Rousseau como representante do primeiro período. Assegura o mérito dos três no que tange à afirmação de "que a educação deve respeitar a natureza infantil e nela basear-se. Tudo o que podiam dizer, porém, a respeito da natureza infantil era resultado de experiências ocasionais,

nossas sensações, estamos dispostos a procurar ou fugir dos objetos que as produzem, primeiramente segundo nos sejam agradáveis ou desagradáveis, depois segundo a conveniência ou desconveniência que encontramos entre nós e esses objetos e, enfim, segundo os juízos que tenhamos deles em relação à idéia de sorte ou perfeição que a razão nos fornece. Estas disposições estendem-se e afirmam-se à medida que nos tornamos mais sensíveis e mais esclarecidos; mas, constrangidos por nossos hábitos, elas alteram-se mais ou menos pelas nossas opiniões. Antes dessa alteração, elas são o que eu chamo em nós de natureza ([34]).

É pois a essas disposições primitivas que é necessário reportar e isso se conseguirá se nossas três educações não forem diferentes. Mas que fazer quando elas são opostas? Quando, em lugar de educar-se um homem para si mesmo, quer-se educá-lo para outro? Então, a concordância é impossível. Forçado a combater a natureza ou as instituições sociais, é preciso optar entre fazer um homem ou um cidadão, porque não se pode fazer um e outro ao mesmo tempo ([35]).

.   .   .   .

---

de apriorismos e inferências filosóficas". *Introdução à Psicologia Educacional,* 2.ª ed., São Paulo, Companhia Editora Nacional, 1961, p. 136. Não há entretanto que se negar muitos méritos do *Emile* que contém uma multidão de observações agudas, de conselhos de uma sabedoria engenhosa, e que revelam uma viva e esquisita intuição da alma infantil. Francisque Vial, *La doctrina educativa de J. J. Rousseau,* trad. esp., 2.ª ed. Barcelona, Editorial Labor, S. A., 1937, p. 17.

(34) Veja-se o conceito da natureza para Rousseau na nota n.º 31 deste capítulo.

(35) Em outro local da obra, Rousseau mostra com todo o vigor o problema da *educação humana geral.* "Como na ordem natural todos os homens são iguais, sua vocação comum é o estado de homem, e quem quer seja bem educado para esse estado não poderá desempenhar mal aquelas atividades que com ele tenha conexão. Que destinem meu aluno à espada, à igreja, ao *forum,* pouco me importa: antes da vocação dos pais, a natureza chama-o para a vida humana. Viver é o ofício que quero ensinar-lhe. Ao sair de minhas mãos não será, reconheço, nem magistrado, nem soldado, nem sacerdote; será primeiramente um homem. Nosso verdadeiro estudo é o da condição humana." *Op. cit.,* p. 12.

A aparente facilidade de aprender é causa da perda das crianças. Não se vê que facilidade mesma é a prova que elas não aprendem nada. Seu cérebro liso e polido devolve como um espelho os objetos que se lhes apresentam; mas nada permanece, nada penetra. A criança retém as palavras, as idéias são refletidas; aqueles que as ouvem entendem-nas, só ela não as entende.

Posto que a memória e o raciocínio sejam duas faculdades essencialmente diferentes, uma não se desenvolve verdadeiramente sem a outra [36]. Antes da idade da razão, a criança não recebe idéias mas imagens; e há esta diferença entre umas e outras; as imagens não são senão pinturas absolutas dos objetos sensíveis e as idéias são noções dos objetos determinados pelas relações. Uma imagem pode estar só no espírito em que se a representa; mas toda idéia supõe outras. Quando imaginamos, vemos; quando concebemos, comparamos. Nossas sensações são puramente passivas, ao passo que todas as nossas percepções ou idéias nascem de um princípio ativo que julga. Isso será demonstrado a seguir.

Digo, pois, que as crianças não sendo capazes de juízo, não têm verdadeira memória. Elas retêm sons, figuras, sensações, raramente idéias, mais raramente ligações [37]. Em me objetando que elas aprendem alguns elementos de Geometria crê-se provar contra mim; e, ao contrário, é por mim que se prova; mostra-se que, longe de saber raciocinar por si mesmas, elas não sabem sequer reter os raciocínios

---

(36) É a mesma correlação estabelecida por Quintiliano. Cf. capítulo II, nota n.° 33, p. 76. Atualmente, a tendência da Psicologia é de não acreditar numa correlação entre memória e inteligência: "O grau de memória em si não está em relação direta com a inteligência. É sabido que imbecis podem ter capacidade excepcional para decorar números, nomes e mesmo problemas complicados como, por exemplo, os de xadrez". Werner Wolff, *Fundamentos de Psicologia,* trad. bras., São Paulo, Editora Mestre Jou, 1967, p. 195.

(37) Maurice Debesse, fazendo um estudo sobre a criança entre 3 e 7 anos assegura que ela, durante esse período, pensa antes com os olhos, com os ouvidos e com as mãos. É inútil querer-se apoiar na reflexão. *Op. cit.,* p. 36.

de outros; porque, seguindo esses pequenos geômetras no seu método, vê-se logo que eles retêm apenas a exata impressão da figura e os termos da demonstração. À menor objeção nova, eles não sabem mais; inverta-se a figura e eles não entenderão mais. Todo o seu saber está na sensação, nada chegou ao entendimento. Sua memória mesma não é muito mais perfeita que suas outras faculdades, pois que é preciso quase sempre que eles reaprendam, quando grandes, as coisas que aprenderam na infância.

Estou, entretanto, bem longe de pensar que as crianças não tenham nenhuma espécie de raciocínio ([38]). Ao contrário, vejo que raciocinam muito bem sobre tudo que conhecem e que se ajustam aos seus interesses presentes e sensíveis. Mas, é sobre seus conhecimentos que nos enganamos ao se lhes atribuir aquilo que não têm, e fazendo-as raciocinar sobre o que não sabem compreender. Enganamo-nos ainda ao querermos torná-las atentas a considerações que não as tocam de maneira nenhuma, como as de seu interesse futuro, de seu destino quando adultas; palavras que, ditas a seres desprovidos de toda previsão, não significam absolutamente nada. Ora, todos os estudos forçados destas pobres infelizes tendem para objetos inteiramente

---

(38) Outro feliz acerto de Rousseau. É ainda Debesse quem escreve: "A idade da *nursery*" — de 0 a 3 anos — "vê despertarem sucessivamente as duas formas de inteligência humana: a inteligência prática ou sensório-motora, que permite adaptação direta do comportamento às situações novas por soluções apropriadas, outras tantas pequenas invenções, depois a inteligência verbal que vai trabalhar com sinais, isto é, com palavras. Para exercitá-las, o educador dispõe, desde esse momento, de vários pontos de apoio: a curiosidade da criança, o poder de imitação e dos móveis afetivos, a memória, etc." *Ibid.,* p. 27. O leitor estranhará talvez o fato de ter-se aproximado nesta nota a expressão "raciocínio" usada por Rousseau, com "inteligência" usada por Debesse. Entretanto, é oportuno esclarecer-se que o raciocínio é "modo especial de operação da razão", não uma faculdade diferente. Ora, "a inteligência e a razão têm ambas por função aprender, cada qual a sua maneira, a *razão* das coisas; ambas são faculdades do necessário e do absoluto, por isso as reunimos muitas vezes sob uma denominação comum, designando indiferentemente uma e outra com o nome de inteligência e razão." C. Lahr, *Manual de Filosofia,* trad. port., 6.ª ed. Porto, Livraria Apostolado da Imprensa, 1952, pp. 149 e 155.

estranhos a seus espíritos. Que se julgue a atenção que lhes podem dar ([39]).

Os pedagogos que expõem com grande aparato as instruções que dão aos seus discípulos são pagos para usar uma outra linguagem; entretanto, vê-se por sua própria conduta que eles pensam exatamente como eu. Pois, que lhes ensinam afinal? Palavras, ainda palavras e sempre palavras. Entre as diversas ciências que eles se gabam de ensinar-lhes, evitam cuidadosamente de escolher aquelas que lhes serão verdadeiramente úteis, porque seriam ciências de coisas e que não conseguiriam ter êxito; mas aquelas que se parece conhecer quando sabemos seus termos, Brasão, Geografia, Cronologia, Línguas, etc., são todos estudos longe do homem, e sobretudo da criança que seria espantoso se algo disso lhe pudesse ser útil talvez pelo menos uma vez na vida.

Surpreender-se-á que eu conte o estudo das línguas no número das inutilidades em educação, mas é preciso lembrar-se que não falo aqui dos estudos da primeira idade; e, pode-se dizer, não creio que até a idade de 12 ou 15 anos, nenhuma criança, os prodígios à parte, tenham jamais aprendido verdadeiramente duas línguas ([40]).

---

(39) Quase dois séculos após Rousseau, John Dewey escreveu: "A criança vive em um mundo em que tudo é contacto pessoal. *Dificilmente penetrará no campo da sua experiência qualquer coisa que não interesse diretamente seu bem-estar ou o de sua família e amigos.* O seu mundo é um mundo de pessoas e de interesses pessoais, não um sistema de fatos ou leis. Tudo é afeição e simpatia, não havendo lugar para a verdade no sentido de conformidade com o fato externo.

Opondo-se a isso, o programa de estudos que a escola apresenta, estende-se, no tempo, indefinidamente para o passado, e prolonga-se, sem termo, no espaço. A criança é arrancada de seu pequeno meio físico familiar — um ou dois quilômetros quadrados, se tanto — e atirada dentro de um mundo inteiro, até aos limites do sistema solar. A pequena curvatura de sua memória pessoal e a sua pequena tradição vêem-se assoberbadas pelos longos séculos da história de todos os povos". *Vida e Educação,* trad. de Anísio S. Teixeira, 5.ª ed. São Paulo, Edições Melhoramentos, 1965, p. 43. Grifos nossos.

(40) Não parece ser muito diferente o pensamento de Smith ao afirmar que "um garoto que tenha de adquirir duas línguas diferentes, provavelmente, durante a primeira infância, fará progressos mais lentos

Confesso que se o estudo das línguas não fosse apenas o das palavras, quer dizer, das figuras ou dos sons que as exprimem, este estudo poderia convir às crianças; mas as línguas, mudando os sinais, mudam também as idéias que representam. As cabeças formam-se sobre as Línguas, os pensamentos tomam o aspecto de idiomas. Só a razão é comum; o espírito tem em cada Língua sua forma particular; diferença que poderia bem ser, em parte, a causa ou o efeito dos caracteres nacionais; e o que parece confirmar esta conjetura é que, entre todas as nações do mundo, a Língua segue as vicissitudes dos costumes e conserva-se ou se altera conforme eles.

. . . .

Não sabemos nunca nos colocar no lugar das crianças; não entramos nas suas idéias, emprestamos-lhes as nossas ([41]);

---

em cada uma, do que teria feito se estivesse aprendendo apenas uma língua". *Apud* Arthur T. Jersild, *Psicologia da Criança,* trad. bras., Belo Horizonte, Editora Itatiaia Limitada, 1966, p. 338.

(41) Eram numerosas as concepções errôneas a respeito da criança. Acreditavam-na uma miniatura de adulto. Como conseqüência disto, meninos e meninas eram tratados como pequenos homens e pequenas mulheres: eram até mesmo vestidos segundo a moda de seus país. Eram também obrigados a agir como pessoas grandes; o afastamento desse tipo de conduta era considerado alienação e tratado com medidas severas. Rousseau libertou a infância de todo artificialismo, demolindo esse falso sistema da educação. Segundo Francisco Larrcyo, a contribuição de Rousseau para a Humanidade está em fazer da criança o novo ponto central. Acentuou o valor intrínseco da infância, impôs a exigência pedagógica de "partir da criança" e de ver nela *o centro e o fim da educação*: em outras palavras, chegou ao conceito de *educação paidocêntrica. História General de la Pedagogia,* 10.ª ed. México, Editorial Porrúa, 1967, p. 431. Mas, acontece que nem todos os estudiosos vêem com bons olhos a atitude de Rousseau em relação à compreensão da natureza infantil. Numa monografia sobre o pedagogo genebrino, Ayres Bello assegurou: "ora, acontece que o mais freqüente elogio que se faz da obra pedagógica de Rousseau incide precisamente sobre a sua compreensão da natureza da infância, atribuindo-se ao genebrino a própria descoberta da criança, que antes dele teria sido considerada apenas como um homem em miniatura. Entretanto, o que se pode concluir, dessa pedagogia fragmentária e arbitrariamente secionada é, ao contrário, uma *enorme ignorância da natureza infantil.* Basta ver-se que, para Rousseau, a criança seria até 12 anos um ser exclusivamente físico e sensorial, um ser intelectual só a partir daí, e para o

e seguindo sempre nossos próprios raciocínios com correntes de verdades não amontoamos senão extravagâncias e erros em sua cabeça.

Discute-se sobre a escolha da análise ou da síntese para estudar as ciências; nem sempre há necessidade de escolher. Algumas vezes pode-se resolver e compor nas mesmas pesquisas, e guiar a criança pelo método de ensino quando ela crê apenas analisar. Então, empregando ao mesmo tempo uma e outra coisa, eles servirão mutuamente de provas. Partindo ao mesmo tempo dos dois pontos opostos, sem pensar fazer o mesmo caminho, surpreender-se-ia em se reencontrar, e esta surpresa não poderia ser senão agradável. Eu queria, por exemplo, tomar a Geografia por esses dois termos e juntar ao estudo da revolução do globo a medida de suas partes, começando do lugar em que se mora. Enquanto a criança estuda a esfera e transporta-se assim aos céus, trazei-a de volta à divisão da Terra e mostrai-lhe em primeiro lugar sua própria localização.

Seus dois primeiros pontos de Geografia serão a cidade onde mora e a casa de campo de seu pai, em seguida os lugares intermediários, depois os rios da vizinhança, finalmente o aspecto do Sol e a maneira de orientar-se. Eis o ponto de reunião. Que ela mesma faça a carta de tudo isso, carta muito simples e em primeiro lugar formada por dois outros objetos aos quais acrescentará, pouco a pouco, os outros, na medida que sabe ou estima sua distância e sua posição. Podeis ver que vantagem nós lhe conferimos, colocando-lhe um compasso nos olhos ([42]).

---

qual a vida moral e religiosa só começaria a existir dos 18 anos em diante"... *Grandes Educadores,* Porto Alegre Livraria Globo S. A., 1949, p. 74. Grifos nossos.

(42) Em resumo: levar a criança à compreensão e apreciação do ambiente que a rodeia, principalmente desenvolver-lhe o entendimento a respeito do significado do lar e da vizinhança em sua vida. Esse objetivo coincide com o do programa do 1.º grau para a área de Estudos Sociais, nas escolas brasileiras. Cf. *Manual Pedagógico para a Escola Moderna,* 1.º grau, São Paulo, Editora Pedagógica Brasileira, s/d, p. 253. Por outro lado, o *Programa da Escola Primária do Estado de São Paulo,* dentro da mencionada área de Estudos Sociais, propõe-se a levar a criança a conhecer o meio físico e humano que a rodeia e as

Malgrado isso, sem dúvida, será preciso guiá-la um pouco; mas, muito pouco sem que o pareça ([43]). Se ela se enganar, deixai-a fazer, não corrijais seus erros, esperai em silêncio que ela mesma esteja em situação de vê-los e corrigi-los. Quando muito, numa situação favorável, conduzi-a a uma operação que a faça sentir a falta. Se ela nunca se enganasse não aprenderia bem. De resto, não se trata que ela saiba exatamente a topografia do país, mas o meio de aprendê-la. Pouco importa que ela tenha as cartas na cabeça, uma vez que conhece bem o que representam e tenha uma idéia clara da arte de desenhá-las. Vede já a diferença que há entre o saber de seus alunos e a ignorância do meu! Eles sabem as cartas, o meu as faz. Eis os novos motivos de ornamentos para seu quarto.

Lembrai-vos sempre que o espírito de minha instituição não é ensinar à criança muitas coisas, mas de jamais fazer entrar em seu cérebro senão idéias justas e claras ([44]). Quando ela não souber nada, pouco importa, contanto que ela não se engane, e não ponho verdades na sua cabeça senão para garanti-la contra os erros que ela aprenderia em seu lugar. A razão, o julgamento vêm lentamente, os preconceitos acorrem em multidão; é contra esses que cum-

---

maneiras de utilizar-se dos recursos disponíveis. O programa parte do estudo de "A Vida na Família", passa depois para "A Escola e sua Vizinhança", "A Cidade e o Município", "O Estado de São Paulo em nossos dias", "Formação e Desenvolvimento do Estado", "O Brasil em nossos dias", até chegar ao estudo da "Formação e Desenvolvimento do Brasil". É o mesmo caminho recomendado por Rousseau: começar do que está próximo da criança para atingir, paulatinamente, as coisas mais distantes.

(43) Muitos condenam, dentro dessa pedagogia, o papel secundário do mestre. É a posição de José Antônio Tobias para quem, dentro do naturalismo pedagógico, o educador "passa a ser mero espectador das ações ou dos erros do educando". Para o autor citado, a causa principal da educação segundo o naturalismo é a natureza e não o educando; e o mesmo acontecerá, com as devidas mudanças, para o conceito e papel do educador. *Filosofia da Educação*, São Paulo, Editora do Brasil S/A, 1967, p. 89.

(44) É a reedição do conceito de Montaigne: "cumpre indagar quem sabe melhor e não quem sabe mais". Montaigne, *Ensaios,* I, trad. de Sérgio Milliet, Porto Alegre, Editora Globo, 1961, p. 206.

pre preservá-la. Mas, se encarais a ciência em si mesma, entrareis num mar sem fundo, sem margens, cheio de rochedos; não saireis jamais daí. Quando vejo um homem enamorado pelos conhecimentos deixar-se seduzir por seu encanto e correr de um a outro sem saber parar, creio ver uma criança na praia pegando conchinhas, começando a sobrecarregar-se com elas e depois, tentando por outras que ainda vê, atirá-las fora, tornar a pegá-las, até que, acabrunhada com a variedade e não sabendo mais que escolher, acaba por jogar tudo fora e volta sem nada.

. . . .

Profissão de fé do Vigário Saboiano (45)

Meu filho, não espereis de mim nem palavras sábias nem raciocínios profundos. Não sou um grande filósofo nem me preocupo em o ser. Mas, tenho algumas vezes bom-senso e amo sempre a verdade. Não quero argumentar convosco, nem mesmo tentar convencer-vos; basta-me expor-vos o que eu penso na simplicidade de meu coração. Consultai o vosso durante minhas palavras; é tudo que vos peço. Se me engano, será de boa fé; isto será suficiente para que meu erro não me seja imputado como crime: ainda que vos enganásseis da mesma maneira haveria pouco mal nisso. Se penso bem, a razão é-nos comum e temos o mesmo interesse em escutá-la; porque não pensaríeis como eu?

Nasci pobre e camponês, destinado por minha condição a cultivar a terra; mas, acreditaram que fosse mais belo ganhar o pão no ofício de sacerdote e encontraram meios para fazerem-me estudar. Seguramente, nem meus pais nem eu sonhávamos em procurar nisso o que era bom, útil e verdadeiro mas o que era preciso saber para ser ordenado. Aprendi o que se queria que eu aprendesse, disse o que se queria que eu dissesse, empenhei-me como quiseram que

---

(45) O modelo desse Vigário Saboiano foi um certo Padre Jaime com quem Rousseau conviveu estreitamente em Turim. Essa "Profissão de Fé do Vigário Saboiano" é a apologia da religião natural.

me empenhasse e fui feito sacerdote. Mas não tardei a sentir que, em me obrigando a não ser homem, eu prometera mais do que podia cumprir.

Diz-se que a consciência é obra dos preconceitos; entretanto, sei pela minha experiência que ela se obstina em seguir a ordem da natureza contra todas as leis dos homens. Por mais que nos proíbam isto ou aquilo, o remorso reprova-nos sempre fracamente o que a natureza bem ordenada nos permite e, com mais forte razão, o que ela nos prescreve. Bom jovem, ela nada disse ainda a vossos sentidos: vivei muito tempo no estado feliz em que sua voz é a inocência. Lembrai-vos de que a ofendemos ainda mais quando nos antecipamos a ela que quando a combatemos; é preciso começar por aprender a resistir para saber quando se pode ceder sem crime.

Desde minha juventude respeitei o casamento como a primeira e mais santa instituição da natureza. Estando-me excluído o direito de a ele me submeter, resolvi não o profanar. Porque, malgrado meus estudos, tendo sempre levado uma vida uniforme e simples, havia conservado no meu espírito toda a claridade dos conhecimentos primitivos: as máximas do mundo não os haviam ainda obscurecido e minha pobreza afastava-me das tentações que ditam os sofismas do vício.

Esta resolução foi precisamente o que me perdeu; meu respeito pelo leito de outrem deixou minhas faltas a descoberto. Foi preciso expiar o escândalo: detido, interditado, cassado, fui mais a vítima de meus preconceitos que de minha incontinência; pude compreender, pelas reprovações que acompanharam minha desgraça, que basta, muitas vezes, agravar a falta para escapar ao castigo.

Poucas experiências semelhantes conduzem longe um espírito que reflete. Vendo através de tristes observações destruirem-se as idéias que tinha de justiça, da honestidade e de todos os deveres de homem, perdi a cada dia algumas das opiniões que recebera; as que me restavam não eram suficientes para fazer juntas um corpo que pudesse sustentar-se por si mesmo; senti, pouco a pouco, em meu espírito a evidência dos princípios e, reduzido enfim a não saber mais

209

o que pensar, cheguei ao mesmo ponto em que vos encontrais; com uma diferença, que minha incredulidade, fruto tardio de uma idade mais madura, formara-se com mais custo e devia ser mais difícil de destruir.

Estava nessas disposições de incerteza e dúvida que Descartes exigiu para a pesquisa da verdade. Esse estado é pouco feito para durar; é inquietante e penoso; só o interesse do vício ou a preguiça da alma nele nos deixa. Eu não tinha o coração bastante corrompido para nisso deleitar-me; e nada conserva melhor o hábito de refletir que estar mais contente consigo mesmo que com sua fortuna ([46]).

Pensei, pois, na triste fortuna dos mortais flutuando nessa multidão de opiniões humanas, sem leme, sem bússola, e entregues às suas paixões borrascosas, sem outro guia senão um inexperiente piloto que não conhece a rota, que não sabe de onde vem nem para onde vai. Dizia-me a mim mesmo: amo a verdade, procuro-a e não a posso reconhecer; que ma mostrem e aderirei a ela; por que deverá fugir ao desejo de um coração feito para adorá-la?

. . . .

Na união dos sexos cada um concorre igualmente para o objetivo comum, mas não da mesma maneira. Desta diversidade nasce a primeira diferença assinalável entre as relações morais de um e de outro. Um deve ser ativo e forte, outro passivo e fraco; é preciso que um queira e possa, basta que o outro resista um pouco.

Deste princípio estabelecido, segue-se que a mulher é feita especialmente para agradar ao homem([47]). Se o

---

(46) "Na *Profissão de Fé de um Vigário Saboiano* Rousseau denunciou os males da Igreja e expôs uma doutrina religiosa baseada apenas na natureza e na razão. Negou milagres, revelações, dogmas e credos. Como seus contemporâneos, era um deísta, mas seu deísmo era religioso e emocional. Combinou um agnosticismo discreto em relação à possibilidade de revelação com um espírito de reverência pelo Cristianismo. A religião, entretanto, ele acreditava ser uma questão do indivíduo, do coração e da razão, não um poder institucional, um rito externo." Frederick Eby, *História da Educação Moderna*, trad. bras., Porto Alegre, Editora Globo, S.A., 1962, pp. 287 e 288.

(47) Estranha negação da personalidade independente das mulheres. Só pode ser explicada na base que Rousseau não teve contacto algum

homem deve dar-lhe prazer a seu turno, é esta uma necessidade menos direta: seu mérito está na força; agrada já por ser forte. Não se trata da lei do amor, concordo, mas da natureza, anterior mesmo ao amor.

Se a mulher é feita para agradar e ser subjugada, ela deve tornar-se agradável ao homem em lugar de provocá-lo; sua violência está nos seus encantos; é por eles que ela deve forçá-lo a procurar sua força e usá-la. A arte mais segura de animar esta força é a de torná-la necessária pela resistência. Então, o amor-próprio junta-se ao desejo e um triunfa da vitória que o outro o obrigou a ganhar. Daí nascem o ataque e a defesa, a audácia de um sexo e a timidez de outro, enfim, a modéstia e a vergonha com a qual a natureza armou o fraco para escravizar o forte ([48]).

. . . .

Todas as faculdades comuns aos dois sexos não são igualmente repartidas; mas, encaradas no todo elas se compensam. A mulher vale mais como mulher e menos como homem; em tudo que faz valer seus direitos leva vantagem; em tudo que quer usurpar os nossos, permanece atrás de nós. Não se pode responder a estas verdades gerais senão com exceções; constante maneira de argumentar dos galantes partidários do belo sexo.

Cultivar nas mulheres as qualidades do homem, e negligenciar as que lhe são próprias, é trabalhar visivelmente em seu prejuízo. As espertas enxergam muito bem para serem ingênuas; tratando de usurpar nossas vantagens, elas não abandonam as suas; mas, acontece daí que, não podendo manejar umas e outras porque são incompatíveis, ficam abaixo de suas possibilidades sem alcançar as nossas e per-

---

com mulheres de caráter e sua concepção de personalidade humana não era suficientemente ampla para incluir as virtudes femininas. *Id., ibid.*, p. 313.

Não se nega que a mulher manifeste *desejo de agradar*, que resulta da acentuação de sua vida afetiva e da feição particular de suas faculdades cognitivas. Consuelo Sánchez Buchon, *Pedagogia*, Rio, Coleção A.E.C.,pp. 512 e 513. Mas, daí a dizer-se que a mulher "é feita especialmente para agradar ao homem" vai uma grande distância.

(48) Referências às diferenças devidas ao sexo.

dem metade de seu valor. Acreditai-me, mãe judiciosa, não façais de vossa filha um homem honesto, como que para dar-lhe um desmentido à natureza; fazei dela uma mulher honesta e estejais certa de que ela se sairá melhor para si mesma e para nós.

Seguir-se-á que ela deva ser educada na ignorância de todas as coisas e adstrita somente às funções de governar a casa? Fará o homem sua companheira de criada? Privar-se-á ao lado dela do grande encanto da sociedade? Para escravizá-la ainda mais, impedi-la-á de nada sentir ou conhecer? Transforma-la-á num verdadeiro autômato? Não, sem dúvida. Assim não o mandou a natureza que deu às mulheres um espírito tão agradável e delicado; ao contrário, a natureza, quer que elas pensem, julguem, amem, conheçam, cultivem seu espírito e seu rosto. Estas são as armas que a natureza lhes deu para suplementar a força que lhes falta e para dirigir a nossa [49]. Elas devem aprender muitas coisas, mas somente as que lhes convêm saber.

---

(49) A respeito da propalada inferioridade física das mulheres, um pesquisador do assunto escreveu: "Costuma-se falar na fraqueza física das mulheres. Por certo são raras, entre elas, as que se empregam como carregadores ou ferreiros. Encontram-se, porém, especialmente entre as populações dos campos, e mais ainda, entre os povos primitivos, mulheres extraordinariamente fortes. Deve-se considerar também que certos trabalhos físicos como, por exemplo, o cuidado prolongado de um doente, são aceitos pela mulher sem qualquer queixa. Tal trabalho não é pequeno e só pode ser distinguido do "trabalho pesado" de um homem por sua maneira de realizar-se, mas não quanto à intensidade das energias empregadas. Mas, antes de tudo, deveríamos indagar se essa relativa fraqueza física da mulher está ligada à sua própria natureza, ou é, ao contrário, um produto da educação e da situação social. Já é digno de nota o fato de que, com o crescente desenvolvimento do esporte nos círculos femininos, a capacidade de produção física da mulher parece decisivamente aumentada. Elas conseguem, por exemplo, realizar as mais difíceis escaladas de montanhas. Lembremos também que, em épocas mais antigas, como, por exemplo, nos mostram as narrativas históricas e mitológicas da Antigüidade Grega, existiram mulheres que, não raro, sobrepujavam os homens na luta. As figuras das Valquírias são, talvez, uma reprodução dessas mulheres. Se acrescentarmos a esses fatos os depoimentos já encontrados no livro de VAERTING, pelos quais se verifica que nas culturas de organização mais ou menos matriarcal, as mulheres são também superiores fisicamente aos homens (por exemplo: superiores em estatura), adquire grande possibilidade a tese de que a fra-

212

Quer se considere a destinação particular de cada sexo quer se observem suas tendências, quer se contem seus deveres, tudo concorre igualmente para indicar-me a forma de educação que lhe convém. A mulher e o homem são feitos um para o outro, mas essa mútua dependência não é igual: os homens dependem das mulheres pelos seus desejos; as mulheres dependem dos homens tanto por seus desejos como por suas necessidades; nós subsistiríamos mais sem elas que elas sem nós. Para que tenham o suficiente, para que estejam em seu estado, é preciso que nós lho demos, que nós as estimemos dignas disso. Elas dependem de nossos sentimentos, do preço que damos ao seu mérito, do caso que fazemos dos seus encantos e de suas virtudes. Pela própria lei da natureza, as mulheres, tanto por elas mesmas como por seus filhos, estão à mercê do julgamento dos homens ([50]): não é suficiente que sejam estimáveis, é preciso que sejam estimadas; não é suficiente que sejam belas, é preciso que agradem; não é suficiente que sejam sábias, é preciso que sejam reconhecidas como tais; sua honra não está somente na sua conduta, mas na sua reputação, e não é possível que

---

queza corporal da mulher não provém de sua própria natureza, mas é apenas devida, pelo menos em grande parte, às condições culturais em que ela se encontra. Merece também atenção o fato de que, nos lugares onde a atividade da mulher é mais impedida, como no Oriente, sua capacidade de produção é, também, visivelmente menor. É o que se dava também em nossa civilização, há pouco tempo ainda". Rudolf Allers, *Psicologia do Caráter*, trad. bras., 4.ª ed. Rio de Janeiro, Livraria Agir Editora, 1958, pp. 203 e 204.

(50) Na doutrina de Rousseau a mulher perde em importância e valor social. O homem manda e à mulher cabe somente uma alternativa: obedecer. Esse conceito de educação feminina proposto por Rousseau torna-se ainda mais deficiente quando comparado com as doutrinas precedentes. Como asseguram dois célebres educadores: "Depois das ousadias de COMENIUS a esse respeito, e até mesmo das indicações interessantes de FÉNELON, tornamos a dar aqui com uma concepção estreita e tradicional. A mulher é feita para agradar ao homem, e para servi-lo. Cultivam-se nela o sentimento de dependência e as disposições à obediência. São desenvolvidas suas aptidões para a ternura e para o encanto. E é educada para as funções domésticas e maternais. Só isso". J. Leif e G. Rustin, *Pedagogia Geral pelo Estudo das Doutrinas Pedagógicas*, trad. bras., São Paulo, Companhia Editora Nacional, 1960, p. 83.

a que consente passar por infame seja um dia honesta. O homem, agindo bem, não depende senão dele mesmo e pode desafiar o julgamento público; mas a mulher, agindo bem, não faz senão a metade de sua tarefa, e o que pensam dela não importa menos do que o que ela é efetivamente. Segue-se daí que o sistema de sua educação deve ser de certo modo contrário ao nosso; a opinião é o túmulo da virtude para os homens, o trono entre as mulheres.

Da boa constituição das mães depende em primeiro lugar a das crianças; do seio das mulheres depende a primeira educação dos homens; das mulheres dependem ainda seus costumes, suas paixões, seus gostos, seus prazeres, mesmo sua felicidade. Assim, toda educação das mulheres deve ser relativa aos homens. Agradá-los, serem-lhe úteis, fazerem-se amar e honrá-los, educá-los jovens, cuidar deles grandes, aconselhá-los, consolá-los, tornar-lhes a vida agradável e doce: eis os deveres das mulheres em todos os tempos e o que lhes devemos ensinar desde a infância. Enquanto não remontarmos a esse princípio, escaparemos do alvo e todos os preceitos que se lhes derem de nada servirão para sua felicidade ou para a nossa.

> (Jean-Jacques Rousseau, *Emile ou De L'Education*, Paris, Editions Garnier, 1951, pp. 7 a 9 (L. I); 103 a 105 (L. II); 190 e 191 (L. III); 320 a 322 (L. IV); 446, 454 e 455 (L. V).

B. *LOUIS-MICHEL LEPELLETIER DE SAINT-FARGEAU* (1760-1793).

1. *Notícia sobre o autor.* Político francês e membro de uma família de destaque, demonstrou a princípio idéias conservadoras em política. Em 1789 foi eleito presidente do Parlamento de Paris e deputado da nobreza aos Estados Gerais. Entretanto, foi-se tornando, gradativamente, um adepto da Revolução. Participou do movimento pela restauração de Necker em seu posto [51]. Em 1790 foi eleito presidente da Assembléia Constituinte. Deputado à Convenção, votou pela execução do Rei. Como os realistas afirmassem que ele se comprometera a defender o soberano, um membro da guarda do corpo real assassinou-o na véspera da execução de Luís XVI.

---

(51) Jacques Necker (1732-1804) foi um estadista e financista de renome, esposo da escritora Susana Curchod Necker e pai da famosa Madame de Stäel.

2. *Plano Nacional de Educação*. Durante o final do século XVIII, muitos projetos de lei referentes à educação vieram a lume, sucessivamente perante a Assembléia Constituinte (projeto MIRABEAU e relatório TALLEYRAND, perante a Assembléia Legislativa (projeto CONDORCET), perante a Convenção (relatório LANTHENAS, relatório ROMME, projeto RABAUT SAINT-ETIENNE, projeto BANCAL, projeto SIEYÈS — DANNOU, projeto BOUQUIER, projeto CABANIS, segundo projeto DAUNOU e, também, projeto LEPELLETIER, (do qual se irá fazer um relato mais detalhado).

O Plano de Educação Nacional, concebido por Lepelletier, foi apresentado e defendido por Robespierre na Convenção, em nome da Comissão de Instrução Pública, no dia 13/7/1793, precisamente 174 dias após a morte do seu autor. Embora aprovado pela Assembléia, não foi posto em prática.

A inspiração de Lepelletier remonta a J. J. Rousseau. O autor do Plano percebe que o sistema de educação nacional é uma peça mestra do novo regime político e social. Lepelletier e Robespierre (que adota inteiramente as idéias do primeiro) propõem aos "Convencionistas" de ajudar, desde a infância, na formação do homem novo, libertado das servidões da antiga ordem despótica e também da fortuna ([52]).

3. *Elementos para o comentário do texto*. O projeto de Lepelletier defende muitos pontos de vista que foram comuns aos demais projetos da época. Fala da gratuidade, igualdade e obrigatoriedade de ensino. Defende o dever do Estado em promover a educação até 12 anos de idade e estabelece um programa de estudos onde não há lugar para a religião ([53]). Alude às atividades práticas das

---

(52) No século XVIII a noção de humanidade adquire um sentido mais mundano. O fim mais elevado da educação é o homem na plenitude de suas essências comuns com os outros homens, não o homem como membro de uma certa classe social. A educação geral humana logra sua primeira realização na Pedagogia da Revolução Francesa que tenta plasmar esse ideal na esfera política. Com Pestalozzi, a nova concepção educativa adquire um caráter popular; o objetivo da educação é a realização da humanidade integral; todo homem tem direito à educação, seja qual for sua condição social; porém, o direito à cultura individual é um direito da natureza humana superior ao direito do Estado.

(53) Na exposição de motivos do projeto fica esclarecido que a privação do ato religioso, sobretudo nos campos, poderia talvez provocar o descontentamento e o escândalo no seio das famílias mais simples. Esta dificuldade deveria, então, ser submetida à prudência das reflexões de cada um. Insiste-se, todavia, para que a religião não entre nos programas de educação nacional nem seja confiada aos professores do Estado; que seja somente permitido (desde que se julgue essa condescendência necessária) conduzir as crianças ao templo mais próximo, em determi-

crianças, à organização das casas de educação, bem como aos métodos de ensino que deverão ser postos em prática pelos professores.

Ratificando: o projeto é bem um reflexo das idéias dominantes no final do século XVIII.

4. TEXTO.

Artigos Gerais

I

Todas as crianças serão educadas às custas da República[54], desde a idade de 5 anos até 12 anos para os meninos, e desde os 5 até 11 anos para as meninas[55].

II

A educação será igual para todos; todos receberão a mesma alimentação, as mesmas vestimentas, a mesma instrução e os mesmos cuidados[56].

III

Sendo a educação nacional dívida da República para com todos, todas as crianças têm direito de recebê-la, e os

---

nados dias e determinadas horas, para aí aprenderem e praticar a religião de suas famílias. Robespierre, *Textes Choisis,* tome deuxième, Paris, Editions Sociales, 1957, p. 173.

(54) Princípio da gratuidade do ensino.

(55) Dos meados do século XVI aos meados do século XVIII, a educação na França foi quase que totalmente dirigida pelos religiosos, principalmente jesuítas. Em 1763 os muitos colégios jesuítas foram supressos, deixando o povo francês sem escolas. Começaram a aparecer, daí por diante, planos para um sistema de escolas nacionais. Esses planos foram inúmeros, conforme se teve oportunidade de verificar na p. 215. Todos os projetos de educação dessa época retiram da Igreja a missão de ensinar a qual não é mais considerada instituição de caridade, mas função e obrigação públicas. Triunfa o princípio de que a criança pertence ao Estado.

(56) Princípio da igualdade que será para os alunos não uma teoria mas uma prática continuamente efetiva.

pais não poderão se subtrair à obrigação de fazê-lo gozar de suas vantagens ([57]).

IV

O objeto da educação nacional será de fortificar o corpo e desenvolvê-lo por exercícios de ginástica, de acostumar as crianças ao trabalho das mãos, de endurecê-las contra toda espécie de cansaço, de dobrá-las ao jugo de uma disciplina salutar, de formar-lhes o coração e o espírito por meio de instruções úteis e de dar os conhecimentos necessários a todo cidadão, seja qual for sua profissão ([58]).

V

Quando as crianças chegarem ao termo da educação nacional, serão recolocadas nas mãos de seus país ou tutores, e entregues aos trabalhos de diversos ofícios e da agricultura; **salvo as exceções que serão especificadas logo após, em** favor daqueles que anunciariam talentos e disposições particulares.

VI

O acervo dos conhecimentos humanos e de todas as belas **artes será** conservado e enriquecido através de cuidados da República; seu estudo será dado pública e gratuitamente por mestres assalariados pela nação.

---

(57) Princípio do direito de todos à educação e da obrigatoriedade escolar.

(58) Na exposição de motivos o projeto esclarece: "Prolongar a instituição pública até o fim da adolescência é um belo sonho; às vezes, deliciosamente sonhamos isto com Platão; às vezes, com entusiasmo, lemos estas realizações nos fastos da Lacedemônia: às vezes achamos a insípida caricatura de tudo isso em nossos colégios; mas Platão não queria fazer senão filósofos; Licurgo, soldados; e nossos professores, escolares. A República francesa, cujo esplendor consiste no comércio e na agricultura, tem necessidade de fazer homens de todos os estados: então, não é mais nas escolas que é preciso concentrá-los, é nas diversas oficinas e é preciso espalhá-los sobre os campos. Qualquer outra idéia seria uma quimera que, sob a aparência enganadora da perfeição, paralisaria braços necessários, aniquilaria a indústria, enfraqueceria o corpo social e logo operaria a dissolução". Robespierre, *op. cit.*, pp. 164 e 165.

Seus cursos serão divididos em três graus de instrução: escolas públicas, institutos e liceus.

VII

As crianças não serão admitidas a esses cursos senão depois de terem percorrido a educação nacional.

Não poderão ser recebidas antes dos 12 anos nas escolas públicas.

O curso de estudo aí será de 4 anos; será de 5 anos nos institutos e de 4 anos nos liceus.

VIII

Para o estudo das Belas Letras, das Ciências e das Belas Artes, será escolhido uma sobre 50 crianças. As crianças que tiverem sido escolhidas serão mantidas às custas da República junto às escolas públicas, durante o curso de estudo de 4 anos.

IX

Entre estas, depois que tiverem terminado o primeiro curso, será escolhida metade delas, isto é, aquelas cujos talentos se desenvolveram mais; serão igualmente mantidas às custas da República junto aos institutos durante os cinco anos do segundo curso de estudo.

Enfim, metade dos pensionistas da República que tiverem percorrido com mais distinção o grau de instrução dos institutos, serão escolhidos para serem mantidos junto ao Liceu e aí seguirem o curso de estudos durante quatro anos.

X

O modo dessas eleições será determinado abaixo.

XI

Não poderão ser admitidos a concorrer os que, por suas faculdades pessoais, ou pelas de seus pais, estariam em condição de seguir, sem os auxílios da República, esses três graus de instrução.

XII

O número e o local de escolas públicas, institutos e liceus, bem como o número de professores e o modo de instrução serão determinados abaixo.

DA EDUCAÇÃO NACIONAL

I

Será formado em cada cantão um ou vários estabelecimentos de educação pública nacional, onde serão educadas as crianças de ambos os sexos, cujos pais e mães (ou, se órfãs, cujos tutores) estiverem residindo no cantão [59].

II

Quando uma criança tiver atingido a idade de 5 anos completos, o pai e a mãe (ou se órfã, seu tutor) serão obrigados a conduzi-la à casa de educação nacional do cantão e entregá-la nas mãos das pessoas que estiverem indicadas para isso [60].

III

Os pais, as mães ou os tutores que negligenciarem o preenchimento desse dever perderão os direitos de cidadãos e serão submetidos a um duplo imposto direto durante todo o tempo que subtraírem a criança à educação comum.

IV

Quando uma mulher conduzir uma criança com a idade de 5 anos ao estabelecimento de educação nacional, ela receberá da República, para cada uma das quatro primeiras crianças que tiver educado até essa idade, a soma de 100 libras; o dobro para cada criança que exceder o número de quatro até oito; e, finalmente, 300 libras para cada criança que exceder esse último número.

---

(59) Ordinariamente, uma só casa de educação. Mas, se a população o exigir, serão estabelecidas várias.

(60) Como Platão, Lepelletier criaria todas as crianças em acampamentos do Estado.

V

Será redigido com simplicidade, brevidade e clareza uma instrução indicativa das atenções, do regime e dos cuidados que devem contribuir à conservação da saúde das crianças durante a gravidez das mães, o tempo de nutrição, do desmame, até a idade de 5 anos.

VI

A Convenção convida todos os cidadãos a concorrer à redação dessa instrução e a encaminhar seu trabalho a seu comitê de instrução pública.

VII

O autor da instrução que tiver sido julgada a melhor e adotada pela convenção será louvado pela pátria e receberá uma recompensa de 24 000 libras.

VIII

Os oficiais públicos encarregados de receber as declarações de casamentos e de nascimentos serão obrigados a enviar um exemplar dessa instrução a cada pessoa que se apresentar diante deles para declarar seu casamento.

IX

Todas as crianças de um cantão ou de uma secção serão, tanto quanto possível, reunidas num só estabelecimento ([61]); haverá para cada 50 meninos um professor e para cada um número igual de meninas uma professora.

Em cada uma dessas divisões, as crianças serão classificadas de maneira tal que os mais velhos serão encarregados de vigiar os mais jovens e de fazê-los repetir as lições, sob as ordens de um inspetor, professor ou professora, assim como será explicado pelo regulamento ([62]).

---

(61) Medidas econômicas.

(62) Para justificar um número tão grande de alunos para um só mestre, o projeto exige, então, que os alunos mais experientes ajudem o mestre, estabelecendo-se assim uma espécie de sistema monitorial.

X

Durante o curso da educação nacional, o tempo das crianças será dividido entre o estudo, o trabalho das mãos e os exercícios de ginástica.

XI

Os meninos aprenderão a ler, escrever e contar e lhes serão dadas as primeiras noções de medida e superfície.

Sua memória será cultivada e desenvolvida; ensinar-se--lhes-á a decorar alguns cantos cívicos (63) e o enredo dos traços mais emocionantes da história dos povos livres e da história da Revolução Francesa (64).

Receberão também noções da constituição de seu país, da moral universal e da economia rural e doméstica.

XII

As meninas aprenderão a ler, escrever e contar.

Sua memória será cultivada pelo estudo de cantos cívicos e de alguns episódios da História próprios a desenvolver as virtudes de seu sexo.

Receberão também noções de moral e de economia doméstica e rural (65).

XIII

A principal parte da jornada será empregada pelas crianças de um e outro sexo nos trabalhos manuais.

---

(63) Cf. nota n.º 66 deste capítulo, p. 222.

(64) Essa educação deveria ser ampliada pelo conhecimento do passado humano, nas mesmas proporções em que o pensamento se alargara pelo conhecimento científico.

(65) Vê-se, conforme se afirmou anteriormente, que não há lugar para a religião entre as matérias de estudo. A ciência basta para formar o homem. Essa tese foi herdada de Rousseau para quem o homem é naturalmente bom; são as instituições que o corrompem. Os laicizadores contemporâneos não têm o mérito da invenção; copiaram os antepassados. O plano de Lepelletier supõe aqueles conhecimentos necessários para o estado de cidadão e cuja utilidade é comum a todas as profissões.

Os meninos dedicar-se-ão aos trabalhos possíveis de sua idade, seja apanhar e distribuir materiais sobre as estradas, seja nas oficinas de manufaturas que se encontrem aos cuidados da casa de instrução nacional, seja nas tarefas que poderão ser executadas no interior da casa; todos serão exercitados no trabalho da terra.

As meninas aprenderão a fiar, costurar e limpar; poderão ser empregadas nas oficinas de manufaturas vizinhas, ou em trabalhos que poderão ser executados no interior da casa de educação ([66]).

XIV

Esses diferentes trabalhos serão distribuídos como tarefa das crianças de um e outro sexo.

O valor de cada tarefa será estimado e fixado pela administração dos pais de família do qual se falará logo mais.

XV

O produto do trabalho será empregado assim como segue.

Os nove décimos do produto serão aplicados às despesas comuns da casa; um décimo será enviado no fim de cada semana à criança, para dispor dele à sua vontade ([67]).

---

(66) Princípio de orientação concreta e prática. A Revolução procurou renovar a educação em seu espírito e em sua função social, conformada às exigências duma sociedade que fundava sua reorganização nos dois princípios, o da soberania nacional e o da liberdade política. Era pois mister que fosse impregnada de espírito cívico (ver artigo XI), que constituísse verdadeiramente integração progressiva da criança no corpo social, que formasse não mais o homem educado na antiga sociedade aristocrácica, mas em todos os graus, o cidadão ativo duma livre democracia. René Hubert, *op. cit.*, p. 74.

(67) O produto dos trabalhos das crianças aliviará as despesas da casa.

XVI

Toda criança de um e outro sexo, com idade acima de 8 anos ([68]), que na jornada precedente de um dia de trabalho não tiver preenchido a tarefa equivalente à sua nutrição, não tomará sua refeição senão após os outros, e terá a humilhação de comer sozinha; ou então, será punida com uma admoestação pública que será indicada pelo regulamento ([69]).

XVII

Os momentos e os dias de descanso serão empregados em exercícios ginásticos que serão indicados pelo regulamento. Os meninos serão formados, além disso, no manejo de armas.

XVIII

Nenhum doméstico será empregado nas casas de educação nacional ([70]).

As crianças mais idosas, cada uma por sua vez, e sob as ordens e a inspeção dos professores e professoras, preencherão as diversas funções do serviço diário da casa, como será explicado pelo regulamento.

XIX

As crianças receberão igual e uniformemente, cada uma, segundo sua idade, uma alimentação sã, mas frugal, uma veste comoda, mas grosseira; deitarão sem conforto excessivo, de tal modo que, qualquer que seja a profissão que abracem

---

(68) O projeto acredita que toda criança acima dessa idade pode ganhar para sua alimentação.

(69) O espírito que orientou a confecção deste Plano de Educação aceita o princípio de que o progresso exige o cumprimento da lei. Daí a alusão aos castigos para quem se desviar dela. Neste particular, a orientação pedagógica dos revolucionários permaneceu tradicional, malgrado o desejo de inovação. Estavam ainda muito impregnados dos anacronismos pedagógicos para deles se desprenderem totalmente.

(70) A fim de se limitarem as despesas ao estritamente necessário. Existirão apenas três tipos de gastos: com os salários (fixos) dos professores, com a vestimenta (uniforme) e com a alimentação das crianças.

e em qualquer circunstância que se possam encontrar durante o transcorrer de sua vida, conservarão o hábito de poder-se privar de comodidades e de coisas supérfluas, bem como desprezar as necessidades artificiais ([71]).

XX

No interior, ou ao alcance das casas de educação nacional, serão colocados, tantos quantos possíveis, os velhos enfermos fora da condição de ganhar sua vida e que serão carga para a comuna ([72]).

As crianças deverão, cada uma por sua vez, segundo sua idade, estar a serviço e assistência deles ([73]).

XXI

Os estabelecimentos de educação nacional funcionarão nos edifícios públicos, casas religiosas ou habitações de emigrados, se houver no cantão; se não houver, os corpos administrativos estão autorizados a escolher um local conveniente nos castelos dependentes dos antigos feudos, depois de ter pago aos proprietários a justa e indispensável indenização. Enfim, na falta desses recursos, será providenciada de outra maneira a organização mais econômica desses estabelecimentos.

---

(71) Sente-se ainda uma influência de Platão que, por sua vez, tomou idéias emprestadas dos antigos espartanos. A justificativa do artigo XIX é a seguinte: a criança que voltar para o seio da família pobre encontrará sempre aquilo que deixou; quanto à criança rica, hábitos mais doces a esperam, porém estes se contraem mais facilmente. E o próprio rico, em certas circunstâncias, abençoará a austeridade e rudez da educação de seus primeiros dez anos.

(72) O projeto vê como uma obrigação social nutrir os velhos e os enfermos fora do estado de ganhar sua própria vida. Para que levantar dispendiosos edifícios para isso? Nas casas de educação, quase sem gastos, velhos e enfermos partilhariam uma frugal alimentação e receberiam a assistência diária necessária.

(73) Aproximação das crianças aos idosos e doentes, a fim de que as primeiras sensações infantis sejam de respeito pela velhice e compaixão pela infelicidade alheia.

XXII

Cada professor receberá um salário de 400 libras e cada professora 300 libras. Terão, além disso, alojamento e dupla porção da alimentação concedida às crianças mais idosas.

XXIII

As despesas dos estabelecimentos de educação nacional serão pagas como segue:

As recompensas fixadas pelo artigo IV acima, em favor das mães que tiverem aleitado seus filhos e os educado até essa idade de 5 anos, bem como os salários em dinheiro dos professores e professoras, estarão a cargo da República.

Quanto aos gastos do estabelecimento e a manutenção das casas de educação nacional, para a alimentação e a vestimenta, e outras despesas da casa, será providenciado primeiro, pelo produto do trabalho das crianças salvo a remessa do décimo, de que se dispõe de forma diferente no artigo XV acima; segundo, os benefícios pessoais particulares que poderiam pertencer às crianças educadas nas chamadas casas serão empregados para a despesa comum durante o tempo que elas aí morarem; terceiro, o restante será declarado como carga local para todas as pessoas domiciliadas no cantão ou seção, segundo as posses de cada uma, presumidas de acordo com suas contribuições diretas ([74]).

---

(74) As despesas serão pagas proporcionalmente por todos os cidadãos. O cálculo proposto na exposição de motivos é o seguinte: supõem-se três indivíduos; um que tenha simplesmente as mínimas faculdades requeridas para ser um cidadão ativo, isto é, que pague de imposto o valor de 3 dias de trabalho, avaliado em 3 libras; outro, que tenha 1 000 libras de renda e pague de imposto 200 libras; finalmente, um terceiro, que tenha 100 000 libras de renda e pague de imposto 20 000 libras. As taxas que cada um pagará para a educação das crianças, serão, respectivamente, de uma libra e dez *sous*, para o primeiro, 100 libras, para o segundo e 10 000 libras, para o terceiro. Trata-se, como se percebe, de um depósito comum formado pela reunião de contribuições desiguais: o pobre coloca pouco, o rico muito. Uma vez formado o depósito é dividido igualmente entre todos. O pobre, com um sacrifício pequeno, poderá ter até sete filhos educados de uma vez. Mesmo ao cidadão

XXIV

Para reger e velar pelos estabelecimentos de educação nacional, somente os pais de família, domiciliados no cantão ou seção formarão um conselho de 52 pessoas, escolhidos entre eles [75].

Cada membro do conselho será obrigado a sete dias de vigilância no decorrer do ano, de modo que cada dia um pai de família será aproveitado na casa de educação.

Sua função será a de velar pela preparação e distribuição dos alimentos das crianças; pelo emprego do tempo e sua divisão entre o estudo, o trabalho das mãos e os exercícios; pela exatidão dos professores e das professoras ao preencher as tarefas que lhes são confiadas; pela propriedade; pela boa conduta das crianças e da casa; pela manutenção e execução do regulamento; enfim, cada membro do conselho deverá providenciar o que as crianças receberão em caso de doença, providenciar a respeito dos socorros e cuidados convenientes.

Quanto ao mais e aos detalhes das funções do pai de família supervisor, serão explicados pelo regulamento. O conselho dos pais de família proporá, além disso, uma administração de quatro membros retirados de seu seio para determinar, segundo os tempos e as estações, os alimentos que serão dados às crianças; regular as vestimentas; fixar os gêneros de trabalhos manuais em que as crianças serão empregadas; e determinar seu preço.

A organização e os deveres, tanto do conselho geral dos pais de família como da organização particular, serão mais amplamente determinados por um regulamento.

---

de 1 000 libras de renda e que investe 100 libras na taxa de educação ela é útil, porque não há nenhum homem que gozando dessa renda não despensa voluntariamente essa quantia anual para a educação de seus filhos. Todo o peso do imposto incidirá unicamente sobre aqueles que possuem mais de 1 000 libras de renda. Assim, a pobreza é socorrida no que lhe falta e a riqueza despojada de uma porção de seu supérfluo.

(75) São os pais de família do cantão que recebem a confiança pública. O celibatário não foi distinguido com tal honra.

XXV

No começo de cada ano, o conselho de pais de família fará passar ao departamento a folha de serviço das crianças que foram educadas na casa de educação nacional de seu cantão ou seção e das que morreram no correr do ano precedente.

Enviará, do mesmo modo, a folha de serviço concernente ao trabalho das crianças durante o ano.

As duas folhas de serviço acima mencionadas serão duplas, uma para os meninos, outra para as meninas.

Será designado pelo departamento uma gratificação de 300 libras a cada um dos professores da casa na qual morrer durante o ano um menor número de crianças, comparativamente às outras casas situadas no departamento, observadas as proporções do número de crianças que aí tiverem sido educadas.

Igual gratificação será designada a cada um dos professores da casa na qual o produto do trabalho das crianças terá sido considerável, comparativamente às outras casas do departamento, observadas também as proporções do número de crianças que aí tiverem sido educadas. As disposições precedentes terão lugar igualmente em favor das professoras das meninas.

O departamento fará imprimir cada ano o nome das casas, dos professores e das professoras que tiverem obtido essa honra. O quadro será enviado ao corpo legislativo e afixado em cada uma das municipalidades do departamento.

XXVI

Para a perfeita organização das escolas primárias, proceder-se-á à composição de livros elementares que serão indicados e para a solução das questões seguintes.

(Robespierre, *Textes Choisis*, tome deuxième, Paris, Editions Sociales, 1957, pp. 187 a 196.)

C. *JOÃO HENRIQUE PESTALOZZI* (1746-1827).

1. *Notícia sobre o autor*. Pedagogo suíço, nascido em Zurique. Tendo perdido o pai aos 5 anos de idade, foi educado pela mãe, mulher bondosa, porém pouco exigente.

Entusiasmou-se pela leitura de Rousseau, renunciando aos estudos de Direito e Teologia que, antes, o interessavam. As obras de Rousseau que falaram mais de perto ao seu coração foram *Emílio* e *Contrato Social*. Como o pedagogo genebrino, aceita a tese da bondade inata; por isso, dedica, de preferência, cuidados especiais à educação das crianças de mais tenra idade e das mais deserdadas entre elas.

Casou-se com Ana Schultess e estabeleceu-se em Neuhof numa propriedade que comprara para fazer experiências agrícolas e industriais. Fracassando, resolve transformar a quinta num asilo para crianças pobres que seriam aproveitadas num trabalho fácil e remunerador. Tal atividade, ao mesmo tempo que feliz especulação industrial, seria uma boa ação. No verão, as crianças deveriam cultivar os campos e no inverno, tecer e fiar. A instrução seria dada nas horas de recreio, ou acompanharia os trabalhos manuais. Mas, também, esse generoso ensaio pedagógico falhou ([76]).

Dirigiu, posteriormente, o asilo de Stanz para crianças órfãs ou abandonadas. Aí ensaiou o método mútuo: as crianças mais velhas deveriam ensinar as mais novas. Leitura, escrita e cálculo alternavam-se com trabalho manual. Mas, circunstâncias políticas transformaram o asilo num hospital militar. Nem assim Pestalozzi esmoreceu. Aos 50 anos torna-se professor ajudante da escola elementar de Berthoud ([77]). Sua maneira de trabalhar, entretanto, escandalizou o professor que o caluniou, forçando-o a abandonar o cargo. Porém, o verdadeiro ideal não morre nunca: outra vez, Pestalozzi em Berthoud, com um novo instituto de educação que, com início modesto, cresceu assustadoramente e contou com numerosos educadores competentes ([78]). Mais tarde, o instituto foi transferido para Yverdum onde Pestalozzi colheu as glórias máximas de sua carreira de educador. Entre aulas e passeios, convivendo com os mestres, sem prêmios nem castigos, os alunos iam plasmando a própria personalidade, num ambiente que faria inveja a muitas escolas contemporâneas. Entretanto, uma vez mais, também esta casa de ensino teve que ser fechada porque as receitas já não

---

(76) Mas, não foi de todo inútil. De seu exemplo aparecem, mais tarde, as maternidades, os lactários, as escolas maternais, os jardins da infância, as colônias de férias, os patronatos, os reformatórios, os tribunais infantis, etc.

(77) Pequena cidade do cantão de Berna, também chamada Burgdorf.

(78) Entre eles, Krusi, Buss e Tobler.

davam mais para sustentá-la. E assim, aos 80 anos, velho, cansado porém jamais desiludido, Pestalozzi voltou a Neuhof tentando ainda fazer dela uma casa de educação para crianças pobres. Morreu serenamente em Brugg, aos 81 anos de idade, deixando aos pósteros uma imperecível lição de humildade e persistência.

Entre suas obras numerosas contam-se: *Jornal da Educação de Meu Filho* (1772), *Serões de um Solitário* (1779), *Leonardo e Gertrudes* (1781), *Legislação e Suicídio das Crianças* (1783), *Minhas Pesquisas Sobre a Evolução da Natureza e do Homem* (1797), *Como Gertrudes Ensina Seus Filhos* (1801) e *Canto do Cisne* (1826).

2. *Leonardo e Gertrudes*. Uma das obras mais conhecidas de Pestalozzi, ao lado de *Como Gertrudes Ensina Seus Filhos*.

Na época em que Pestalozzi escreveu o livro, a preparação dos professores era deficiente e a classe alta não se preocupava com a dos humildes. O autor quis retratar, principalmente, na primeira metade do romance o quadro das condições de ignorância e miséria dos camponeses. Quis fazer da mãe a educadora dos filhos, embora tivesse exigido dela muito mais que, com raras exceções, pode dar.

Contudo, a obra é muito importante porque tem como escopo a regeneração, primeiro de Leonardo, vítima da indolência e embriaguez; segundo, de toda a aldeia que é conquistada pelas novas idéias e pelos métodos simples desta mulher aldeã. Pestalozzi admitia que o que ocorrera naquela pequenina aldeia, poderia ocorrer também no resto do mundo. Esta foi a edificante missão de Pestalozzi: elaborar os métodos de uma educação que deveria regenerar a sociedade e assegurar a todas as crianças o desenvolvimento moral e intelectual que são um direito e uma herança naturais.

3. *Elementos para o comentário do texto.* No item seguinte serão fornecidos quatro excertos da obra *Leonardo e Gertrude*s:

1.º "Um homem que tem bom coração, mas que nem por isso deixa de fazer a infelicidade dos seus" — onde estão delineados, com todo o vigor, as personalidades das duas figuras centrais do romance, a cujo título emprestam seus nomes. De um lado, Gertrudes, pura e abnegada, combatendo as mazelas do esposo e tentando regenerá-lo. De outro lado, Leonardo pusilânime, vítima da inércia e das frustrações.

2.º "As alegrias do lar" — trecho que permite entrever a reação de Leonardo procurando sair do marasmo em que se encontra, graças ao apoio moral da esposa.

3.º "A hora da prece e suas alegrias" — em que é nítida a preocupação de Pestalozzi com a caridade. Gertrudes trava um

229

diálogo com os filhos, exortando-os a dar de si, a ir ao encontro do próximo.

4.º "A hora da prece e sua gravidade" — que evidencia o espírito de religiosidade que sempre impregnou todos os atos da vida de Pestalozzi. Uma religiosidade que excluía a memorização de catecismos ou Escrituras, que abolia credos ou dogmas e constituía-se, antes de tudo, numa aceitação sentimental de Deus.

4. TEXTO.

Um homem que tem bom coração, mas nem por isso deixa de fazer a infelicidade dos seus

Na aldeia de Bonal mora um pedreiro, Leonardo, com sua esposa Gertrudes e seus sete filhos. Êle ganha bem a sua vida, mas tem o defeito de deixar-se arrastar muitas vezes à taberna. Sentado à mesa, comporta-se como um insensato. Há na aldeia uma organização de velhacos folgazões e astuciosos que vivem à espreita de pessoas honestas e ingênuas e, a propósito de tudo, retiram-lhes seu dinheiro. Conhecem bem o bom Leonardo: fazendo-o beber, arrastam-no mais ainda ao jogo e roubam-lhe assim o que ele ganhou com o suor de seu rosto. Mas, cada vez que Leonardo malbarata sua tarde dessa maneira, na manhã seguinte fica com o coração amargurado ao ver faltar o pão à esposa e a seus filhos; treme, baixa os olhos e verte lágrimas às escondidas.

Gertrudes é a melhor mulher da aldeia, mas sua florescente prole e ela própria correm o risco de verem roubados, de uma vez, seu pai e sua cabana; de serem dispersados, duramente rejeitados de lugar em lugar, precipitados na pior miséria, porque Leonardo não pode renunciar à bebida.

Gertrudes vê o perigo próximo, sentindo-se penetrada por ele até à alma. Seja quando vai procurar erva no prado, quando desce o feno até o galpão ou quando recolhe o leite nos utensílios reluzentes de limpeza, ai!, durante suas tréguas no trabalho, sempre a mesma crença a persegue: prado, moinho de feno, parte da cabana, tudo isso lhe será logo roubado; e quando as crianças a rodeiam e acossam, sua tristeza cresce e as lágrimas caem pelo seu rosto (⁷⁹)

Até aqui, entretanto, ela sonhou sempre esconder das crianças suas lágrimas secretas; mas, na quarta-feira antes da Semana Santa, como seu marido tardasse muito em voltar, ela não foi senhora de sua dor e as crianças surpreenderam suas lágrimas. "Ah! mãezinha, gritaram elas a uma só voz, você chora!" e agarram-se mais terrivelmente nela. Todos os gestos das crianças exprimiam cuidado e temor. Foram soluços angustiantes ao redor da mãe, abatimento profundo e lágrimas silenciosas. O mesmo não se deu com o bebê que Gertrudes trazia nos braços; nele não se notava nenhum sentimento de dor, ainda estranho a essa idade. A primeira expressão de cuidado e temor, olhar esgazeado, duro e cheio de angústia que pela primeira vez pousou sobre a mãe sem lhe sorrir, foi suficiente para trespassar--lhe o coração. Ela explodiu em soluços; as crianças e até o bebê choraram com ela e, em meio a esses gemidos e lamentos, Leonardo abriu a porta. Gertrudes, o rosto enfiado na cama, não ouviu a porta abrir-se e nem viu entrar o pai. As crianças também não se aperceberam de sua presença. Não tinham olhos senão para sua mãe banhada em lágrimas e agarravam-se a seu pescoço, braço e vestes. Foi nesse estado que os encontrou Leonardo.

Mas Deus vê do alto do céu as lágrimas dos infelizes e põe termo à sua aflição. Sobre a dor de Gertrudes estendeu-se a misericórdia divina e foi por uma dessas providências que Leonardo surpreendeu essa cena que calou em sua alma e fez tremer todos os seus membros. Um calor mortal cobriu-lhe o rosto, e apenas, apressadamente, pode articular estas palavras: "Senhor Jesus, o que há?"

E foi somente aí que a mãe e as crianças perceberam-no e acalmou-se o barulho dos prantos. "Mãezinha, eis nosso pai!" gritaram todas juntas, e até o bebê parou de chorar. Como se aquieta a torrente na floresta, ou se aplaca uma chama devastadora, assim se atenuaram a desordem e o

---

(79) Pestalozzi descreve a vida simples de uma aldeia. A figura de Gertrudes já desponta como paradigma.

pavor para dar lugar ao silêncio de uma inquietação mais refletida.

Gertrudes amava Leonardo, cuja presença lhe era um conforto mesmo no profundo e pior sofrimento. Leonardo, por sua vez, refêz-se de sua primeira emoção.

— Que significa, Gertrudes, pergunta-lhe, esta horrível desolação em que a encontro?

— Ah! meu amigo, responde-lhe, meu coração está povoado de negros cuidados e quando você não está conosco a mágoa me rói mais ainda.

— Gertrudes, interrompe Leonardo, sei por que você chora. Que miserável eu sou!

Então Gertrudes afasta os filhos. Leonardo, a cabeça apoiada no seio da esposa, não podia falar. Gertrudes também se calou por um momento, movida por uma tristeza silenciosa contra seu esposo, cujas lágrimas e soluços iam crescendo; ele gemia de angústia sobre seu peito. Enfim, reunindo todas as suas forças, ela encontrou coragem para exortá-lo a não mais expor seus filhos à miséria e desgraça. Gertrudes que era piedosa e acreditava em Deus, orou secretamente, antes de falar, por seu marido e seus filhos. Com o coração visivelmente confortado, disse:

— Leonardo, tenha confiança na misericórdia divina. Tenha coragem e volte ao bom caminho!

— Ah! Gertrudes, Gertrudes, diz Leonardo... E suas lágrimas rolavam como torrente.

— Meu querido, tenha coragem, diz Gertrudes, creia em nosso Pai Celeste, e tudo irá bem. Fazê-lo chorar parte-me o coração. Querido homem, tenho procurado ocultar-lhe minhas menores tristezas. Sabe que perto de você contento-me com pão e água e é com alegria que, em em altas horas da noite, trabalho para você e meus filhos. Mas, se eu esconder-lhe minhas apreensões, e um dia for preciso separar-me de você e destas amadas crianças, não serei mais a mãe de meus filhos, não serei mais sua esposa fiel. Meu bem-amado! nossos filhos estão ainda cheios de afeto e gratidão para conosco; mas, meu bom Leonardo, se deixarmos de ser para eles verdadeiros pais, acabar-se-

-ão, é inevitável, a ternura e bondade de seus corações, e sobre que fundar então todas as nossas esperanças [80]? Depois, reflita, meu amigo, reflita bem sobre o que sentirá, se algum dia seu pequeno Nicolau, não tendo mais casa, precisar empregar-se como criado de granja, ele que desde agora ama tanto falar da liberdade e do seu próprio teto! Leonardo! Se estes queridos filhos, reduzidos à pobreza por nossa própria negligência, tivessem um dia de não mais nos serem agradecidos em nada em seus corações e tivessem de derramar lágrimas por nossa causa, seus pais! Poderá, Leonardo, ver seu Nicolau, seu Jonas, sua Lisinha e sua Aninha rejeitados aqui e ali, procurando pão, ó meu Deus!, à mesa de estranhos? Eu morreria se visse isso [81].

Assim falou Gertrudes, as faces banhadas de lágrimas. Leonardo não chorou menos.

— Que devo fazer? Eu sou tão infeliz! Você não sabe tudo ainda. Ah! Gertrudes!

E após um novo silêncio, torcia as mãos e as lágrimas contavam bem alto todo seu pavor.

— Caro Leonardo, não se desespere da piedade divina. Fale, meu bom amigo, tenha o que tiver a dizer, e veremos juntos como sair disso [82]!

. . . .

---

(80) Reis e potentados leram essa obra de Pestalozzi. Rainhas derramaram lágrimas por ela e mesmo homens de letra saudaram o novo autor. Mas, para extremo desgosto e decepção de Pestalozzi, ninguém o encarou como um tratado de educação. Tentou remediar o erro do leitor, publicando diversos apêndices em que explicava, mais definidamente, suas idéias sobre educação. Mas, quanto mais seriamente se empenhava na tentativa, mais falhava, porque os leitores estavam mais interessados em novelas do que em reformas de educação. Frederick Eby, *op. cit.*, p. 378.

(81) Pestalozzi considera a família como a célula do organismo social. Insiste, mais que Rousseau, na sua importância. Talvez ninguém tenha mostrado como ele a significação pedagógica da família; a mãe deverá ser a grande educadora, a primeira mestra da criança e sua iniciadora na vida moral. Na casa paterna está o alicerce de toda a formação verdadeiramente humana e social.

(82) Rousseau considera que a reforma da educação implicará numa solução de problemas sociais. Pestalozzi acredita que a obra educativa

As alegrias do lar

Leonardo, o pedreiro, que tinha ido de manhã cedo ao palácio ([83]), estava agora de retorno perto de sua esposa que havia apressado o término da obra de sábado, antes que o esposo voltasse. Ela penteara as crianças, fizera-lhes as tranças, passara em revista suas roupas, limpara o pequeno quarto e, trabalhando, ensinou uma canção aos queridos filhos.

— Vocês a cantarão ao estimado pai, quando ele voltar, disse-lhes ela. E as crianças a aprenderam de bom grado para proporcionar prazer ao pai quando voltasse.

Em pleno trabalho, sem esforço, sem negligenciar nada e sem livro, elas repetiram o canto com a mãe até que o houvessem retido ([84]).

E como Leonardo voltasse, Gertrudes abraçou-o e depois pôs-se a cantar, e com ela todas as crianças:

Ó divino mensageiro,
Tu que acalmas as tristezas e penas
Ó tu, duplo conforto

---

fará, um dia, desaparecer a ignorância e a miséria do povo. Superando o liberalismo da Revolução Francesa, percebia claramente as grandes falhas de uma educação pelo Estado. É preciso fazer-nos homens para fazer-nos cidadãos.

(83) Gertrudes havia aconselhado Leonardo a procurar um tal M. Arner que haveria de protegê-lo contra as explorações de Hummel a quem devia trinta florins. Leonardo não encontrou coragem suficiente para isso e, então, Gertrudes é quem foi. Uma vez na casa do Conde Arner, este mostrou-se admirado com a simplicidade e singeleza da conduta de Gertrudes. Voltando ao lar, ela conta ao esposo a maneira amiga como foi recebida. Arner propõe-se a ajudar Leonardo. E é do palácio dele que Leonardo está voltando.

(84) Acreditando que a aprendizagem deveria ser natural, Pestalozzi opunha-se à coerção. A *intuição* é a base de todo conhecimento. O princípio da *intuição* é a observação. Então, é necessário habituar a criança a observar, uma vez que a *intuição* será tanto mais clara quanto maior número de sentidos a perceber. No método de Pestalozzi a *intuição* penetra todo o ensino. A Música aprende-se pela audição. Em suas instituições deu muita importância à Música e queria vê-la desenvolvida desde as cantigas de ninar até aos cantos nacionais.

De quem sofre duplamente,
É suficiente flutuar sem trégua
Entre a dor e a alegria!
Divina paz, ó vem, desce, desce
em meu coração.

Uma lágrima cristalizou-se nas pálpebras de Leonardo, enquanto a mãe e as crianças o acolhiam com este canto de tão calma serenidade.

— O bom Deus os abençoe, meus queridos filhos, e a você também, boa Gertrudes, disse-lhes ele, profundamente comovido.

— Ah! meu querido! respondeu-lhe Gertrudes. É o céu sobre a terra quando se procura a paz, quando se faz o bem e limitam-se os desejos.

— Este céu sobre a terra, que é a paz do coração, se eu o gozo agora neste momento, devo-o a você. Ser-lhe-ei grato até a morte por me haver salvo. E estas crianças ser--lhe-ão gratas até mesmo quando você não existir. Ó meus filhos! permaneçam sempre no caminho reto e obedeçam a sua mãe. Vocês não se arrependerão.

— Como você está de bom coração hoje!

— É que tudo vai bem com Arner.

— Deus seja louvado, meu querido!

— Mas, também, é um homem como não há outro igual. Mulher, fui muito criança em não ousar ir procurá-lo!

— Dizer que as boas idéias não nos vêm senão tarde demais. Mas conte-me, por favor, como tudo ocorreu no palácio.

. . . .

A hora da prece e suas alegrias

A mãe. — Nicolauzinho, diga-me, quem você conhece que sofre mais de fome?

Nicolauzinho. — É Rudeli, mãe! Você foi ontem à casa de seu pai. O pequeno deve quase morrer de fome, pois come as ervas da terra.

A mãe. — Gostaria, de vez em quando, de dar-lhe sua merenda?

Nicolauzinho. — Oh! sim, mãe, a partir de amanhã, quer?

A mãe. — Acho bom ([85]).

Nicolauzinho. — Que alegria!

A mãe. — E você Lisinha, a quem gostaria mais de dar aqui e ali sua merenda?

Lisinha. — Não me ocorre neste momento a quem mais gostaria de dá-la.

A mãe. — Não acode a seu espírito nenhuma criança que passe fome?

Lisinha. — Mas, sim, mãe.

A mãe. — Então, como se explica que você não saiba a quem a dar? Você perde sempre tempo nas reflexões, Lisa.

Lisinha. — Pronto! Eu sei, mãe.

A mãe. — A quem, então?

Lisinha. — A Lisbete, filha de Marcos, que mora no descampado. Eu a vi hoje, na casa do juiz, desenterrando batatas estragadas.

Nicolauzinho. — Eu também a vi, mãe. Eu remexi em todos os meus bolsos, mas não encontrei um bocado de pão. Se eu o tivesse guardado um quarto de hora mais ([86])!

---

(85) A teoria e a prática de Pestalozzi vieram de sua vontade de mudar a triste condição do povo. Naquela época, a miséria era grande: os homens viviam numa horrível degradação, mais como animais do que como homens. Isso ocorria em virtude da situação político-social feudal que ainda se mantinha na Suíça. No cantão de Zurique, 5 000 cidadãos dominavam 140 000 camponeses, considerados pouco mais do que servos. Uma minoria monopolizava as funções políticas, a indústria e o comércio. Quando a revolução na Suíça aboliu esses privilégios, a agricultura e a indústria começaram a se desenvolver, mas a pobreza, a miséria e a sujeira, devidas à ignorância e incapacidade, continuavam. Pestalozzi desejou ardentemente elevar o povo desta degradação à condição de homens. Não era tanto a pobreza que o magoava; eram a inércia e o sentimento de frustração do homem que o feriam. Frederick Eby, *op. cit.*, p. 383.

(86) Este diálogo guarda muita semelhança com a idéia central de um pensamento exposto por Rousseau: "Observai que se faz sempre a

E Gertrudes colocou a mesma questão aos outros pequenos, a fim de que todos sentissem alegria profunda na idéia de dar no dia de amanhã sua merenda às crianças pobres (87). A mãe, depois de deixá-los desfrutar por uns instantes desta satisfação, disse-lhes ainda:

— Eis mais alguma coisa sobre isso, meus filhos. Pensem também em seu bom senhor que lhes deu tão bonitos presentes.

— Ah! sim, nossas belas roupas! A senhora no-las mostrará, diga?

— Ainda não, depois da prece, respondeu a mãe.

E as crianças não se continham de alegria (88).

. . . .

A hora da prece e sua gravidade

— Que é todo esse ruído? pergunta Gertrudes. Quando acontece algo de bom, pensem sempre, em primeiro lugar, em Deus que nos dá tudo. Se vocês o fizerem, meus filhos, cada vez que tiverem alegria, saberão evitar os gritos selvagens e os tumultos. Eu também gosto de alegrar-me com vocês, queridos filhos. Mas, quando na alegria ou na tristeza não nos sabemos conter e nos deixamos levar pelo arrebatamento, não há mais calma ou equilíbrio na alma nem

---

criança dar coisas das quais ignora o valor, moedas de metal que tem no bolso, e que só servem mesmo para isso. Uma criança daria com mais facilidade cem luíses do que um pedaço de bolo. Mas instigai esse prodígio distribuidor a dar as coisas que lhe são caras, brinquedos, bombons, sua merenda e logo saberemos se o tornastes verdadeiramente liberal". *Op. cit.,* p. 97.

(87) Pestalozzi preocupou-se sobremaneira com os pobres. A educação, para ele, é obra de caridade. Entregou-se à missão de arrancar o indivíduo da miséria, para vê-lo crescer e desabrochar.

(88) Na carreira pedagógica de Pestalozzi aparecem vívidos dois traços: o amor ao próximo e a idéia de que a problemática social é questão de educação, de formação moral, de consciência e de amor ao semelhante.

repouso no coração. E sem um coração tranqüilo, sem calma e serenidade, não há felicidade. Eis por que devemos sempre voltar nossos olhos para Deus. E é para que vocês jamais se esqueçam disto que foi instituída a prece da manhã e da tarde. Um homem que ora e rende graças a Deus, não se abandona nunca a uma alegria degradante, e encontra sempre alguma consolação em seus cuidados ([89]). Mas é preciso para isso que nos esforcemos em permanecer calmos e tranqüilos, notadamente na hora da prece. Vejam, por exemplo: quando vocês vêm dar a seu pai um grande agradecimento, não soltam gritos de alegria nem fazem nenhuma algazarra. Vocês saltam-lhe ao pescoço, simplesmente, sem muitas palavras e se tiverem a coisa bem no coração, talvez mesmo brotem lágrimas de seus olhos ([90]). Pois bem! Vejam, meus filhos, acontece o mesmo para com Deus. Quando o bem que Ele lhes faz lhes causa grande alegria, e vocês sentem grande desejo de agradecer-Lhe de todo coração, não vão certamente aturdir-se com gritos e palavras vãs, mas se sentirão penetrados até às lágrimas da grande bondade de seu Pai que está no céu. Vejam, meus filhos, se a.prece tem um sentido, é o de sempre conservar em nosso coração o reconhecimento para com Deus e os homens, e quando se ora como é preciso, não se deixa de fazer o bem, e isto é sempre amado por Deus e pelos homens.

Nicolauzinho. — E há também M. Arner que nos amará bastante se tivermos uma boa conduta, a senhora nos disse ontem!

---

(89) A educação religiosa e a educação moral, que para Pestalozzi seriam uma só coisa, processar-se-iam pela formação de bons sentimentos capazes de conduzir, por si sós, o homem a praticar o bem e a evitar o mal. A religião era meramente sentimental, como a de Rousseau. Separou-se deste, porém, ao fazer da religião e da fé o fundamento da educação. Porém, nada de ensino dogmático nem de forma literal; despertar apenas na alma um sentimento religioso sincero e profundo à moda do vigário saboiano.

(90) Também aqui se pode fazer uma comparação entre esta passagem com outro pensamento de Rousseau: "...o enternecimento e as lágrimas acompanham os gozos mais doces e a alegria excessiva, ela própria, antes arranca lágrimas que gritos". *Op. cit.*, p. 271.

A mãe. — Sim, meus filhos. É um bom e leal senhor. Deus restitui-lhe todo o bem que nos faz. Esforce-se, meu Nicolauzinho, por conseguir um dia toda a sua afeição!

Nicolauzinho. — Eu farei tudo que lhe agrade, e eu lhe obedecerei como à senhora e meu pai, desde que isso seja bom.

A mãe. — Que bonito, Nicolauzinho. Permaneça sempre nessa disposição e pode estar certo de que ele o amará muito.

Nicolauzinho. — Se eu pudesse falar-lhe uma única vez!

A mãe. — O que você iria dizer-lhe?

Nicolauzinho. — Eu lhe diria obrigado pelas boas moedas que me deu.

Aninha. — E você ousaria dizer-lhe obrigado?

Nicolauzinho. — Por que não?

Aninha. — Eu não ousaria.

Lisa. — Nem eu.

A mãe. — Por que não, meus filhos?

Lisa. — Não poderia deixar de rir!

A mãe. — Como, rir? Lisinha! Não saberia senão "bancar" a pateta e previne-nos de tudo ainda! Se você não tivesse estas tolices na cabeça, não lhe ocorreriam semelhantes idéias.

Aninha. — Eu não riria, mas teria medo.

A mãe. — Ele a tomaria pela mão, Aninha, e dar-lhe-ia um doce sorriso, como seu pai quando está bem disposto com você. E então, não teria medo, não é, Aninha?

Aninha. — Oh! assim, não!

Jonas. — Eu também não.

> (Pestalozzi, *Léonard et Gertrude*, I, Boudry-Neuchâtel Editions de la Bacconière, 1947, pp. 17 a 20, 63 a 66, 132 a 135.)

BIBLIOGRAFIA

1. AYRES BELLO, Rui de — *Pequena História da Educação*, São Paulo, Editora do Brasil S/A, 1957.
2. DE HOVRE, Fr. — *Ensaio de Filosofia Pedagógica*, trad. bras., São Paulo, Companhia Editora Nacional, 1969.
3. EBY, Frederick — *História da Educação Moderna*, trad. bras., Porto Alegre, Editora Globo S.A., 1962.
4. *Grandes Educadores*, Porto Alegre, Livraria Globo S. A., 1949. Conteúdo: *Platão*, por Cruz Costa; *Rousseau*, por Ruy Ayres Bello; *D. Bosco*, por Antônio D'Ávila; *Claparède*, por J. B. Damasco Penna.
5. HUBERT, René — *História da Pedagogia*, trad. bras., São Paulo, Companhia Editora Nacional, 1957.
6. LARROYO, Francisco — *História General de la Pedagogia*. 10.ª ed. México, Editorial Porrúa, 1967.
7. LEIF, J. e RUSTIN, G. — *Pedagogia Geral Pelo Estudo das Doutrinas Pedagógicas*, trad. bras., São Paulo, Companhia Editora Nacional, 1960.
8. LUZURIAGA, Lorenzo — *História da Educação e da Pedagogia*, trad. bras., São Paulo, Companhia Editora Nacional, 1955.
9. MONROE, Paulo — *História da Educação*, trad. bras., 6.ª ed. São Paulo, Companhia Editora Nacional, 1958.
10. MOUSNIER, Roland e LABROUSSE, Ernest — *O Século XVIII*, Tomo V, trad. bras., São Paulo, Difusão Européia do Livro, 1957.
11. PESTALOZZI — *Léonard et Gertrude*, I, Boudry-Neuchâtel, Editions de la Baconnière, 1947.
12. *Programa da Escola Primária do Estado de São Paulo*, Secretaria da Educação, 1969.
13. RIBOULET L. — *História da Pedagogia*, trad. bras., São Paulo, Livraria Francisco Alves, 1951.
14. ROBESPIERRE — *Textes choisis*, tome deuxième, Paris, Editions Sociales, 1957.
15. ROUSSEAU, Jean-Jacques — *Emile ou De L'Education*, Paris, Editions Garnier, 1951.
16. VIAL, Francisque — *La Doctrina Educativa de J. J. Rousseau*, trad. esp., 2.ª ed. Barcelona, Editorial Labor, S. A., 1937.

CAPÍTULO VIII

EDUCAÇÃO NO SÉCULO XIX

ENTENDIMENTO HISTÓRICO

Os progressos verificados no mundo, a partir do século XIX até nossos dias, produziram mais mudanças que em muitos milênios do passado.

A organização do trabalho científico foi-se aperfeiçoando cada vez mais. Ao racionalismo de Descartes que construía por intuição do espírito, sucedeu um racionalismo experimental. O racionalismo fundamentou-se na indução matemática. Stuart Mill, através de dados comprobatórios, codificou as regras de verificação; Claude Bernard pôs a Matemática a serviço da experiência; Marx propôs uma concepção dinâmica do mundo que se aplicou ao comportamento dos homens. Dentre os progressos científicos e técnicos apontam-se os correlacionados com a termodinâmica, a liquefação do gás, a telegrafia elétrica, a microbiologia, a doutrina da evolução dos seres, etc.

A literatura adquiriu notoriedade com Gustave Flaubert, Emile Zola e Honoré de Balzac, na França; com Leon Tolstoi, na Rússia; com Walter Scott e Charles Dickens, na Inglaterra. A música desenvolveu-se na Alemanha com Wagner; na França com Gounod e Bizet; na Itália com Rossini, Verdi e Puccini.

Como em todas as épocas pretéritas, a educação no século XIX esteve ligada a ocorrências políticas e sociais. O crescente poder do proletariado motivou, entre outras causas, a acentuada tendência em prol das classes populares. A participação do povo na vida política acentuou a inclinação separatista entre escola e Igreja, que já se manifestara na Revolução Francesa.

Graças à influência de Rousseau, que havia insistido na necessidade de basear o processo educativo nas peculiaridades da mente infantil, começam os pedagogos do século XIX a se inclinar para o estudo sistemático da natureza da criança como ponto de partida para o desenvolvimento de suas teorias e práticas educativas. Essa preocupação aparece, sobretudo, em Pestalozzi e em seus discípulos: Herbart e Froebel. Ambos seguiram as idéias pedagógicas do mestre como ponto de partida para a elaboração de um sistema pedagógico próprio; isso porque a doutrina de Pestalozzi era mais prática e sentimental em comparação com as de Herbart e Froebel, mais filosóficas e sistemáticas.

O último acontecimento notável no campo da teoria educativa do século XIX é representado pela *pedagogia experimental,* científica ou exata. Em sua origem acha-se, de um lado, a influência do *positivismo,* representado por Augusto Comte, e do *evolucionismo,* representado por Herbert Spencer, ambos com seu intento de excluir da ciência tudo quanto não se fundamenta na *experimentação;* de outro lado, o nascimento da *psicologia experimental.*

O leitor encontrará neste capítulo textos de alguns significativos representantes deste período: Herbart, Froebel e Spencer (1).

REPRESENTANTES

A. *JOHANN FRIEDRICH HERBART.* (1776-1841).

1. *Notícias sobre o autor.* Filósofo alemão, nascido em Oldenburg. É considerado o fundador da Psicologia Científica. Seu pai foi um advogado que ascendeu à categoria de conselheiro. Sua mãe era uma mulher bela e culta que cuidou da educação do filho com muito carinho e cuidado especial.

Dos doze aos dezoitos anos, Herbart cursou o ginásio de sua terra natal, onde se diplomou com méritos. Terminado o curso secundário, seu pai enviou-o para a Universidade de Jena a fim de preparar-se para a prática do Direito. Nessa época foi discípulo de Fichte.

Aos vinte e um anos, Herbart realiza sua primeira experiência pedagógica como professor particular na casa dos Steiger, em Berna, na Suíça. Foi nessa ocasião que conheceu Pestalozzi, a quem visitou em Burgdorf, em 1799. Em princípio de 1800 Herbart dirigiu-se para Bremen, na fazenda de seu amigo J. Smidt.

Em 1802 doutorou-se em Göttingen com uma série de teses que o revelam pensador consumado e de idéias amadurecidas. Destas teses, três tratavam de Pedagogia: a arte da educação não se baseia só na experiência; a Poesia e a Matemática são as forças principais da educação da criança; o ensino deve começar com o Grego.

Em 1805 ocupou a cátedra na Universidade de Göttingen. Em 1809 sucede a Kant na cátedra de Filosofia da Universidade de Königsberg, onde permaneceu durante um quarto de século, lecionando e escrevendo. Em 1833 aceitou um chamado para lecionar em Göttingen. Nesta cidade permaneceu até a morte, ocorrida em 14 de agosto de 1841. Três dias antes, havia dado aula ainda, com muita disposição e alegria.

Poder-se-ia discorrer, dentro da doutrina de Herbart, sobre sua Metafísica, sua Psicologia, sua Estética, sua Ética e sua Pedagogia. Entretanto, a explanação, dentro deste contexto, ficaria muito longa

---

(1) Outros movimentos educacionais importantes aparecem ainda no século XIX, tais como: *a pedagogia católica,* liderada por Newmann e Willmann e *o feminismo,* ou seja, a corrente social disposta a reconhecer capacidades e direitos da mulher, até então reservados apenas aos homens.

e desviada de seus objetivos. Por esta razão, será relembrada, resumidamente, apenas a parte de sua doutrina que diz respeito à Pedagogia (2).

Para Herbart, a Pedagogia como ciência depende da Moral e da Psicologia. Suas concepções pedagógicas podem ser assim esquematizadas:

1.º No princípio da existência, o espírito é desprovido de toda faculdade. A máquina espiritual passa a ser composta pelas "representações", formadas pelas percepções e idéias que vêm do exterior.

Tais representações, por seus agrupamentos, edificam, paulatinamente, a sensibilidade, a inteligência e a vontade. As representações que são da mesma natureza formam uma *fusão;* as que são diferentes formam um *complexo;* as que são contrárias se repelem. As fusões e os complexos explicam todos os fatos intelectuais: memória, imaginação, abstração, juízos, raciocínios, sentimentos, volições.

A vida psíquica é constituída essencialmente pelo jogo das representações. As experiências pretéritas servem de alicerce à aquisição de novas experiências. Elas são as "massas aperceptivas". A assimilação dos conhecimentos novos por meio dos conhecimentos antigos, chama-se "apercepção".

2.º A educação realiza-se pela instrução. Por intermédio desta podem ser alcançados os fins da educação que são: a) necessários — o fim necessário é a *moralidade* que será conquistada através da educação do caráter; b) contingentes — esses fins não se podem prever, de forma que se deve preparar o educando para os mesmos, mediante o desenvolvimento da capacidade de natureza física e intelectual. Condição básica dessa preparação: a saúde corporal e espiritual.

3.º A melhor maneira de promover a formação moral e intelectual do educando é despertar seu "interesse múltiplo", quer dizer, ampliar o horizonte mental à maior quantidade possível de idéias e sugestões.

4.º O ensino deverá percorrer os seguintes "passos formais": preparação, apresentação, associação, generalização e aplicação.

Podem ser citadas as seguintes obras de sua autoria: *Primeiras Lições de Pedagogia* (1802); *A Idéia do ABC da Intuição de Pestalozzi* (1802-1804); *Pedagogia Geral* (1806); *Esboço de Lições Pedagógicas* (1835); *Aforismos Pedagógicos,* obra póstuma, etc.

Para estudo desse autor foram escolhidas algumas páginas do *Esboço.*

---

(2) Quem se interessar por um estudo mais aprofundado de Herbart poderá ler a excelente monografia de Theodor Fritzsch, *Juan Frederico Herbart,* trad. esp., Barcelona, Editorial Labor, S. A., 1932.

2. *Esboço de lições pedagógicas.* Esta obra foi escrita com a finalidade de completar sua *Pedagogia Geral.* Pode ser considerada uma espécie de breviário do professor.

Entre os vários assuntos tratados, Herbart aborda o governo das crianças, a finalidade do ensino, as condições para um ensino variado, as classes principais de interesse, a disciplina, as relações entre a disciplina e o ensino, a finalidade da disciplina, as diferenças de caráter, as diferenças morais, os meios auxiliares de disciplina. Dá ainda uma visão panorâmica da Pedagogia de acordo com as diferentes idades.

3. *Elementos para o comentário do texto.* Foram traduzidos alguns parágrafos da obra concernentes à evolução do ser humano. O texto referir-se-á ao desenvolvimento do indivíduo, desde o seu nascimento, até a adolescência que correspondem, dentro do *Esboço,* aos quatro capítulos do parágrafo intitulado "Vista panorâmica da Pedagogia de acôrdo com as diversas idades".

Acredita-se que, com isso, possa se dar uma visão mais ou menos completa da Psicologia herbartiana.

4. TEXTO.

Vista panorâmica da Pedagogia de acordo com as diversas idades

Capítulo primeiro
Os três primeiros anos
§ 196

Nos primeiros anos, a vida ainda é muito frágil. Não admira, por isso, que, nesta fase, os cuidados para com o corpo (dos quais não se tratará mais detalhadamente aqui) estejam em primeiro plano [3]. Conforme a saúde de que o educando goza haverá grandes diferenças quanto ao tempo disponível para a formação do espírito [4]. Mas mesmo sendo reduzido, esse tempo não deixa de ter sua importância para a educação, visto que os primeiros anos de vida se caracterizam por uma grande receptividade e sensibilidade [5].

---

(3) Herbart considera a saúde a condição primordial da educação.

(4) A saúde sempre em primeiro lugar; a formação do espírito em segundo. O fundamento de toda disposição é a saúde corporal.

(5) Para Herbart, "a vida mental é uma unidade orgânica, cuja atividade fundamental é um processo de autopreservação. Página em bran-

§ 197

Nas horas em que a criança, por sua própria vontade, está plenamente desperta, aproveite-se sempre o tempo para fazê-la trabalhar com seus sentidos. Nada, contudo, seja-lhe imposto. Impressões fortes devem ser evitadas a todo custo. Também mudanças bruscas. Para despertar novamente a atenção já fatigada bastam, muitas vezes, mudanças suaves. É desejável que as percepções que afetam olhos e ouvidos sejam mais ou menos completas, a fim de que esses sentidos sejam exercitados na mesma medida e em toda a sua extensão.

§ 198

Que também a vivacidade própria das crianças tenha oportunidade de se expandir, sem naturalmente as prejudicar. Antes de tudo, para que se possam exercitar no uso de seus membros, mas também para que, por experiências próprias, possam progredir na observação das coisas e de suas respectivas mudanças.

§ 199

Que se evitem a todo custo quaisquer impressões de má e repugnante qualidade atinentes a pessoas humanas. A ninguém seja permitido tratar crianças como se fossem brinquedos.

§ 200

De outro lado, contudo, ninguém se deve deixar dominar pela criança, principalmente quando esta reage com impetuosidade. Disso resultaria infalìvelmente teimosia que, aliás, em se tratando de crianças doentias, é praticamente

---

co ao nascer, ela é dotada de um poder apenas; o de entrar em relação com o ambiente através da influência do sistema nervoso. A nossa experiência se compõe de perturbações causadas pelo contacto com o mundo exterior, e de reações subjetivas que desse contacto resultam e que são os elementos mentais as representações (*Vorstellungen*, idéias e percepções) das várias qualidades que agem sobre a mente. Desta forma, Herbart substitui o elemento sensorial, dos empiristas ingleses, por um elemento ideacional." Noemy S. Rudolfer, *Introdução à Psicologia Educacional*, 2.ª ed. São Paulo, Companhia Editora Nacional, 1961, p. 52.

inevitável por causa da atenção que necessariamente se deve dar às manifestações de seus sofrimentos.

§ 201

A criança deve ter, constantemente, conhecimento da superioridade do adulto e de seu próprio desamparo. A obediência, que é indispensável, baseia-se nisto. Suposto um tratamento coerente, pessoas que constantemente convivem com a criança conseguem mais facilmente a sua sujeição do que aquelas que têm somente contatos esporádicos com ela. À criança exaltada deve-se conceder tempo suficiente para se recompor, a não ser que circunstâncias prementes exijam outras coisas.

§ 202

Somente, raras vezes, se recorra à violência para incutir medo. Este é necessário exclusivamente enquanto, em casos extremos, visa a garantir o efeito de uma ameaça ou controlar a vivacidade excessiva da criança. É mister que as crianças já desde cedo sejam tratadas com firmeza para evitar que, mais tarde, se deva recorrer a uma severidade excessiva ([6]).

§ 203

A formação da fala da criança exige já desde muito cedo sérios cuidados para impedir que se arraíguem falsos costumes e desleixo. Caso contrário causam mais tarde muita perda de tempo e grande aborrecimento. Deve-se a todo custo evitar formas artificiais de expressão cujo sentido ultrapassa o horizonte mental da criança.

Capítulo segundo

Do quarto ao oitavo ano

§ 204

Não é propriamente o número de anos que marca o limite entre as várias fases, mas a cessação de falta de habilidade

---

(6) Está claro que, em geral, não recomenda os castigos. Porém, não os desterra completamente.

inicial e o uso coordenado dos membros e da língua.
Agora a própria criança já é capaz de se livrar de certo
mal-estar. E disso resulta naturalmente mais segurança e
mais alegria.

§ 205

Na mesma medida em que aumenta, na própria criança,
a capacidade da auto-ajuda, deve diminuir a ajuda pro-
vinda de fora. É preciso, contudo, que ao mesmo tempo
as crianças sejam tratadas com mais firmeza e, em certos
casos, até com severidade para que desapareçam também
os últimos vestígios de teimosia que não se logrou evitar
completamente nos anos anteriores. Não se deve, porém,
provocar a criança sem necessidade. Quanto mais ordem
firmemente estabelecida houver em torno da criança, mais
fácil ser-lhe-á a sujeição ([7]).

§ 206

É preciso que se dê tanta liberdade à criança quanto as
circunstâncias exigem. Ela deve ter a possibilidade de
se manifestar abertamente e de estudar a sua própria individualidade. O principal, nestes anos, consiste em não
permitir que criem maus hábitos mormente tais que têm
sua raiz numa mentalidade repreensível.

§ 207

Que se levem em consideração, neste caso, principalmente
dois conceitos práticos, embora o sejam de uma maneira
diferente: o do querer bem e o da perfeição. Uma ou outra
idéia concernente ao último a criança quase sempre forma
por si mesma. O conceito de benquerença, contudo, adqui-
re-se com menos facilidade. Este deve ser transmitido e
isto nem sempre é possível de uma maneira imediata.

---

(7) Herbart acha que a disciplina deve ser severa, porém levando
a criança a operar segundo determinadas normas de conduta. A disciplina
não deverá, de forma alguma, insensibilizar a criança. *Diccionario de
Pedagogia,* I, direc. de Luís S. Sarto, Barcelona, Editorial Labor, S. A.,
s/d., p. 1558.

§ 208

As manifestações de querer mal aos outros, encontráveis em tantas crianças, são, sem dúvida, um mau sinal e devem ser tomadas a sério, pois um caráter uma vez corrompido sob este ponto de vista, dificilmente se sujeita a uma correção fundamental. E a corrupção, por vezes, já começa cedo. Nesses casos deve-se fazer o seguinte:

§ 209

Antes de tudo, não se deve deixar as crianças mais novas muito a sós. Que todos os hábitos de vida se desenvolvam dentro da sociedade e, no círculo social, em que elas se movimentam, reine uma ordem severa. As manifestações de malquerença transformam-se assim em algo fora de regra e no momento em que elas surgem a criança infratora tem toda a ordem reinante contra si. Quanto mais uma criança se acostuma a se sujeitar a uma vontade comum e a se ocupar neste seu ambiente, participando de suas alegrias, tanto menos ela, por sua vez, se sentirá atraída para uma vida solitária. Que se deixe a sós a quem procura o mal e ele já está castigado.

§ 210

Tal castigo, porém, supõe a sensibilidade de uma criança ainda nova, de uma criança que chora, que não é capaz de se ajudar a si mesma, que se sente fraca quando deixada a sós e que imediatamente após a reintegração em seu grupo torna a se sentir bem. Houve, contudo, desleixo nesta fase e o malevolente já tem todo o grupo contra si, o mesmo em que ele poderia ter vivido em paz; segue-se amargura. A última coisa que então ainda se pode fazer é insistir com toda a severidade no que é direito.

§ 211

O espírito de sociabilidade, no entanto, que exclusivamente combate a malquerença não é ainda a verdadeira benquerença, e até mesmo as descrições dessa benquerença, comumente encontráveis na literatura infantil, não escapam ao perigo de surtirem nenhum efeito porque, muitas vezes,

250

são simplesmente consideradas como fábulas inventadas. Neste caso, importa, antes de tudo, constatar se se acredita no querer bem aos outros, principalmente em se tratando de crianças que, pela educação que receberam, foram alvo de incessantes benefícios, mas que, agora, tendo-se simplesmente acostumado a eles, não experimentam mais seu verdadeiro valor. A elas deve-se subtrair temporariamente um pouco de seu desvêlo habitual. Renovando-o então, a criança aprenderá a avaliá-lo e a reconhecê-lo como algo que livremente pode ser dado e subtraído. A criança que considera como débito ou simples efeito de um maquinismo qualquer o serviço que lhe é prestado, está equivocada e, se este equívoco não for corrigido, constituir-se-á numa fonte de juízos morais os mais variados possíveis.

§ 212

À indispensável severidade deve-se juntar a bondade, e à bondade ainda a amabilidade suposto que não se queira arrefecer o coração da criança e matar as sementes da benquerença. Na fase de que falamos aqui, as disposições da criança dependem ainda por completo do tratamento que recebe e a falta prolongada de amabilidade é capaz de levá-lo ao embotamento.

É outra questão naturalmente, se é possível realizar a dupla tarefa, a de dar destaque especial à idéia de benquerença e a de despertar boas disposições, já na idade da infância. Contudo já se ganhou muito quando se conseguiu unir ao sentimento de participação, que, por sua vez, se apóia nas alegrias desfrutadas em comum, a fé na benevolência daqueles dos quais a criança depende, como de seus superiores. Assim também a formação religiosa terá seu fundamento garantido e poderá contribuir para um autêntico desenvolvimento.

§ 213

O conceito de perfeição, quanto ao seu significado geral, sem dúvida, é tão pouco acessível à criança como o da benquerença. Algo deste conceito, porém, ela é capaz de aprender. Do mesmo modo como a criança cresce e prospera, desenvolvem-se também suas forças e habilidades e,

251

neste desenvolvimento, a própria criança se compraz. Existem quanto a isto, no entanto, grandes diferenças de modo e grau que não podem ser ignoradas principalmente por causas do ensino que já agora, em parte sinteticamente, em parte analiticamente, é administrado e que, embora não seja feito isto com regularidade, perfaz a ocupação principal da criança.

§ 214

Na medida em que o círculo que a criança se movimenta aumenta e a criança, por empreendimentos próprios, se torna mais experimentada e a isto ainda acresce a orientação consciente, aliás, muitas vezes, extremamente necessária, por parte do educador, sobrepõe-se naturalmente na criança a experiência adquirida às antigas fantasias, embora numa proporção muito diversa de indivíduo para indivíduo. Do desejo de se apropriar de coisas sempre novas provêm também agora as freqüentes perguntas das crianças. Estas perguntas supõem, em geral, ser o educador onisciente e, na maioria dos casos, elas são simplesmente produto de um capricho momentâneo. Muitas vezes, quando não respondidas de imediato não retornam mais. Uma boa parte delas refere-se simplesmente a palavras e facilmente podem ser eliminadas pela indicação do objeto respectivo. Outras dizem respeito ao relacionamento de certos acontecimentos, principalmente a finalidades visadas por esta ou aquela ação humana, sem distinguir se se tratam de pessoas reais ou fictícias. Embora muitas perguntas não possam ser respondidas e outras nem o devam, deve-se de um modo geral encorajar a criança a fazê-las sempre de novo, pois nelas se oculta uma sede de saber cuja ausência o educador mais tarde, muitas vezes, dolorosamente deplora e que então arte nenhuma conseguirá ressuscitar. Oferece-se aqui a oportunidade de dar um encaminhamento a muitas coisas que, no futuro, devem servir de fundamento ao ensino. Que a resposta, no entanto, não leve ainda a minuciosidades inoportunas. O educador deve tentar navegar nas ondas do capricho infantil que comumente não permite grandes experiências, fazendo até muitas vezes pulos inadequados.

§ 215

Enquanto ainda não houver aulas destinadas ao ensino analítico, que tem por fim específico responder às perguntas
formuladas pela criança, a função deste é preenchida pela
orientação, pela convivência e pelas múltiplas ocupações da
criança como também pelos hábitos, pelo enrobustecimento,
pelos juízos morais e pelas primeiríssimas impressões religiosas delas resultantes. E em parte também pelos exercícios
de leitura.

§ 216

Os primeiros inícios do ensino sintético como o ler, o escrever, o fazer contas, o que há de mais fácil na arte de combinar ([8]) e os primeiros exercícios de intuição têm lugar nos
últimos anos desta fase; e isto até mesmo se a criança ainda
não for capaz de se concentrar por uma hora inteira. Que
a gente então se contente com um período mais reduzido.
Mais importante é o grau de atenção do que a maior ou
menor extensão do espaço de tempo.

Note-se a diferença entre as matérias aqui mencionadas.
O contar, o combinar e o intuir fazem parte do desenvolvimento natural do espírito, desenvolvimento este que o ensino
por si não é capaz de produzir ([9]). A única coisa que o ensino
pode fazer é acelerar o desenvolvimento. Por essa razão,
o método de ensino nesta fase deve ser tão analítico quanto possível, fora o ler e escrever que podem ser ensinados
sinteticamente, tendo precedido, é claro, uma devida análise
dos sons da fala.

---

(8) Segundo Herbart, o ensino será *narrativo, analítico* e *sintético.*
Nenhum desses processos deverá desaparecer do ensino; combinam-se
e vivificam-se mutuamente. A forma *descritiva* quadra sobretudo no início da vida escolar. Os resultados serão excelentes se o professor souber descrever e narrar como o que exige a arte da palavra, vocabulário
apropriado, etc. A *análise* vem em seguida para fazer o inventário das
representações; decompõe os conhecimentos nos seus elementos cujas qualidades dá a conhecer. Chega-se a esse resultado pela leitura e conversação. O ensino *sintético* completa a educação do pensamento. Vai do
simples ao composto, através da associação e comparação. O campo desse
ensino é imenso. Riboulet, *História da Pedagogia,* trad. bras., São Paulo, Livraria Francisco Alves, 1951, p. 535.

(9) Herbart recebeu grande influxo de Pestalozzi. Ambos tomaram
a intuição como ponto de partida no ensino.

1. Os exercícios de combinação, não raras vezes injustamente negligenciados, fazem parte dos exercícios mais fáceis. Para as crianças, de um modo especial, eles facilitam muitas coisas. O início da arte de combinação consiste em modificar a posição que dois objetos têm em relação a si mesmos, passando, por exemplo, o objeto da direita para a esquerda, ou o de trás para frente, ou o de cima para baixo. O seguinte passo consiste em saber que três coisas postas na mesma linha podem ocupar seis lugares diferentes. E quantos pares podem-se fazer com um certo número de coisas? Essa é uma das perguntas mais fáceis. Cabe depois às circunstâncias determinar até que ponto se progrediu nesses exercícios. O principal é que, nesses exercícios, se façam mudanças de posição, que se recorram a combinações e variações das mais diversas, utilizando-se ainda não de letras mas de objetos e das próprias crianças. E que tudo isso seja aprendido mais ou menos brincando.

2. Para os primeiros exercícios de intuição servem linhas retas que se cortam vertical ou obliquamente (ou também agulhas de tricô que pelas diversas posições em que se encontram cruzam-se de muitos modos). Além disso, podem-se usar pedras do jogo de damas ou coisas semelhantes; e afinal, o círculo com suas múltiplas divisões e representações.

3. Também a Aritmética precisa de coisas sensíveis, por exemplo, de moedas que, contadas e postas em posições diversas, ilustram o que vem a ser uma soma, uma diferença e um produto; inicialmente, só em números pequenos, mais ou menos de dez a vinte.

4. Para a leitura servem letras e números, escritos em papelão, que se podem ajuntar de maneira diversa. Se surgirem dificuldades na aprendizagem da leitura, o que é bem possível, não se deve, por causa disso, negligenciar a formação do espírito. A primeira condição desta não é saber ler, aprendizagem que, muitas vezes, exige paciência e que jamais deveria criar nas crianças uma aversão pela leitura e mesmo pelos professores.

5. O simples desenho leva à escrita que deve estar vinculada aos primeiros exercícios de intuição. Então a própria escrita mais tarde favorecerá a leitura.

§ 217

Muitos indivíduos, contudo, já ficam para trás nesta altura. No início, estranham abertamente que possam esperar deles o empenho em algo tão enjoado como o aprender e mais tarde se comprazem em seus sentimentos de incapacidade. Um pouco mais se consegue em escolas em que alguns estão sempre à frente e a grande maioria vai na onda, não propriamente por ter compreendido a conexão íntima existente entre as idéias, mas mais por imitação. Mas também neste caso há sempre ainda os eternamente atrasados que se deixam vencer pela má disposição atinente ao aprender.

Capítulo terceiro

Pré-adolescência

§ 218

O que distingue a pré-adolescência da infância, suposto que se possa traçar um tal limite entre esta e aquela fase, é o seguinte: o pré-adolescente, convencido de conhecer suficientemente seu círculo de experiências mais próximo, quando sozinho gosta de afastar-se dos adultos. A partir daquilo que sabe por própria experiência sente-se capaz de dirigir seu olhar para distâncias ilimitadas e em todas as direções. A criança, ao contrário, sente-se insegura quando deixada a sós. A tarefa do adulto agora consiste em se deixar levar pelo pré-adolescente e em refreá-lo simultaneamente, em distribuir o seu tempo, em moderar os desejos de sua confiança e tudo isto, antes de mais nada, porque o púbere ainda desconhece a timidez pela qual o rapaz se torna homem. O que distingue o pré-adolescente do adolescente é a sua falta de metas determinadas. O pré-adolescente vive brincando e despreocupadamente vive ao léu. Sonha com uma virilidade que tem sua maior força na arbitrariedade. Esta vida, aliás, levada à brincadeira continua por muito tempo a não ser que seja artificializada. Essa também é a razão por que não se deve ainda dispensar no ensino, por completo, a parte sensível, mesmo se já foram feitos bons progressos na linha científica. As bases não devem vacilar ([10]).

§ 219

Evitar que se feche prematuramente o horizonte mental da criança, é esta a tarefa do ensino. É verdade: a maior parte da aprendizagem, mesmo sendo múltipla como é, realiza-se pela compreensão das palavras. Valendo-se de seu cabedal intelectual já armazenado, é o próprio aluno que dá um sentido às palavras. Daí se vê que o material da imaginação já está em grande parte presente. A única coisa que o ensino pode fazer é dar-lhe novas formas. E isto deve ser feito enquanto o material ainda for de fácil movimentação, uma vez que mais tarde já apresenta contornos mais firmes.

§ 220

Assim como se diferenciam moças e rapazes há também diferenças de indivíduo para indivíduo e de acordo com elas deveria realizar-se também o ensino variado quanto às matérias a serem ensinadas e quanto ao método a ser usado ([11]). Em vez disso, contudo, a família faz prevalecer o seu interesse de estado. É ela que pretende determinar de quanta instrução o pré-adolescente tem necessidade.

---

(10) Herbart acreditava, como Locke e Pestalozzi, que a experiência começa com a percepção sensorial dos objetos. Antes de começar a educação formal a criança acumula muito de sua experiência sensorial. A mente do educando deverá elevar-se do plano sensorial do concreto para o plano mais alto do conhecimento científico; da sensação e percepção para o conceito, julgamento e raciocínio.

(11) Alguns pontos capitais da teoria herbartiana sobre a *individualidade da criança* podem ser assim esquematizados: a) a individualidade da criança representa o estado natural da mesma, e isto é a causa de sua justificação; b) tudo que se opõe à natureza não deixa marcas profundas e duradouras; c) é necessário observar cuidadosamente a individualidade da criança; d) a individualidade da criança pode servir como ponto de conexão mais seguro para toda instrução e educação; e) não se deve exagerar na apreciação das disposições e particularidades da criança, pois todas têm defeitos e debilidades; f) a individualidade da criança deve alargar-se para uma finalidade moralmente estimável. Theodor Fritzsch, *op. cit.*, pp. 134 a 138.

Do ponto de vista pedagógico, cada estudo exige uma atividade espiritual adequada. Essa atividade para obter bons resultados deve-se, em parte, adaptar ao estado geral do indivíduo e não ultrapassar, por exemplo, as suas capacidades ou ativá-las prematuramente ([12]).

São, contudo, erradas conclusões como estas: há relação objetiva entre este estudo e aquele, e entre aquele e um terceiro, e entre o terceiro e um quarto, e quem portanto, faz o primeiro também deve fazer o segundo, terceiro e quarto. Essa conclusão vale para sábios que, já faz tempo, ultrapassaram as questões preliminares da Pedagogia e, mesmo neste caso, aplica-se somente a especialistas em sua matéria. Com as normas psicológicas, contudo, que devem reger a educação, isto nada tem a ver. Acontece sobejas vezes de certos cabedais de conhecimento, mesmo estando suas partes numa relação íntima e exata, ficarem simplesmente isolados. Não aproveita então ao indivíduo ter somente iniciado, partindo de vários pontos diferentes, um grande tecido de sabedoria.

Diferente, no entanto, é o caso quando certos estudos servem de preparação para o aprofundamento de estudos anteriores. Aqui vale a conclusão: quem não é capaz de se apoderar daquelas, também não é capaz de se apoderar destas.

§ 221

O exame das capacidades juvenis requer também que nos primeiros anos de ensino se empregue o método certo e, ao mesmo tempo, isto é óbvio, que o comportamento pessoal do professor seja adequado e não repulsivo. Somente assim se evita o perigo de inculpar a falta de capacidade em vez de inculpar os métodos errados.

Outro problema são os raros casos de desenvolvimento tardio. É difícil encaminhá-los para uma solução satisfatória a não ser que se trate de falhas que dizem respeito ao fisiológico, à socialização ou a mudanças de métodos de ensino, falhas essas cuja eliminação ao menos se pode

---

(12) Todos devem receber uma educação que se ajuste às suas aptidões.

tentar. Porém, o progresso que no início pode ser bastante acentuado somente então será deveras positivo se a ele se ajunta uma dinâmica colaboração própria.

§ 222

Voltando aos princípios morais ([13]), mencionamos aqui de maneira especial os conceitos do direito e da eqüidade. Como esses nascem da reflexão sobre as relações intra-humanas, nos primeiros anos, são pouco acessíveis às crianças, uma vez que na família sempre são obrigadas à subordinação. O pré-adolescente, ao contrário, vive mais entre iguais e as repreensões necessárias nem sempre se realizam tão depressa que não deixem tempo para a própria reflexão. Não raras vezes deparam-se em ambientes juvenis com fenômenos como adesões voluntárias, cotação pessoal e mesmo usurpação do poder. O que agora, sem dúvida, se exige dos educadores é que sejam esclarecidos os conceitos e que, além disso, haja disciplina e ordem, mas também que o próprio ensino chame a atenção para situações semelhantes e as apresente para uma análise imparcial. Que para tanto o ensino se valha dos ensinamentos da Poesia e da História.

§ 223

Outra reflexão aponta também para a História. A idéia do querer bem (§ 56-61) urgiu a necessidade de uma fundamentação religiosa e esta se baseia em histórias e principalmente em histórias antigas. Por meio delas consegue-se uma ampliação do horizonte mental em espaço e tempo e essa ampliação aponta, mesmo se feita de modo muito incompleto, para uma meta que deve ser atingida no ensino em geral, mesmo numa escola do interior.

§ 224

O segundo ponto, tão claramente estabelecido e que em sua importância ultrapassa mesmo o do ler e escrever, é

---

(13) "A única e total obra da educação pode ser resumida no conceito — Moralidade." Tal foi a enfática declaração do objetivo da educação, como Herbart o visualizava. Moralidade, para ele, significava cinco idéias básicas: liberdade, perfeição, boa vontade, direito e retribui-

o de fazer contas; em parte, para que haja conceitos claros a respeito dos fatos experimentais mais comuns e, em parte, por causa de seu uso indispensável em assuntos de economia.

§ 225

Provavelmente nenhum educando chega por si mesmo a descobrir o mecanismo que rege os cálculos decimais. E muito menos a História Sagrada. Ambos, portanto, mais do que qualquer outra matéria, fazem parte do ensino sintético; e nele sempre de novo surge a dificuldade de integrá-lo em cabedais de conhecimento já anteriormente adquiridos (§ 9). Disto, contudo, não se deve concluir agora que a História Geral esteja em conexão íntima com a História Sagrada, também do ponto de vista pedagógico. O mesmo vale para a Aritmética e a Matemática toda. Certo, no entanto, é o seguinte: a eficiência de um cabedal de conhecimentos aumenta na proporção de sua extensão e de sua vária interligação. A História Sagrada e a Aritmética, por conseguinte, devem, de acordo com as circunstâncias e capacidades, levar ao desejo de incrementar o ensino da História e da Matemática, mesmo nos casos em que não se pode ter a esperança de uma formação multilateral.

§ 226

Na escolha das matérias deve-se em seguida voltar a atenção para a Literatura (Poesia) ([14]) e as Ciências Naturais. É mister, porém, tomar degrau por degrau. As fábulas e os contos de Gellert ([15]) exigem o seu tempo. Que não se crie

---

ção. *Apud* Frederick Eby, *História da Educação Moderna,* trad. bras., Porto Alegre, Editora Globo S. A., 1862, p. 411.

(14) Herbart considera as Matemáticas, de um lado, e a Poesia, doutro lado, como os meios mais poderosos de cultura. Quanto aos estudos literários, dá preeminência ao grego sobre o latim, e pretende que desde a idade de oito a dez anos o ensino dessa língua tenha por base a leitura da *Odisséia.* René Hubert, *História da Pedagogia,* trad. bras., São Paulo, Companhia Editora Nacional, 1957, p. 304. "Ao iniciar a instrução com a *Odisséia* de Homero (...) ele provou, para sua extrema satisfação, que a concepção de Schiller da recapitulação cultural estava certa." Frederick Eby, *op. cit.,* p. 411.

(15) Cristiano Gellert (1715-1769) foi um célebre fabulista e moralista alemão, autor de fábulas e contos muito apreciados.

já muito cedo aversão por eles. Na Zoologia já se pode nos anos de infância partir de livros infantis ilustrados. O pré-adolescente gosta de colher plantas. O último lugar seria o das Línguas Estrangeiras suposto que não haja razões peculiares a aconselhar outra coisa. A mesma coisa, porém, já não se pode dizer das Línguas Clássicas. O estudo da Teologia, da Jurisprudência e da Medicina, enfim de toda verdadeira erudição, dependem a tal ponto delas que nas escolas em que realmente se formam os indivíduos elas sempre devem ser o fundamento.

Infelizmente, o âmbito do ensino depende em demasia de condições extrínsecas a ele como estado e posse, não sendo por isso possível em geral determinar com exatidão o número de matérias. Muito menos, contudo, depende desses fatores externos o desenvolvimento dum interesse múltiplo e assim sobra sempre ainda para o ensino a tarefa de se aproximar, dentro das possibilidades existentes, de uma formação multilateral. De outro lado, quando as condições são muito favoráveis e o material didático sobeja, é preciso cuidar-se para não perder de vista a finalidade própria de ensino.

§ 227

O ensino, em parte, é necessário, em parte útil. Mas muitas vezes também amarra os jovens. Círculos eruditos, é verdade, procuram ignorar este fato. Para outros, contudo, ele é óbvio. O ensino unilateralmente administrado prejudica essencialmente no jovem coisas boas como a coragem, a capacidade de decisão, a destreza e a educação física. E não se pode dizer que neste caso algumas aulas de exercício físico sejam um antídoto eficiente. É preciso combater a ociosidade sob todas as formas possíveis. Deve-se dedicar a isto uma atenção toda especial e estabelecer as normas de procedimento de acordo com os resultados obtidos nesta linha. Mas também sob qualquer outro ponto de vista é necessário que a educação familiar colabore na reação sadia contra certa pressão natural exercida inclusive pelo ensino bom. Para isto deve sobrar tempo da formação escolar. É lícito que a escola excepcionalmente ocupe o jovem o dia inteiro. Normalmente, contudo, os deveres de casa não devem preencher o maior espaço de tempo. Que se dedique a eles somente o tempo necessário. Sobre o emprego do tempo restante decidam, após suficiente observação do indivíduo, os pais e tutores que afinal são os últimos responsáveis.

Capítulo quarto
Adolescência

§ 228

O término do ensino, possivelmente sua continuação, dependem agora do próprio jovem. Se ele mesmo considerar um valor reter em sua memória o que aprendeu e se dispõe a adquirir novos conhecimentos, tudo está salvo. Que o jovem tenha clareza a respeito da conexão que existe entre o saber enquanto se relaciona consigo mesmo e enquanto se relaciona com o agir, e também a respeito dos fortes impulsos que deve empregar para alcançar as metas propostas. Ele deve aprender a fazer frente à indolência e à irreflexão. De outro lado, justamente agora se deve temer e evitar a falsa motivação que cultivaria somente aparências de talento.

§ 229

Além disso, deve agora cessar a indulgência que se teve com a criança e o pré-adolescente. Que recorrendo a toda a sua habilidade o jovem agora conquiste, na sociedade, o lugar que lhe compete. É necessário que ele perceba quão difícil é ser homem entre homens. Encargos aos quais não corresponde ser-lhe-ão tirados. Concorrentes o cercarão e nem sempre ser-lhe-á fácil moderar as suas expectativas, mesmo quando extremamente necessário.

§ 230

Entrega-se o jovem agora, confiado na boa sorte e a despeito de todas as exigências da vida, ao comodismo. Nada mais se pode fazer. A educação chegou praticamente ao fim e resta somente encerrá-la com ensinamentos e idéias que eventualmente mais tarde a vida com suas experiências possa recordar.

§ 231

Pode ser, contudo, que o adolescente tenha algumas metas em vista. Neste caso, as suas formas de vida e as motivações que o impulsionam determinam o que ainda se pode fazer por ele. Os pontos de honra que consegue marcar para si têm o seu lugar então a meio caminho entre máximas e planos de acordo com a sua tendência para dentro ou para fora.

§ 232

Certa maleabilidade continua a existir somente nos casos em que o adolescente se cobre de vergonha dos passos errados que deu. Aproveite-se esses casos para recuperar o que ainda pode ser recuperado. No restante, tem-se a obrigação de confrontá-lo, sem falsa piedade, com as exigências duras da moral. Mal se pode esperar que o adolescente se abra plenamente e muito menos exigi-lo. O ensimesmamento do adolescente é o seu primeiro passo em direção do domínio de si mesmo.

(Johann Friedrich Herbart, besorgt von Josef Esterhues, Paderborn, Ferdinand Schöningh, 1957, pp. 88 a 98.)

B. *AUGUSTO GUILHERME FREDERICO FROEBEL* (1782-1852).

1. *Notícia sobre o autor.* Froebel nasceu em Oberweissbach, na Turíngia (Alemanha). Seu pai era um pastor protestante desprovido de instintos paternais. Froebel teve a desdita de ficar órfão de mãe aos nove meses de idade. A atitude da madrasta, tratando-o com indisfarçável aspereza, muito influiu na formação de seu caráter. Sem afeição familiar e sem amigos, o menino foi crescendo melancolicamente triste. Seu coraçãozinho sensível voltou-se para a natureza, num afã incontido de encontrar companhia.

Aos 10 anos de idade foi entregue aos cuidados de um tio materno, o Pastor Hoffman, que o tratou afetuosamente. Aí freqüentou a escola paroquial e recebeu, por parte do tio, uma sólida orientação religiosa. Aos 15 anos começou a trabalhar como aprendiz de guarda florestal. A seguir, entrou para a Universidade de Jena. Em 1805 tornou-se mestre-escola em Francforte; foi então que Froebel descobriu que a atividade educativa correspondia aos seus desejos e estava de acordo com as suas habilidades.

Após uma visita à escola de Pestalozzi, em Yverdum, tornou-se discípulo e admirador do destacado mestre. Pelos idos de 1810 chegou à conclusão de que, ainda que Pestalozzi houvesse se adiantado muito em relação aos seus antecessores, estava longe de formar com suas idéias uma perfeita ciência da educação. Então, em seu espírito corporificou-se a idéia de um sistema de educação especial para a primeira infância.

Em 1816 fundou em Griesheim um instituto para educação de crianças. No ano seguinte, essa escola foi transferida para Keilhau, na Turíngia. Em 1831 deixou a escola para seus assistentes e foi à Suíça dirigir algumas instituições. Retorna à Alemanha em 1836. No ano seguinte fundou em Blankenburg o primeiro jardim da infância, conhecido como *Kindergarten*. A instituição teve grande êxito, porém Froebel precisou enfrentar dificuldades econômicas e lutas com os colaboradores. Felizmente, conseguiu a adesão de Diesterweg, diretor da Escola Normal de Berlim, e da Baronesa de Marenholts Bülow, que haveria de ser sua colaboradora e propagandista. Em 1851, sob o fundamento de que os jardins da infância propagavam idéias ateístas e revolucionárias, o governo alemão proibiu seu funcionamento. Froebel sofreu muito com esse ataque. Contando já com 70 anos de idade, e dono de uma saúde precária, não encontrou forças necessárias para resistir ao golpe. Pouco depois, morria em Liebenstein. Entretanto, ninguém mais conseguiu conter a vitalidade impressionante dos jardins da infância que foram se difundindo nos quatro cantos do mundo.

Entre as obras de Froebel podem-se distinguir: *A Educação do Homem* (1826); *Cânticos da Mãe* (1843) onde dá conselhos sobre a educação da primeira infância; *Cem Cantigas de Péla* (1844), cânticos destinados a acompanhar o jogo de péla; *Vinde Vivamos Para Nossos Filhos* (1837), revista hebdomadária que apareceu até 1840.

Destas obras mencionadas foi escolhida a primeira para um enfoque especial.

2. *A Educação do Homem*. Trata-se de uma obra de capital importância porque nela aparecem as idéias pedagógicas fundamentais do autor. Porque Froebel sempre foi um místico, porque sempre deu realce ao simbolismo, seus pensamentos em *A Educação do Homem* apresentam-se, por vezes, de difícil compreensão. Predomina na obra uma visão mística e humanitária que lhe serve de inspiração e alento. Froebel acreditava que o simbolismo é para a criança uma forma de linguagem.

O primeiro parágrafo da *Educação do Homem* contém, em essência, toda a sua teoria: em todas as coisas vive e reina uma lei eterna. Para quem se penetrou da idéia de que tudo é assim inevitável, como para quem percebe o interior (espírito) no exterior (natureza), esta lei se revela claramente na natureza, no espírito e na vida que une os dois. Esta lei universal baseia-se numa mesma Unidade viva, consciente e, por conseguinte, eterna. Este fato, como também a Unidade, revela-se na vida ainda por meio da fé, ou da introspecção, com clareza e compreensão iguais. Daí, um espírito tranqüilamente observante nunca falhará em reconhecer esta Unidade que é Deus. Todas as coisas existem

263

devido à emanação divina que vive nelas. Essa emanação divina que vive em cada coisa é a essência mesma da coisa.

Assim se explica o profundo sentimento religioso que sempre dominou os escritos de Froebel. Todo ser participa dessa essência e é capaz de revelá-la ou atingi-la. Portanto, todos os objetos da natureza podem revelar Deus. A meta da educação é a realização desse destino, o desenvolvimento desta essência em unidade com o absoluto. A educação consiste em suscitar as energias do homem como ser progressivamente consciente, pensante e inteligente, ajudar-lhe a manifestar o divino que há nele.

Como a natureza revela Deus à criança, o estudo dessa natureza deverá ser o principal instrumento da educação. Natureza e espírito constituem unidades que refletem a unidade absoluta e divina. Daí a necessidade de os estudos também constituírem uma unidade, de as matérias serem correlacionadas ou agrupadas. Dessa forma, movido por motivos metafísicos, Froebel aconselha a correlação das matérias.

3. *Elementos para o comentário do texto.* É muita pretensão querer focalizar toda a complexa Filosofia e Pedagogia de Froebel. Serão mostrados aqui três ângulos da doutrina do criador de jardim da infância.

O primeiro ângulo diz respeito à natureza criadora do homem que é feito à imagem de Deus. Daí decorre que a preocupação de Froebel não foi a de fazer seus alunos adquirirem certa quantidade de pensamentos positivos, mas desenvolver-lhes a atividade, apelar para a iniciativa pessoal e estimular o desabrochar de suas faculdades. O segundo ângulo diz respeito ao brinquedo como auto-expressão. O desenvolvimento da criança não exige que ela apenas olhe e escute. Deverá agir e produzir. Essa necessidade de criação, de movimento, de jogo produtivo deve poder expandir-se livremente. O terceiro e último ângulo colocado mostra a posição de Froebel quanto ao problema da maldade ou bondade inata. Afirmando que é próprio da criança ser boa, que a essência de seu ser é a energia divina, Froebel foi obrigado — sob pena de ver ruir suas doutrinas — ou a negar a existência do mal no homem, ou a apontar sua origem.

4. TEXTO.

Cada pensamento de Deus é um trabalho, uma realização, um produto e cada pensamento de Deus continua a obrar com poder criador, em atividade produtiva infinita, até a eternidade... O Espírito de Deus pairava sobre o Caos e o movimentava. E pedras e plantas, animais e homens adquiriram forma e ser autônomo e vida. Deus criou o homem à sua própria imagem: então, o homem teria de criar e produzir como o próprio Deus (16). E o espírito do homem teria de pairar sobre o informe e movimentá-lo de maneira a adquirir feição e forma, um ser distinto e uma vida independente. É este o alto sentido, o profundo significado e a grande meta do labor e da operosidade, de atividade produtiva e criadora. Tornamo-nos realmente semelhantes a Deus em zelo e produtividade, operando e realizando; isso se faz acompanhar de percepção nítida ou até mesmo do mais tênue sentimento de que, por meio disso, representamos o interior no exterior; que conferimos corpo ao espírito e forma ao pensamento; que fazemos o invisível, visível e que comunicamos um ser extrínseco, finito e transitório à vida no espírito.

.   .   .   .

O brinquedo é a mais elevada etapa do desenvolvimento da criança, do desenvolvimento humano neste período. É a representação auto-ativa do interior; representação do interior por necessidade e impulso interiores. Nesta fase, o brinquedo é a mais autêntica, a mais espiritual ação do indivíduo (17) ... Confere contentamento, liberdade, prazer,

---

(16)   Sem dúvida, uma das mais brilhantes contribuições de Froebel para a Pedagogia moderna foi a de que o ser humano não é meramente receptivo, mas essencialmente dinâmico ou produtivo. O homem é força autogeradora e não esponja que absorve conhecimentos do exterior. O âmago de seu ser participa da energia criadora, espiritual, do Absoluto. Frederick Eby, *História da Educação Moderna,* trad. bras., Porto Alegre, Editora Globo S.A., 1962, p. 442.

(17)   O realce dado por Froebel à atividade lúdica não se fundamenta apenas no reconhecimento de seu valor teórico, mas também em suas aplicações práticas. Formulou muitas espécies de recreações e mostrou de que maneira deveriam ser empregadas na educação pré-escolar. O material froebeliano compreende os *dons* e as *ocupações.* Os *dons* são: a péla; a esfera, o cubo e o cilindro; o cubo partido em oito cubos iguais; o cubo dividido em oito tijolos; o cubo dividido em sete cubos iguais; o cubo dividido em pedras de construção. Todos esses jogos se fazem acompanhar de exercícios de linguagem. Dirigindo as construções, a mestra emprega expressões e frases completas, simples e claras, que faz repetir às crianças antes e depois do trabalho. Além disso, o número de tijolos ou de cubos permite iniciar os alunos nas primeiras noções de Cálculo e Geometria. As *ocupações* resultam da

repouso interno e externo, paz com a Humanidade. A criança que brinca integralmente, impulsionada pela própria atividade, persistindo até o momento em que a fadiga física a proíbe, com certeza será um indivíduo integralmente formado e definido, capaz de sacrificar-se a si mesmo para a obtenção do bem-estar próprio e dos demais... O brinquedo espontâneo da criança vaticina a vida interior futura do indivíduo. Os brinquedos da infância são os germes de toda a vida interior.

. . . .

Uma qualidade boa cassada ou pervertida, uma tendência tão-somente anulada, mal compreendida ou mal orientada, está originariamente no alicerce de toda imperfeição do indivíduo. Então, o remédio infalível e seguro para tornar inofensiva qualquer falta e mesmo debilidade é achar a vertente primitivamente boa, o aspecto primitivamente bom do indivíduo que foi anulado, abalado ou desviado na imperfeição e, daí, sustentar, edificar e dirigir adequadamente esse aspecto bom ([18]).

> (Friedrich Froebel, *The Education of Man*, translation by W. N. Hailman, New York, Appleton, 1892, pp. 30 e 31, 54 e 55, 121 e 122.)

---

decomposição de sólido em superfícies, linhas e pontos: superfícies — servem-se de pranchetas para executar trabalhos de dobradura, recorte, cartonagem, tecedura; linhas — empregam-se bastõezinhos, latas de entrelaçamento e anéis; método de desenho — fazem-se as figuras mais variadas com botões, pérolas, tentos, bordados, etc.; material sem forma: areia e modelagem — a criança faz cavernas, montanhas, jardins, cisternas e outras coisas mais. Afunda vales, mares e rios. A modelagem permite à criança reproduzir sólidos que já viu: cilindro, bola, cubo, etc. Reproduzirá também formas usuais: casas, móveis, frutas, vasos, etc. As *ocupações* contribuem para a educação completa. Interessam e habituam a criança a manejar ferramentas: agulhas de tecer e furar, cinzéis de cortar, faca de modelagem, etc. Costuma-se dizer que a utilização do jogo e do trabalho manual como instrumentos de aprendizagem é, dentre outras, uma importante característica do sistema froebeliano que o torna precursor das teorias educacionais modernas.

(18) Froebel acreditava que cada vício é uma virtude que foi pervertida em seu desenvolvimento. Os males são causados: 1.º pela completa negligência do desenvolvimento de certos aspectos da vida humana, ou 2.º pela distorção de tendências e poderes humanos originariamente bons, por interferência arbitrária e voluntária no curso original

C. HERBERT SPENCER (1820-1903).

1. *Notícias sobre o autor.* Nasceu em Derby, na Inglaterra. É considerado o chefe dos evolucionistas ingleses. Estudou Matemática e Ciências e fez-se engenheiro. Entretanto, mostrou sempre predileção pelas Ciências Sociais, enveredando para esse caminho. Fez numerosas pesquisas cujos resultados apareceram em vastas publicações.

A nota característica da filosofia de Spencer é a idéia da evolução como lei universal. Poucos anos mais moço que Darwin ([19]), deixou-se impressionar pela *Origem das Espécies* deste último e elaborou uma teoria de evolução em bases filosóficas. Escreveu bastante, não conseguindo, entretanto, impressionar tanto quanto Darwin. Pode-se, contudo, afirmar que enriqueceu a hipótese da seleção natural com uma expressão que se tornou célebre: — "a sobrevivência do mais apto". Spencer admitia haver encontrado a fórmula única segundo a qual nascem e se desenvolvem os fenômenos de todos os tipos: desde os mecânicos até os fatos biológicos, psicológicos e sociais. É a *evolução,* isto é, a passagem do homogêneo ao heterogêneo. Para ele, não apenas os indivíduos e as espécies estão sujeitos a mudanças evolutivas, mas também os planetas, os sistemas solares, os costumes, as instituições, as idéias éticas e religiosas. No universo tudo se faz acompanhar de um ciclo: nascimento, desenvolvimento, decadência e extinção. Uma vez completado o ciclo, o processo se reinicia e vai, dessa forma, repetindo-se infinitamente. Tudo o que existe se transforma, de maneira

---

ordenado e lógico do desenvolvimento humano. O germe da maldade vem do sentimento de negligência pela mãe ou ama. Deste sentimento surge a obstinação, a primeira e mais horrível de todas as faltas. Uma falta que em breve se torna a mãe da fraude, da falsidade, da desconfiança, da teimosia e de um conjunto de faltas subseqüentes, tristes e feias. A negligência em desenvolver qualquer poder destrói a harmonia fundamental do ser infantil e causa uma divergência entre seu ser real e seu ser ideal — isto quer dizer, o que ele verdadeiramente se torna não é compatível com o que a sua natureza exige que ele seja. Todos os males do coração humano são devidos a desenvolvimentos falhos; e a falta de desenvolvimento pode ser atribuída a um método errado de educação. Frederick Eby, *op. cit.,* p. 440.

(19) Darwin foi um célebre naturalista e fisiologista inglês. Nasceu em 1809 e faleceu em 1882. Ainda moço, tomou parte como naturalista numa expedição científica às costas da América do Sul (1831-1836). Foi aí que reuniu os primeiros materiais de sua célebre obra *Origem das Espécies,* publicada em 1859. As idéias originais que expôs nesta obra e em várias outras sobre a variabilidade das espécies, fundadas em muitas observações pessoais, formam um corpo de doutrina transformista, a que se dá o nome de *darwinismo.*

incessante e progressiva, passando da instabilidade do homogêneo para a estabilidade do heterogêneo.

Por estranho que possa parecer, a fórmula que Spencer dá à evolução não é tão puramente mecânica como parece à primeira vista. Achava que na base do processo evolutivo deveria haver alguma Potência sobrenatural (20) e encarava a evolução como sinônimo, em última análise, de progresso. Entretanto, referia-se a essa Potência como o Incognoscível e dizia que ela não deveria merecer consideração científica. O homem somente estudaria aquilo que estivesse dentro de sua capacidade de conhecimento; quer dizer, as especulações humanas não deveriam ultrapassar a matéria, os movimentos e os fatos da experiência sensorial.

A obra filosófica de Spencer chama-se *Sistema de Filosofia Sintética* e compreende: *Princípios Gerais* (1862); *Princípios de Biologia* (1864); *Princípios de Psicologia* (1870), *Princípios de Sociologia* (1876) e *Princípios de Moral* (1891). Suas idéias psicológicas e sociológicas não foram, porém, tão significativas como as educacionais. Nesse sentido, sua grande obra foi *Educação Intelectual, Moral e Física,* publicada em 1861. Em educação, Spencer representa a tendência científica.

2. *Educação Intelectual, Moral e Física.* Esta obra continua sendo muito lida até hoje pelos interessados em temas educacionais. Foi largamente usada em escolas normais, institutos de professores e universidades para a formação de educadores. Realmente constituiu-se numa publicação de popularidade universal.

Está formada de quatro ensaios:

1.º Qual o conhecimento de maior valor?
2.º Educação Intelectual.
3.º Educação Moral.
4.º Educação Física.

Uma vez que a parte inicial de "Qual o conhecimento de maior valor?" será objeto de análise, deixar-se-á, então, para fazer-se o comentário deste primeiro ensaio nos itens que se seguirão.

Com referência à segunda parte da obra, "Educação Intelectual", Spencer considera que seu objetivo é preparar o homem para o exercício das atividades que integram uma vida completa. Quais essas atividades? a) aquelas que servem à autopreservação; b) aquelas que têm por fim a criação e disciplina da prole; c) aquelas que, assegurando as necessidades da vida, indiretamente servem à autopreservação; exemplo: indústria e profissão; d) aquelas que se relacionam com a conservação da ordem

---

(20) Nesse aspecto, Spencer ultrapassa o **pensamento positivista.**

social e política; c) aquelas que constituem a parte de lazer da vida, dedicadas à satisfação dos gostos e sentimentos.

A cada uma dessas atividades deverá corresponder uma parte da educação. Para a conservação da saúde, estudar-se-ão Fisiologia e Higiene; para conseguir-se êxito no trabalho dever-se-á procurar uma instrução profissional e científica; para tornar-se capaz de criar convenientemente a família, estudar-se-ão os princípios gerais de Educação; para o desempenho das funções sociais estudar-se-ão numerosas Ciências; para o exercício das atividades literária e artística tornar-se-á imprescindível a formação artística.

No terceiro ensaio, "Educação Moral," Spencer aconselha o método de disciplina das reações naturais. Formula assim: "Quando uma criança cai, ou bate a cabeça na mesa, sofre uma dor; a lembrança disso tende a torná-la mais cuidadosa no futuro; e pela repetição ocasional dessas experiências, é eventualmente disciplinada a guiar os próprios movimentos. Se toca na barra de ferro da chaminé, queima seus dedos na chama de uma vela, faz saltar uma gota d'água quente em alguma parte da pele, a queimadura que resulta é uma lição que não será jamais esquecida. A impressão produzida por um ou dois eventos dessa natureza é tão marcante que nenhuma persuasão a induzirá outra vez a menoscabar as leis de sua constituição" (21). As reações que a criança demonstra são proporcionais à excitação.

O quarto e último ensaio da obra está consagrado à "Educação Física". Spencer faz notar a urgência de uma adequada cultura corporal. Sendo o homem, em primeiro lugar, um ser orgânico, sensível, animal, a primeira condição de êxito no mundo é ser um bom animal. E a primeira condição de prosperidade nacional é que a nação seja formada por bons animais. Por isso, a última parte do livro fala sobre a qualidade da alimentação: deverá ser abundante, variada e rica; sobre o vestuário: deverá ser amplo e não tolher os movimentos; sobre a divisão das horas de trabalho, da recreação e do sono, etc.

3. *Elementos para o comentário do texto.* Foram traduzidas as primeiras páginas de *Education Intellectual, Moral and Physical.* Nelas ver-se-á o filósofo inglês verberando a preterição da utilidade em favor do ornamental, tanto no mundo físico como no mundo das idéias. Assegura que a tese é válida para ambos os sexos; entretanto, acentua que para as mulheres, muito

---

(21) Herbert Spencer, *Education Intellectual, Moral and Physical,* Boston, Educational Publishing Co., s/d., p. 161. Esse princípio já havia sido formulado por Rousseau: "Já disse muito para fazer entender que não se deve jamais infligir à criança o castigo como castigo, mas que ele deve sempre ocorrer como uma conseqüência natural de sua má ação". Jean-Jacques Rousseau, *Emile ou De l'Education,* Paris, Editions Garnier Frères, 1951, pp. 94 e 95.

mais que para os homens, o elemento decorativo predomina em grau maior.

Negligencia os estudos humanísticos e culturais. Em sua filosofia, a vida é tudo. A questão importante é como viver. Segundo Spencer, o saber que o indivíduo adquire através da experiência, sonda e ajuda a resolver seus problemas de vida; é superior ao saber dado pelas fontes tradicionais.

Preparação para a vida completa, eis a função da educação. Por causa disso, Spencer tem sido muito criticado: 1.º porque, segundo os espiritualistas, seu conceito de "vida completa" é restrito. Ele acha que a base da educação é ser um bom animal; um ato moral tem o mesmo valor que um ato biológico; 2.º porque a educação, do ponto de vista moral, não é a preparação para a vida, mas a própria vida ([22]).

4. TEXTO.

Qual o conhecimento de maior valor?

Tem sido verdadeiramente notado que, na seqüência do tempo, o adorno precede o vestuário. Entre povos que se submetem a grandes sofrimentos físicos a fim de que possam apresentar-se belamente tatuados, temperaturas extremas são suportadas, com pouca tentativa de alívio. Humboldt nos conta que o índio Orinoco, embora indiferente ao conforto do físico, ainda trabalhará por quinze dias a fim de adquirir pigmentos para com ele fazer-se admirado; e que a mulher não hesitaria em sair de sua cabana sem a menor peça do vestuário, mas não ousaria sair de casa sem se pintar para não quebrar o decoro. Os viajantes afirmam unanimemente que contas coloridas e fitas são muito mais valorizadas pelas tribos selvagens que os tecidos de algodão e pànos finos. E as anedotas que nós temos a respeito da maneira pela qual os selvagens utilizam-se dos casacos e das camisas que lhes são dados, para os transformarem em alguma exibição ridícula, mostram como a idéia de ornamento predomina completamente sobre a idéia

---

(22) É a posição dos deweynianos: "a educação é fenômeno direto da vida, tão inelutável como a própria vida". Palavras de Anísio Teixeira, "A Pedagogia de Dewey", *in* John Dewey, *Vida e Educação*, trad. bras., 5.ª ed. São Paulo, Edições Melhoramentos, 1965, p. 17.

de utilidade. Há ainda ilustrações mais extremas: o fato narrado pelo Capitão Speke acerca de seus acompanhantes africanos, que andavam todos emproados nas suas mantas de pele de cabra quando o tempo estava bom, mas quando chovia as tiravam, dobravam-nas e saíam nus, tremendo, na chuva. Realmente, os fatos da vida aborígine parecem indicar que o vestuário nasce das decorações. E quando nos lembramos que mesmo no meio de nós muitos pensam mais na finura do tecido que no agasalho, e mais na elegância do corte que na conveniência — quando vemos que a função é ainda, em grande parte, subordinada à aparência — temos mais razão para inferir uma tal origem.

Não é menos duvidoso que as mesmas relações se dão com a mente. Nas aquisições mentais, como nas do corpo, o ornamental vem antes do útil. Não somente em tempos passados, mas até na nossa era, aquele conhecimento que conduz ao bem-estar pessoal tem sido postergado por aquele que é mais aplaudido. Nas escolas gregas, a Música, a Poesia, a Retórica e uma filosofia ensinada até a época de Sócrates teve pouca influência sobre a vida real; porém, constituíam o assunto dominante de estudo, enquanto que o conhecimento útil para as artes da vida ocupava um lugar subalterno. E nas nossas escolas, hoje em dia, podemos verificar a mesma antítese. Somos culpados de certa frivolidade, afirmando que em sua profissão, nove casos entre dez, o rapaz não aplica seus conhecimentos de Grego ou Latim. É trivial a observação que em sua loja ou em seu escritório, dirigindo os seus negócios ou a sua família, representando o seu papel como gerente de um banco ou como diretor de uma estrada de ferro, ele é muito pouco auxiliado por esses conhecimentos que ele levou tanto tempo para adquirir; tão pouco lhe servem na vida prática que, geralmente, a maior parte dele se lhe desaparece da memória e se, ocasionalmente, ele faz uma citação latina ou alude a qualquer mito grego, é menos para esclarecer algum tópico que esteja sendo abordado, que pelo efeito que possa causar ([23]). Se perguntarmos qual o motivo real

---

(23) Spencer sacrificou a cultura — valor elevado da vida — em favor da vantagem prática que é um valor mais baixo. Compare-se a

em dar aos meninos uma educação clássica, descobriremos que isto se faz por simples condescendência com a opinião pública. Os pais educam as mentes de seus filhos da mesma forma que vestem seus corpos, segundo a moda que prevalece na ocasião. Assim como o índio Orinoco se pinta antes de sair de sua cabana, sem ter em vista qualquer benefício direto, mas porque teria vergonha de ser visto sem ela, assim se insiste num exercício de Grego e Latim com um rapaz, não por causa de seu valor intrínseco, mas para que não se sinta desonrado por ignorar esses conhecimentos; para que ele tenha "a educação de um cavalheiro" — sinal que determina uma certa posição social e traz, conseqüentemente, o respeito público.

Este paralelo torna-se mais claro em se tratando do outro sexo. Nas mulheres, o elemento decorativo predomina em maior grau, mais ainda que nos homens, quer se trate do adorno do corpo, quer se trate das conquistas da mente. Originariamente, o adorno pessoal ocupa a atenção de ambos os sexos, de modo igual. Nestes últimos dias de civilização, entretanto, vemos que no tocante ao vestuário dos homens, a preocupação com a aparência tem cedido lugar ao conforto; ao mesmo tempo que na sua educação o útil tem-se aproximado do ornamental. Quanto às mulheres, essa mudança não foi muito longe, quer numa, quer noutra direção. O uso de brincos, anéis, pulseiras; o trabalhoso arranjo dos cabelos; o uso da pintura; o imenso trabalho dispensado no fabrico de trajes suficientemente atraen-

---

posição do filósofo inglês com a de Maritain ao definir a finalidade da educação: "é a de guiar o homem no dinamismo crescente, por meio do qual ele se torna uma pessoa humana dotada de conhecimentos, de capacidade julgadora e virtudes morais. E, ao mesmo tempo, é de *transmitir-lhe a herança espiritual da pátria e da civilização a que pertence,* preservando, assim, os empreendimentos seculares das gerações. *O aspecto utilitário da educação* — que dá ao jovem a possibilidade de ganhar a vida e ter um emprego — *não deve certamente ser desprezado.* Os filhos dos homens não foram feitos para o ócio aristocrático. *Mas só se atinge esse fim prático, na medida em que se desenvolverem as capacidades humanas. O treinamento especializado, que se exige, não deve prejudicar a finalidade essencial da educação". Rumos da Educação,* trad. bras., 2.ª ed. ed. Rio de Janeiro, Livraria Agir Editora, 1959, p. 26. Grifos nossos.

tes; o grande desconforto a que se submetem para se fazerem elegantes, mostram, quão grandemente, no adorno das mulheres, o desejo de agradar supera as necessidades de agasalho e de conforto. E, similarmente, na sua educação, a imensa preponderância das "prendas" prova quanto aqui, também, o útil subordina-se à ostentação. A dança, a etiqueta, o piano, o canto, o desenho — que grande espaço essas coisas ocupam (24)! Se você perguntar por que Italiano e Alemão são aprendidos, descobrirá que, sob todas as falsas razões, a razão real é que um conhecimento dessas línguas é considerado essencial à educação de uma menina refinada. Não é que os livros naqueles idiomas possam ser utilizados, pois eles o são raramente; mas é para que as canções Italianas e Alemãs possam ser cantadas e porque a extensão daqueles conhecimentos vem provocando murmúrios de admiração. Os nascimentos, as mortes, os casamentos dos reis e outras trivialidades históricas como essas são confinadas na memória, não por causa de algum benefício que possa possivelmente resultar do conhecimento deles; mas porque a sociedade considera-os parte de uma boa educação; porque a ausência de tais conhecimentos pode trazer o desdém dos outros. Quando citamos a Leitura, a Escrita, a Ortografia, a Gramática, a Aritmética e a costura teremos citado todas as coisas que se ensinam a uma menina, tendo em vista seus usos imediatos na vida e mesmo algumas delas têm em mais consideração a boa opinião dos outros que o bem-estar pessoal e imediato.

Para compreender melhor a verdade que no tocante à mente, assim como ao corpo, o ornamental precede o útil, é necessário darmos uma olhada na razão de tal fato (25). A explicação está em que, de um passado lon-

---

(24) "Realizações, belas-artes, *belle-lettres*, e todas essas coisas que, como dizemos, constituem o florescimento da civilização, deveriam estar inteiramente subordinados àquele conhecimento e disciplina sobre os quais a civilização repousa. Assim como ocupam a parte de lazer da vida, assim também deveriam ocupar a parte de lazer da educação." Herbert Spencer, *op. cit.*, p. 60.

(25) À pergunta "qual o conhecimento mais útil", Spencer responde em outra parte da obra: "a Ciência. Este é o veredicto para todas

gínquo até o presente, as necessidades sociais têm subordinado as necessidades individuais e que a principal necessidade social tem sido o controle dos indivíduos. Não é, como comumente supomos, que não haja governos senão aqueles de monarcas e parlamentos e autoridades constituídas. Esses governos reconhecidos são suplementados por outros não reconhecidos, que crescem em todos os círculos, nos quais todo homem ou mulher luta para ser rei ou rainha, ou dignitário menor. Colocarmo-nos acima de alguns e sermos reverenciados por eles e tornar propícios aqueles que estão acima de nós é a luta universal na qual as principais energias da vida são despendidas. Pela acumulação de riquezas, pela maneira de viver, pela beleza do vestuário, pela exibição de conhecimentos ou inteligência, cada qual tenta subjugar os outros e assim ajuda a tecer esta rede de restrições pela qual é mantida a ordem da sociedade. Não é o chefe selvagem somente que, pintado formidavelmente para a guerra, com escalpos na sua cinta, pretende infundir respeito aos seus inferiores; não é somente a mulher formosa que, pela elegância requintada, maneiras distintas e numerosos talentos, luta para "fazer conquistas";

---

as questões. No que diz respeito à conservação pessoal, à manutenção da vida e da saúde, o conhecimento de mais valor é — a Ciência. No cumprimento das funções paternas, o único guia em que se pode confiar é — a Ciência. Para a interpretação da vida nacional, passada e presente, sem a qual o cidadão não pode dirigir sua conduta, a chave indispensável é — a Ciência. Igualmente para todas as mais perfeitas produções literárias e satisfações artísticas sob todas as formas, a preparação ainda indispensável é — a Ciência. Também para efeito de disciplina — intelectual, moral e religiosa — o mais eficiente estudo é, uma vez mais — a Ciência". *Id., ibid.,* pp. 79 e 80. A esse respeito manifesta-se De Hovre: "Formação científica é a essência do ideal educacional. Spencer é representante fanático do princípio naturalista de que as Ciências Naturais são a grande alavanca da vida e, pois, devem ocupar o centro do ensino. Tudo o mais é jogado impiedosamente borda abaixo. A Religião, a Literatura, as Línguas Clássicas, a Arte, em suma tudo quanto a tradição venera como "disciplinas humanizantes" é desprezado. O conhecimento, o saber, a formação da inteligência por meio das Ciências Naturais, ocupam primeiro plano. O ideal educacional de Spencer baseia-se no seguinte princípio: Buscai primeiro o progresso nas ciências da Natureza, e o resto vos será dado por acréscimo". *Ensaio de Filosofia Pedagógica,* trad. bras., São Paulo, Companhia Editora Nacional. 1969, p. 21.

mas o estudante universitário, o historiador, o filósofo usam seus dons para o mesmo fim. Nenhum de nós fica satisfeito em desenvolver tranqüilamente suas próprias individualidades, de maneira integral, em todas as direções; mas, temos um desejo incansável de imprimir nossas individualidades sobre outros, e de alguma forma subjugá-los. E é isto que determina o caráter de nossa educação. Não que conhecimento é de maior valor real, que merece mais consideração, mas qual o que trará mais aplauso, honra e respeito — o que conduzirá à influência e posição social — o que se imporá mais. Como, através da vida, o que nos importa não é o que somos, mas o que mostramos ser, assim, na educação o que importa não é o valor intrínseco do conhecimento, mas muito mais os seus efeitos extrínsecos sobre os outros. E sendo esta a nossa idéia dominante, a utilidade direta de nossas ações é menos cuidada por nós do que pelos selvagens quando aguçam seus dentes e pintam suas unhas.

Se for necessária alguma evidência mais, além do caráter rude e não desenvolvido da nossa educação, atenhamo-nos ao fato de que os valores comparativos de diferentes espécies de conhecimentos têm sido ainda escassamente discutidos — muito menos, discutidos de uma maneira metódica e com resultados definidos. Não somente não existe ainda nenhum padrão de valores relativos, como a existência de um tal padrão ainda não foi concebida de maneira clara. E não somente a existência de um tal padrão não foi claramente concebida, mas a necessidade disso parece não ter sido suficientemente sentida. Os homens lêem em livros a respeito desses assuntos e assistem a conferências sobre isso; decidem que seus filhos serão instruídos naqueles; e tudo sob a orientação de meros costumes, ou gostos, ou preconceitos: sem mesmo nunca considerar a enorme importância em determinar, de maneira racional, que coisas são realmente de maior valor para se aprender. É verdade que, em todos os círculos, temos observações ocasionais sobre a importância desta ou daquela outra ordem de informação. Mas, se o grau de sua importância justifica o dispêndio de tempo necessário para adquiri-la; e se não há coisas de mais importância às quais o tempo deveria ser melhor devotado, são questões que, se levantadas, serão

275

dispostas de acordo com as predileções pessoais. É verdade também que, de tempo em tempo, vemos reavivada a controvérsia a respeito dos méritos comparativos dos clássicos e matemáticos. Entretanto, não somente esta controvérsia é conduzida de maneira empírica, sem nenhuma referência a um critério provado; mas, a questão em debate é totalmente insignificante quando comparada com a questão geral da qual ela faz parte. Supor que decidir se uma educação matemática ou clássica é melhor, é decidir qual é o *curriculum* ideal, é quase a mesma coisa que supor que o conjunto de dietéticos vise a determinar se pão é mais nutritivo que batatas, ou não!

. . . .

Como viver? — esta é a pergunta essencial para nós. Não como viver no mero sentido material somente, mas no sentido mais amplo ([26]). O problema geral que compreende todo problema especial é o controle correto da conduta em todas as direções e sob quaisquer circunstâncias. De que maneira tratar o corpo; de que maneira tratar a mente; de que maneira dirigir nossos negócios; de que maneira cuidar de uma família; de que maneira utilizar-se de todas as fontes de felicidade que a natureza fornece; como usar todas as nossas faculdades para maior vantagem nossa e dos outros; como viver completamente ([27])? E isto, sendo a grande coisa que temos necessidade de aprender, é, conseqüentemente, a grande coisa que a educação tem necessidade de ensinar. Preparar-nos para a vida completa ([28]) é a função que a educação tem ao seu cargo; e

---

(26) "Assim como a vida encontra limite na existência terrestre assim a educação deve ter por meta e fim a vida atual. E a vida terrestre faz-se fim, sem mais; faz-se o bem supremo. E assim, Spencer não indaga: "Qual o fim da vida", mas, antes: "como se deve viver". Essa, a questão principal". *Id., ibid.,* p. 20.

(27) "Nota-se imediatamente que, para a educação, já não há fim absoluto; tudo se torna relativo; o próprio governo da vida depende de circunstâncias de tempo e de lugar. Assim, também a educação. Spencer rompe completamente com o passado, tudo se torna adaptação." *Id., ibid.,* p. 20.

(28) Em que consiste essa preparação para a vida completa? "Na aquisição do saber por meios das ciências naturais (...). Este ponto

o único modo racional de julgar qualquer curso é avaliar em que grau ele atende tal função.

Este teste, nunca usado em sua totalidade, raramente usado mesmo parcialmente, e usado de maneira vaga e meio intencional, tem que ser aplicado consciente e metodicamente em todos os casos. Convém-nos apresentar diante de nós mesmos, e sempre conservar claramente à vista, vida completa como o fim a ser atingido, de modo que, educando nossos filhos, possamos escolher disciplinas e métodos de instrução com vista deliberada a este fim.

> (Herbert Spencer, *Education Intellectual, Moral and Physical,* Boston, Educational Publishing, Co., s/d, pp. 5 a 12, 14 e 15.)

---

de vista materialista limita o objetivo da educação exclusivamente a um objetivo pragmático. Como tal, a preparação para a vida atual e a adaptação ao meio são requisitos essenciais com que devem ser dotados os indivíduos para enfrentar as situações da vida." John D. **Redden,** Ph. D., e Francis A. Ryan, Ph. D., *Filosofia da Educação,* trad. de Nair Fortes Abu-Merhy, 3.ª ed. Rio de Janeiro, Livraria **Agir Editora,** 1964, pp. 369 e 373.

BIBLIOGRAFIA

1. BURNS, Edward Mc Nall — *História da Civilização Ocidental*, II, trad. bras., 2.ª ed. Porto Alegre, Editora Globo, 1967.

2. DE HOVRE, Fr. — *Ensaio de Filosofia Pedagógica*, trad. bras., São Paulo, Companhia Editora Nacional, 1969.

3. EBY, Frederick — *História da Educação Moderna*, trad. bras., Porto Alegre, Editora Globo S. A., 1962.

4. FRITZSCH, Theodor — *Juan Frederico Herbart*, trad. esp., Barcelona, Editorial Labor, S.A., 1932.

5. FROEBEL, Friedrich — *The Education of Man*, translation by W. N. Hailman, New York, Appleton, 1892.

6. HUBERT, René — *História da Pedagogia*, trad. bras., São Paulo, Companhia Editora Nacional, 1957.

7. *Johann Friedrich Herbart*, besorgt von Josef Esterues, Paderborn, Ferdinand Schöningh, 1957.

8. LEIF, J. e RUSTIN, G. — *Pedagogia Geral Pelo Estudo das Doutrinas Pedagógicas*, trad. bras., São Paulo, Companhia Editora Nacional, 1960.

9. LUZURIAGA, Lorenzo — *História da Educação e da Pedagogia*, trad. bras., São Paulo, Companhia Editora Nacional. 1955.

10. MONROE, Paul — *História da Educação*, trad. bras., 6.ª ed. São Paulo, Companhia Editora Nacional, 1958.

11. REDEN, John D., PH. D., e RYAN, Francis A., PH. D., — *Filosofia da Educação*, trad. de Nair Fortes Abu-Merhy, 3.ª ed. Rio de Janeiro, Livraria Agir Editora, 1964.

12. SANTOS, Theobaldo Miranda — *Noções de História da Educação*, 4.ª ed. São Paulo, Companhia Editora Nacional, 1952.

13. — *O Jardim de Infância*, Rio de Janeiro, Editora A Noite, s/d.

14. RIBOULET, L. — *História da Pedagogia*, trad. bras., São Paulo, Livraria Francisco Alves, 1951.

15. SPENCER, Herbert — *Education Intellectual, Moral and Physical*, Boston, Educational Publishing, Co., s/d.

CAPÍTULO IX

A NOVA EDUCAÇÃO

ENTENDIMENTO HISTÓRICO

O final do século XIX e começo do século XX são férteis em realizações educacionais. Entre a pedagogia do século precedente e a do século atual, existe uma continuidade histórica; em ambas, a gestação operou-se sobre a tradição fecunda do passado.

As idéias dos grandes pensadores dos séculos precedentes foram a grande inspiradora das tendências que surgem já nas últimas décadas do século XIX e consubstanciam-se no século XX. É inegável que o progresso das nações, e a par dele o movimento renovador da Pedagogia, foi ativado pelo incremento que se verificou nos domínios da Filologia e Lingüística, de um lado, e da Psicologia e Medicina, de outro.

O século XIX modificou sobremaneira os métodos e processos pedagógicos. Instituem-se escolas normais, surgem asilos infantis, escolas para anormais, colônias agrícolas, etc. Assim, o século XX recebe do anterior uma preciosa herança. Longe de estacionar, continua em sua marcha ascendente.

Citam-se, como exemplos de movimentos pedagógicos importantes: a *renovação do naturalismo,* iniciado por Ellen Key, com tão profundas pretensões reformistas que ficou conhecida como *pedagogia revolucionária;* a *pedagogia experimental,* incrementada pelo desenvolvimento dos estudos psicológicos, tendo por corifeus Stern e Claparède; a *concepção social da educação,* ligada especialmente a Natorp, que toma aspectos de *pedagogia socialista* com Pinkevich; a *pedagogia da ação,* com Montessori, Kerschensteiner, Dewey e tantos mais, denominador comum de todas as *escolas novas.* Muitos educadores não se filiam, exclusivamente, a um só aspecto desses movimentos. Kerschensteiner, por exemplo, pode ser incluído tanto na *pedagogia da ação* como na *concepção social de educação.* Adota-se tal divisão mais por razões didáticas.

Percebe-se, pelo exposto, que as tão comentadas *escolas novas,* constituem-se, pois, num aspecto somente de todo esse imenso caudal renovador dos séculos XIX e XX.

A *nova educação* pode ser encarada em três momentos principais:

281

1.° *Criação das primeiras escolas novas*:

Surgiram como iniciativas audaciosas, quebrando com os princípios tradicionais. Não apareceram por geração espontânea. O nascimento de uma, freqüentemente, provocava, pelo exemplo, o aparecimento de outra.

a — *Abbotsholme* de Cecil Reddie, na Inglaterra, em 1889.

b — A de *Bedales* de J. Badley, na Inglaterra, em 1892.

c — A *University Elementary School* de John Dewey, nos Estados Unidos (Chicago), em 1896.

d — Os *Deutsches Landerziehungsheime* de Hermann Lietz, na Alemanha, em 1898.

e — A *Ecole des Roches* de Edmond Desmolins, na França, em 1899.

2.° *Formulação de novas teorias de educação*:

a — "Ensino pela ação" de John Dewey, nos Estados Unidos.

b — Concepção de escola de trabalho de Georg Kerschensteiner, na Alemanha.

c — Educação funcional de Claparède, na Suíça, etc.

3.° *Criação e consolidação dos métodos da escola nova*:

a. Métodos predominantemente globalizadores:
— Centros de Interesse (Ovídio Decroly);
— Método de Projetos (Kilpatrick);
— Complexos Russos (Blonsky);
— *Gesamtunterrichter* ou ensino sintético (Braune, **Krueger**, **Rauch**).

b. Métodos que diferenciam o ensino:
— Sistema de Mannheim (Sickinger);
— Grupos móveis (Claparède).

c. Métodos que individualizam o ensino:
— Método Montessori;
— Auto-educação de Madame Deschamps;
— Escola Serena de Lombardo Radice;
— Método MacKinder;
— Plano Howard;
— Plano Dalton.

d. Métodos de trabalho por equipe:
— Sanderson de Oundle;
— Método Cousinet;
— Plano Jena.

e. Métodos predominantemente socializadores:

— George Junior Republic;

— Cooperativa Escolar de Profit;

— Comunidades Escolares (Wyneken, Scharrelman, Paulsen).

f. Outras escolas de ensaio e reforma:

— Sistema Winnetka (Carleton Washburne);

— Técnica de Freinet;

— Trabalho e jogo dirigidos: Escola de Fairhope, de Marieta Johnson e City Country School de Carolina Pratt. Atividades dirigidas extra-escolares: Escotismo, Wandervögel, Grupos Infantis José Martí;

— Escola duplicada: Sistema Gary e Escolas de Detroit (Platoon System) (1).

REPRESENTANTES

A. *GEORG KERSCHENSTEINER* (1854-1932)

1. *Notícia sobre o autor*. Kerschensteiner nasceu em Munique, Alemanha. Foi professor primário durante algum tempo. Fez seus estudos universitários em sua cidade natal, assumindo, em 1895, a direção do ensino nesse mesmo local, função que exerceu, aliás, durante 25 anos (1895-1919).

Em 1920, retira-se para a vida privada, recebendo da Universidade de Munique o título de professor *honoris causa*.

Kerschensteiner divulgou as idéias de Dewey na Alemanha. Para a concepção de *escola ativa,* baseou-se em Pestalozzi. Considerando o homem como produto da sociedade, e a educação como fenômeno essencialmente social, deve ser arrolado entre os educadores socialistas.

Apontam-se entre seus escritos: *O Problema da Educação Pública, Conceito de Escola de Trabalho, Essência e Valor do Ensino Científico-Natural, A Educação Cívica,* etc.

---

(1) O leitor que desejar um conhecimento mais profundo a respeito da Pedagogia Contemporânea deverá ler Francisco Larroyo, *História General de la Pedagogia,* 10.ª ed. México, Editorial Porrúa, 1967, pp. 605 a 767.

2. *A escola de trabalho.* Há alguns anos atrás, o eminente educador espanhol Lorenzo Luzuriaga resolveu reunir num livro (²) alguns artigos sobre educação, extraídos da *Revista de Pedagogia,* de Madri. Num só volume, apresentou trabalhos de destacados representantes da educação moderna: John Dewey, Ernst Krieck, August Messer, Ortega y Gasset, Edward Spranger, Gustav Wyneken, Alfred Adler, Charlotte Bühler, Edouard Claparède, Ovide Decroly, Jean Piaget, Georg Kerschensteiner, Maria Montessori, Helen Parkhurst, Peter Peterson, Carleton Washburne, Roger Cousinet, Adolphe Ferrière, William H. Kilpatrick e J. Lombardo-Radice.

Foi precisamente dessa obra de Luzuriaga que se extraiu o texto para esta antologia, reflexo significativo do pensamento de Kerschensteiner. Não é, como os outros excertos apresentados, fragmentos de uma obra maior. É um todo completo que contém as idéias essenciais do autor.

3. *Elementos para o comentário do texto.* Kerschensteiner demonstra no texto a seguir, qual a essência de *escola de trabalho:* "escola para aprender, por experiência, com o próprio trabalho".

A primeira propriedade da escola de trabalho é a consideração da individualidade de seus alunos. Em seguida, o que o aluno disser, deverá corresponder realmente ao pensado e sentido; é importante o autocontrole e auto-exame. Finalmente, toda educação terá que ser uma auto-educação.

O texto escolhido delineia a filosofia da educação de seu autor. É socialista e, por isso, considera o homem como produto do meio e a educação como fenômeno social. Percebe-se que sua escola sendo *ativa,* tende a tornar-se uma *escola social.*

4. **TEXTO.**

A escola do trabalho

Na reforma da vida escolar alemã, há uns 15 anos, o termo "Escola de Trabalho" (*Arbeitsschule*) desempenha um papel decisivo. Embora a palavra seja relativamente antiga na história da pedagogia alemã — encontramo-la já em fins do século XVIII e começos do XIX —, só adquiriu nova vida e novo conteúdo por causa da conferência que fiz, a convite da Direção do Ensino do cantão de Zurique, no aniversário do nascimento de Pestalozzi — 12

---

(2) O livro é *Ideas pedagógicas del siglo XX,* Buenos Aires, Editorial Nova, 1954.

284

de janeiro de 1808 —, com o título de "A escola do futuro, escola de trabalho" ([3]).

Poucos anos depois, confundiu-se o conceito mais amplo que então expus com o mais restrito e tradicional, que entendia por escola de trabalho essencialmente uma escola de trabalho manual. Esta confusão é atribuída, em grande parte, à luta que experimentou a reforma do ensino primário sobre a base da idéia de escola de trabalho. O magistério alemão já se havia manifestado antes em três grandes assembléias contra a introdução de todo ensino especial de trabalho na escola primária. Passou-se absolutamente por cima do fato de haver também uma escola de trabalho espiritual e que a escola primária tem de organizar seu ensino não só sobre a elaboração manual de seu saber, como também a espiritual. A idéia de escola de trabalho já encontra hoje a aprovação de todos os pedagogos razoáveis não só da Alemanha, como estrangeiros ([4]). Pois as escolas es-

---

(3) "...não satisfeito com criar a escola de trabalho, escrevia livros sobre a nova educação, pronunciava conferências, fazia viagens a países estrangeiros e descobria — como ele próprio disse — a personalidade de John Dewey, no qual reconheceu o companheiro de armas, mais radical, é certo, porém filosoficamente mais amadurecido e racional". A. M. Aguayo, *Novas Orientações da Educação*, trad. bras., São Paulo, Saraiva & Cia, 1939, pp. 118 e 119.

(4) "As idéias de Kerschensteiner repercutiram por toda a Alemanha, onde, antes de estalar a guerra européia, já existiam muitas escolas do trabalho, além das do município de Munique. Uma das primeiras organizações foi a de Dortmund, cujos professores tiveram necessidade de proceder com absoluta independência dos regulamentos escolares e reorganizaram o estabelecimento com o lema de "a atividade, princípio da instrução." Também se constituiu em escola ativa a *Elias — Holl — Schul* de Augsburgo. Em 1909, depois da brilhante experiência realizada em Leipzig, os professores dessa cidade publicaram um livro denominado *A Escola da Atividade*, onde faziam declarações muito radicais para a época. O princípio da escola de trabalho triunfou definitivamente no Reich com a promulgação da Constituição de Weimar, cujo art. 148 dispõe, entre outras coisas que em todas as escolas atender-se-á "à consciência cívica, à aptidão pessoal e à aptidão vocacional dos alunos". *Id., ibid.*, p. 122. Com referência à "consciência cívica" de que fala a Constituição de Weimar, é oportuno lembrar que Kerschensteiner condensa na educação cívica toda a essência do processo educativo; quando bem concebida, a

trangeiras sofrem os mesmos males que as alemãs e, com freqüência, em grau muito maior. Também nelas, por antigas e aperfeiçoadas que sejam, predomina a superalimentação dos meninos com uma multiplicidade de matérias adquiridas de forma puramente memorística (5), a custo de um caudal de conhecimentos indubitavelmente muito menor, mas muito mais eficaz do ponto de vista educativo, e que pode ser adquirido mediante trabalho cuidadoso e consciente.

Mas, pode-se perguntar: constitui diferença tão considerável que eu possua puramente de memória, por transmissão, meus conhecimentos, ou que os trate de elaborar em todas as matérias de modo mais pessoal possível? Possuir, não é, com efeito, mais que possuir, e além disso, não há dúvidas que quanto mais tenha de adquirir esse lastro espiritual pela própria atividade, tanto menos extenso ele será frente ao tesouro de conhecimentos e idéias que, sem esforço, posso adquirir dos livros de todas as épocas e confiar à minha memória.

A resposta a essa pergunta leva-nos imediatamente à essência da escola de trabalho, àquela escola que desde fins do século XIX tratei de realizar na organização escolar da cidade de Munique, sem ter podido vencer todas as resistências que se opunham a ela, como as que surgiram, sobretudo, dos próprios mestres.

Qual a essência da escola de trabalho? Do exposto até agora, conclui-se claramente ser uma escola para apren-

---

educação cívica torna-se educação geral, contendo todas as outras finalidades; o fim da educação é formar cidadãos úteis e esta tarefa educativa deve envolver todas as demais. O art. 148 da já citada constituição fala também em aptidão pessoal, problema ao qual Kerschensteiner emprestou grande significação; segundo ele, a educação profissional na escola não poderá esquecer-se dos interesses psíquicos da criança, variáveis com a idade. A cultura profissional especializar-se-á quando as aptidões definirem-se e fixarem-se.

(5) Kerschensteiner opõe a "educação de memória" à "escola de trabalho". Esta procura obter do aluno, com um mínimo de matéria instrutiva, um máximo de destreza, a serviço de um aspecto cívico.

der, por experiência, com o próprio trabalho ([6]). De que gênero é esse trabalho? Há trabalho intelectual e manual, e, em ambos os casos, há trabalho mecânico e reflexivo ([7]). Ordinariamente, entende-se por trabalho uma atividade corporal unida a um esforço, que produz geralmente fadiga e desgosto, e, sobretudo, uma atividade que se realiza com a tensão das forças musculares. Este é o sentido vulgar de trabalho. O homem comum, em geral, não considera o trabalho de cabeça, ou intelectual, como trabalho realmente; durante tal ocupação, está-se meramente sentado diante de uma escrivaninha ou, então, vai-se ao campo passear.

Com essa representação primitiva partiu-se efetivamente para uma reforma da escola livresca (*Buchschule*), e acreditou-se seguir o caminho da escola de trabalho, introduzindo-se no plano de ensino da escola o *trabalho manual* ([8]). Por último — e esta é a fase mais moderna do desenvolvimento — exigiu-se deste trabalho manual a criação de produtos úteis ([9]), e até que seja incluído no processo econômico da nação. A essa escola chamou-se também escola de produção (*Produktionsschule*) porque produzia riquezas

---

(6) A posição de Kerschensteiner, neste particular, é fundamental para a compreensão do espírito da *Arbeitsschule,* oposto à escola tradicional ou *do saber.*

(7) Kerschensteiner admite dois tipos de atividades infantis: a *mecânica* (que produz obras de imitação) e a *criadora* (que se manifesta em realizações novas e desenvolve as disposições naturais da criança).

(8) "...os trabalhos manuais têm, além do valor como formação profissional, valor educativo: a criança neles toma consciência de seu poder criador e de sua responsabilidade, adquire gosto pelo trabalho bem feito e prova o prazer que se experimenta no vencer dificuldades". Paul Foulquié, *As Escolas Novas,* trad. bras., São Paulo, Companhia Editora Nacional, 1952, p. 66.

(9) Não será segundo ele, nem o saber nem o trabalho mecânico que conduzirão ao trabalho produtivo. Êsse trabalho é aquele a que o espírito se entrega quando sintetiza velhas e novas experiências, quando estabelece relações entre umas e outras com o fim de criar uma unidade superior, idéia ou representação externa ou realização da mesma. A.M. Aguayo, *op. cit.,* p. 120.

econômicas. A última e mais moderna ocorrência teve-a o Sr. P. P. Blonskij, de Moscou, exigindo que o rapaz de idade média não só seja introduzido fundamentalmente num ramo de trabalho, e com ele educado, senão que constitua o maior número possível desses ramos. Tem que se examinar mais detalhadamente esse projeto de Blonskij para toda a organização escolar russa, a fim de ver com um exemplo novo como uma boa idéia pode converter-se em sua contrária. Ele recomenda, muito seriamente, que o trabalho educativo com os meninos deve levar a isto não só através de amplos campos de indústria, como também por terrenos igualmente extensos do trabalho espiritual. O rapaz de 14 anos deve passar, pouco a pouco, até os 18 anos, depois que entrou, por exemplo, na indústria têxtil — onde permaneceu meio ano — à indústria química, depois à engenharia, mais tarde à agricultura, ao mesmo tempo que se especializa em ocupações manuais sobre trabalhos de madeira. Todo o ensino deve fazer-se aqui, na medida do possível, unindo a atividade do aluno ao plano geral do trabalho da fábrica. Mas, ao mesmo tempo, deve prosseguir-se paralelamente ao trabalho espiritual, e não diz se em alguma relação com o manual. Para ele, o ideal seria uma situação em que o tempo de trabalho na "casa do adolescente" (nós diríamos estabelecimento educativo) se dividisse em duas partes iguais. Depois que o rapaz, no curso de 4 anos (desde os 14 até os 18), tivesse empregado umas 2800 horas em trabalhos industriais, por exemplo, 240 horas na fábrica de tecidos de algodão, 240 na fundição de aço, 240 na fábrica de açúcar, 240 na construção de ferrocarris, 200 numa leiteria, 800 no ofício de marceneiro e 600 em cultivos agrícolas, empregaria outras 2800 horas mais em trabalhos científicos. Destas correspondem: 1400 horas à Matemática, Física, Química, Biologia, História Social, Filologia, Geografia e Filosofia e 200 a trabalhos especiais em História e Física. Mas, tampouco é isto bastante para o Senhor Blonskij. Seu homem universal emprega ainda 700 horas em atividades artísticas, ou sejam, Música, Pintura e Literatura, com especialização no violino. As outras 700 horas conservam-se para desportos de natação e aquáticos, trenó e bilhar, patins e desportos de neve e xadrez. (Veja-se P. P. Blonskij: *Die Arbeitsschule*. Tradução do russo de Hans Rooff. Tomo II, páginas 18-20.) Apenas se pode imaginar, creio, nada mais bizarro que tal comédia pedagógica, que quer representar-se com o título de escola de trabalho ([10]).

A idéia de educação dita precisamente o absolutamente oposto ao que aqui propõe, com o título de "escola de trabalho", um docente privado de Moscou para a reforma da instrução pública russa. João Wolfgang Goethe expressou-a em uma frase clássica: *Saber e praticar bem uma coisa dá mais educação que fazer e saber medianamente cem coisas diferentes.* E, em outro lugar, disse: "Tudo depende de que o homem compreenda algo de modo decisivo, que realize as coisas competentemente, como não o possa fazer facilmente outro em suas proximidades". (Veja-se Goethe: *Wilhelm Meister Lehrjahre*, tomo XIX, p. 171; *Wanderjahre*, tomo XX, p. 47, em *Jubiläumsausgabe* de Gotha, Stuttgart.)

Agora, bem, que é este *um* que se há de saber para lograr uma educação superior? Que é este *algo* que se há de compreender decisivamente e do qual depende todo o problema de educação?

Durante séculos, tem-se dado a isto a mesma resposta: somente lograrás uma educação real, conhecendo a língua, a literatura, as artes plásticas e a história política dos gregos e romanos, assim como estudando as Matemáticas, a Lógica de Aristóteles, a Retórica dos grandes oradores clássicos e a Filosofia de Platão.

A isto tem que se contestar: certamente esse é um caminho para a educação, mas também *um* caminho só, um caminho para um grupo pequeno e muito determinado de homens, cuja natureza espiritual e anímica está dotada de forças e necessidades que lhes permitem introduzir-se nessas coisas.

---

(10) Algumas referências à escola de trabalho de Blonskij podem ser encontradas em Francisco Larroyo, *op. cit.*, pp. 642 e 643.

289

Mas não é, em absoluto, um caminho para todos. E tampouco para os que aspiram a uma educação superior. O mesmo Goethe, que expressou os dois pensamentos citados, disse em outro lugar da mesma obra: *"Ali para onde olhais (a saber, na província pedagógica) separam-se todas as suas atividades. Os alunos são examinados a cada passo. Com isso se vê ao que aspira propriamente a natureza; se eles, com esforços dispersos, dirigem-se ora a uma coisa, ora a outra. Homens discretos deixam aos rapazes encontrar por suas mãos o que é adequado para eles. Abreviam os rodeios pelos quais o homem poderia extraviar-se de seu destino espiritual com grandes perigos."*

Mas, a que aspira a natureza de cada indivíduo? Que é adequado ao indivíduo? A resposta é, por sua vez, muito fácil. A natureza do indivíduo é uma totalidade pessoal, peculiar. A cada indivíduo é adequada uma coisa diferente: a um, a arte; a outro, uma ciência; ao terceiro um ofício ou uma indústria; ao quarto, um aspecto da agricultura; ao quinto, um ramo do comércio; ao sexto, a organização de uma comunidade e a doação à vida da mesma. Não se pode exigir tudo de todos, senão de cada um o que se radica em seu ser, em sua natureza inata ([11]).

Agora podemos determinar a primeira propriedade fundamental da escola de trabalho. Uma escola de trabalho é, em primeiro lugar, uma escola que leva em conta a individualidade de seus alunos e que com a contínua atuação de suas necessidades próprias e anímicas, educa-os para o que são intimamente chamados, segundo suas disposições inatas. Portanto, é característica da escola de trabalho não simplesmente atender às necessidades de auto-atividade dos alunos, como também ter constantemente em conta a individualidade peculiar a cada um ([12]). No fundo, uma coisa

---

(11) Alusão às diferenças individuais.

(12) Para Kerschensteiner a individualidade é a formação pessoal e característica pela qual cada homem age e reage ao mundo exterior, isto é, a forma pela qual organiza o mundo de valores segundo a natureza, tal como se expande segundo a lei que lhe é imanente. Esse acesso

desprende-se da outra, pois nossas necessidades de atividade, quer dizer, nossos verdadeiros interesses somente surgem de nossa individualidade. Mas, proceder-se-á acertadamente acentuando ambas as coisas, porque estamos muito acostumados à idéia de que nossos interesses e atividades podem também ser provocados com uma hábil instrução, sem que seja necessário nenhum gênero de disposições inatas.

Semelhante interpretação do conceito de escola de trabalho não significa, de modo nenhum, uma limitação artesanal do conceito de educação, uma redução da educação à mera formação profissional ([13]), quer dizer, ao mero cultivo em qualquer ofício manual ou espiritual. Significa, ao contrário, uma educação humana geral, só que sobre a base da individualidade e das formas de atividade acessíveis a esta individualidade. Mas, o homem deverá pisar num terreno firme sob seus pés, antes de poder auxiliar os demais. E o solo firme é um campo de trabalho ao qual o indivíduo é chamado interiormente por suas disposições pessoais. Quem não mostra nenhuma inclinação para nenhuma atividade durável e séria, quem se constitui de maneira que nenhuma arte pedagógica possa tampouco desenvolver em si tal inclinação, também não poderá educar-se conforme um plano pedagógico belamente elaborado.

Mas, se graças a uma organização educativa devidamente planejada, conhecemos as aspirações das forças espirituais e anímicas do aluno, nossa missão constituirá, então, em desenvolver essas forças com estímulos crescentes até à altura de suas capacidades ([14]). Quanto mais cuidadosa e

---

ao mundo de valores só é possível na sociedade. René Hubert, *História da Pedagogia*, trad. bras., São Paulo, Companhia Editora Nacional, 1957, p. 342.

(13) Nem todo trabalho é valioso para o mestre de Munique; deverá ter um valor social, quer dizer, contribuir para o enobrecimento do indivíduo como membro de uma comunidade.

(14) "O educador entre na categoria dos "portadores de valores" culturais. Ademais ele é levado pela vocação íntima a consagrar a atividade e a vida à realização desses valores nos indivíduos jovens. Per-

fundamentalmente desenvolvermos com trabalhos auto-eleitos estas disposições individuais, tanto mais seguros poderemos estar de que este homem penetrará em todos os círculos da cultura humana, na medida do alcance de suas forças. A educação nunca é nada que vaga na superfície. É sempre algo que desce até a profundidade. Na extensão e aparência, na superfície e periferia todos os círculos da cultura parecem isolados entre si: os círculos culturais das artes, das ciências, dos sistemas religiosos, das técnicas da agricultura, da vida social, etc. Na profundidade todos se relacionam. Tão-somente se penetre uma vez nas raízes de uma série de riquezas culturais, tropeçar-se-á seguramente com as raízes de todas as demais séries de tesouro da cultura. Pois, todas as riquezas da cultura humana surgiram, no transcurso dos séculos, do mesmo espírito humano. Mas, para que um estabelecimento educativo semelhante que une sua atividade às necessidades da natureza individual de seus alunos seja um estabelecimento de educação, quer dizer, um estabelecimento no qual a individualidade isolada chega à plenitude de sua personalidade, não basta a mera exigência de auto-atividade. Como disse, repetidas vezes, os apóstolos da escola de trabalho passaram quase por alto sobre isso. Se a auto-atividade deve ter valor moral, há que conduzir à objetividade. Há de levar à confecção de nosso trabalho, através da máxima plenitude deste trabalho e não meramente pela maior comodidade possível de nossa vida. Citemos um exemplo. Há séculos, os chamados trabalhos de redação ou composição constituem em todas as escolas uma forma de atividade preferida. A escola geral tradicional exige simplesmente que o aluno faça uma boa redação, naturalmente com con-

---

tence ao tipo social e prático consagrado a realizar os valores não nas coisas, mas nas pessoas, a começar da própria pessoa. Age pelo amor à criança, com perspectivas mais largas ainda que as de sacerdote e uma faculdade avisada para diagnosticar personalidades sem contar as qualidades exigidas para o ensino coletivo. As escolas normais devem ser organizadas de maneira a desenvolver nos futuros mestres todas essas disposições naturais: devem ser elas mesmas, preeminentemente, comunidades de vida e de trabalho, devem fundar-se na fé dos valores absolutos, e, entretanto, encarnar o espírito nacional." René Hubert, *op. cit.*, p. 346.

seqüência lógica e, no que for possível, com imagens literárias vivas; e a escola dá, talvez, aos alunos modelos ou esquemas para a ordenação das idéias; mas, não se cuida de mais nada; por exemplo, não se cuida se esta palavra nasceu do viver anímico (*seelische Erlebnis*) e se este viver foi expresso fielmente.

A escola de trabalho, ao contrário, *terá de partir* desse efetivo viver e terá de refletir o vivido com a maior fidelidade possível ou terá de fazer responder com a máxima precisão a uma pergunta, a um problema que *surja de* seu próprio viver no aluno *mesmo*. A segunda grande exigência que apresento à escola de trabalho como centro de educação, é este exame minucioso de se o que eu digo corresponde ao que me impressiona, penso e sinto; se só manifesto sentimentos e pensamentos convencionais que não possuo em realidade; se o que quero expressar acha-se tão clara e eficazmente expresso para os demais que com a leitura possam sentir, pensar e representar o mesmo. O que se pede aqui para os trabalhos de redação aplica-se a todos e a cada um dos trabalhos desta escola, sejam de natureza espiritual ou material. Por isso, é de importância básica para toda escola de trabalho que o labor que se exija do aluno possa ser examinado todo o tempo não só pelo mestre, senão também pelo aluno mesmo, para ver se tem, por suas forças, toda a plenitude que lhe é possível ([15]).

O caráter mais importante do conceito de escola de trabalho é a possibilidade de autocontrole do trabalhador, o hábito do auto-exame de todo trabalhador para ver se o realizado satisfaz todas as exigências. Se se tivesse atendido a isto até agora, não teríamos de lamentar que nas escolas que se chamam de trabalho, o diletantismo desempenhe papel

---

(15) Uma das características da *escola nova* é a atividade. Entretanto, é preciso compreender o autêntico significado dessa expressão; não quer dizer, simplesmente, uma escola onde se trabalha, em oposição àquela em que nada se faz. O aluno não é um ser dócil que obedece à voz de comando do professor; não é um indivíduo que somente escuta e mantém-se imóvel nas carteiras. Pelo contrário, age, trabalha, busca a experiência no ensaio de obras pessoais. É a concretização da sediça expressão deweyniana do *learning by doing*.

muito maior que o trabalho. Se o mestre só penetrou superficialmente no terreno que deve ensinar, ser-lhe-á impossível poder educar no aluno aquela vontade de auto-exame e auto-controle ([16]) que unicamente faz da escola de trabalho uma escola moral ([17]).

Por último, temos que determinar um terceiro caráter fundamental da escola de trabalho. Toda educação é algo que o indivíduo adquire para si. Trata-se da educação de sua própria alma. O *educador* não pode educar nunca o aluno. Cada um há de adquirir por si mesmo a educação, e a escola não pode jamais concluir essa tarefa, ainda que seja só aproximadamente. A vida inteira é ou um processo de auto-educação constante, ou uma vida puramente animal, uma vida de luta pela mera existência.

Mas para que a vida do indivíduo possa chegar a ser uma vida humana, para que não tenha que se consumir numa simples existência, a sociedade procurará dar ao aluno aquela proteção que impede ao indivíduo converter-se numa presa da cobiça dos demais.

Quem é esta sociedade? São todos os indivíduos de cuja educação se trata. Portanto, todos os homens serão acostumados, desde o começo de seu labor educativo, à idéia de que sua educação só é possível se todos estiverem dispostos a fomentar *em comum* os interesses educativos e vitais de cada um ([18]).

Isto não significa outra coisa senão que todas as escolas educativas de trabalho terão de ser dirigidas *socialmente* não

---

(16) A influência de Dewey é nítida. É o mestre americano quem diz: "O fim ideal da educação é a criação do poder de autocontrole e autodomínio". John Dewey, *Experiencia y educación*, trad. arg., 9.ª ed. Buenos Aires, Editorial Losada, S.A., 1967, p. 78.

(17) As três tarefas da escola deverão ser: a educação profissional, a moralização da profissão e a moralização da sociedade, dentro da qual a profissão é exercida.

(18) Como representante da *pedagogia socialista,* Kerschensteiner coloca no social o valor básico da vida. O objetivo da educação terá que ser, pois, a socialização do educando. A grande educadora é a comunidade; daí a ação educativa ter que gravitar em torno dela.

só por causa da sociedade, senão precisamente por causa da própria personalidade. Todos têm de estar saturados do valor superior da cultura se nesta sociedade querem encontrar, os que aspiram àquela, a proteção e o estímulo. A consideração que exijo para mim hei de guardá-la em igual medida para todos os demais. A justiça a que aspiro hei de participá-la com todos os outros; o valor moral, que se exige de mim, exijo-o dos demais também. Por estes caminhos sociais deslizar-se-á a educação não só com palavras e boas doutrinas, pois estas não faltaram nunca até agora; aquela terá de cultivar este espírito de fazer e deixar fazer aos alunos, no trabalho diário comum de todos eles. A escola de trabalho é uma escola de comunidade moral de trabalho ou, então, não é tal escola, senão uma escola para ofícios manuais ou espirituais.

A uma coisa tem-se que aludir: a comunidade de trabalho dos alunos não deve ser paralela ao trabalho escolar, senão que este mesmo deve desenvolver-se na forma de comunidade de trabalho. Naturalmente, sempre só o quanto a matéria de ensino respectiva permita por si mesma tal comunidade. Ademais, só na quantia em que as capacidades, destrezas e qualidades morais do indivíduo estejam suficientemente desenvolvidas para que ele possa, com seu trabalho, desenvolver na comunidade uma ação valiosa. Isto, por sua vez, significa que o serviço da comunidade tem que seguir paralelamente em cem coisas a uma educação dada individualmente, até que as forças se tenham configurado de modo que o fim social possa também ser fomentado realmente com as forças sociais. Não se deve nunca esgotar um princípio. Detrás, a escola de trabalho observa o diletantismo, da mesma maneira que, detrás, observa a escola livresca. E o trabalho diletante é tão sem valor para a educação do homem e conduz a vaguezas tanto quanto o aprender adquirido de memória que, todavia, ainda hoje respeitamos tanto em nossas escolas.

Há ainda outros traços que caracterizam a essência da escola de trabalho. Mas, tenho que me dar por satisfeito com a sinalização aqui dos três mais importantes. Resumimo-los nos três princípios seguintes:

1.º) A escola de trabalho é uma escola que enlaça tanto quanto possível sua atividade educadora às disposições individuais de seus alunos e multiplica e desenvolve, em todos os aspectos possíveis, essas inclinações e interesses, mediante uma atividade constante nos respectivos campos de trabalho.

2.º) A escola de trabalho é uma escola que trata de conformar as forças morais do aluno dirigindo-o a examinar constantemente seus atos de trabalho para ver se estes expressam com a maior plenitude possível o que o indivíduo sentiu, pensou, experimentou e quis, sem se enganar a si mesmo, nem aos demais.

3.º) A escola de trabalho é uma comunidade de trabalho em que os alunos, à medida que seu desenvolvimento torna-se suficientemente alto aperfeiçoam-se, ajudam-se e apóiam-se recíproca e socialmente a si mesmos e aos fins da escola, para que cada indivíduo possa chegar à plenitude de que é capaz, por sua natureza.

(Lorenzo Luzuriaga, Ideas pedagógicas del siglo XX,
Buenos Aires, Editorial Nova, 1954, pp. 135 a 146.)

B. *JOHN DEWEY* (1859-1932)

1. *Notícia sobre o autor.* Nasceu em Burlington, Vermont, nos Estados Unidos. Em 1884 doutorou-se em Filosofia e Pedagogia. Foi nomeado instrutor de Filosofia na Universidade de Michigan, onde se deixou influenciar por Hegel e William James. Elevado a professor titular aí permaneceu até 1894.

A partir dessa data, foi nomeado professor de Filosofia e Pedagogia na Universidade de Chicago. É nessa universidade que realiza uma das mais importantes experiências para a pedagogia contemporânea: a criação, em 1896, da *University Elementary School,* coadjuvado por sua esposa, Alice Chipman, mais Ella Flagg Young e Jane Adams. Era uma "escola-laboratório", parte integrante da Universidade de Chicago, que durante sete anos serviu de experimentação às suas idéias pedagógicas, em nível de ensino primário, para crianças de 4 a 13 anos.

Em 1904, passou a lecionar na Universidade de Colúmbia, em Nova Iorque, onde permaneceu até sua jubilação. Entre seus discípulos, contam-se: W. K. Kilpatrick, Harold Rugg e W. H. Bagley. Sua influência fez-se sentir também em pedagogos do porte de

Kerschensteiner, Decroly, Petersen e outros. No Brasil, um de seus mais ardentes seguidores foi Anísio S. Teixeira.

2. *Experiência e Educação.* Esta obra de Dewey define sua atitude diante da educação tradicional, apontando-lhe as virtudes e os defeitos.

Compõe-se de oito capítulos, a saber: 1. A educação tradicional frente à educação progressiva; 2. Necessidade de uma teoria da experiência; 3. Critérios da experiência; 4. Controle social; 5. A natureza da liberdade; 6. O sentido do propósito; 7. Organização progressiva das matérias de estudo; 8. Experiência: os meios e objetivos da educação.

O autor sintetiza sua concepção filosófica de Pedagogia; explica sua teoria de educação mediante a experiência e propõe a educação para a liberdade; expõe o sentido e a orientação que devem ter no ensino os programas e planos de estudo, tomando uma posição eqüidistante entre os que pretendem sua supressão e sua vigência.

É oportuno ressaltar que as opiniões se dividem, quando se trata de analisar Dewey. Não é segredo para ninguém que todos aqueles que se propõem a defender uma nova doutrina ou transmitir uma mensagem diferente — em qualquer setor da vida humana — encontram sempre prosélitos e adversários. Dewey não foi exceção a esta regra. No decorrer do texto proposto, nas notas de rodapé, procurar-se-á expender algumas posições contrárias entre si a respeito do pensamento de tão discutido autor.

3. *Elementos para o comentário do texto.* No primeiro capítulo de *Experiência e Educação,* Dewey faz um bosquejo da velha e da nova educação.

Demonstra que naquela, as matérias de ensino constituem-se em meras informações e destrezas elaboradas no passado. O aluno é entendido como um ser dócil, receptivo e obediente. Os livros são altamente valorizados e o mestre é o responsável pela comunicação de conhecimentos.

Dewey procura, com este relato, demonstrar que a escola tradicional é algo de fora para dentro, de cima para baixo, além do alcance da experiência do educando.

A unidade da nova pedagogia fundamenta-se na relação entre experiência e educação. Daí a necessidade de um conceito correto de experiência.

Se a escola tradicional diverge em muito da escola progressiva, isto não significa, contudo, que deva haver entre ambas uma oposição radical.

297

4. TEXTO.

A educação tradicional frente à educação progressiva

A Humanidade gosta de pensar em formas de oposições extremas. É dada a expressar suas crenças em termos de "um ou outro", entre os quais não reconhece possibilidades intermediárias. Quando se vê forçada a reconhecer que não pode atuar sobre os extremos, ainda se sente inclinada a sustentar que estes são perfeitamente justos em teoria, mas que quando se chega a pontos práticos as circunstâncias obrigam-nos ao compromisso. A filosofia da educação não é uma exceção a isto. A história da Pedagogia caracteriza-se pela oposição entre a idéia de que a educação é desenvolvimento de dentro e a de que é formação de fora; a de que está baseada em dotes naturais e a de que a educação é um processo para vencer as inclinações naturais e para substituí-las por hábitos adquiridos sob a pressão externa.

Atualmente, a oposição, no que concerne a assuntos práticos da escola, tende a adquirir a forma de contraste entre a educação tradicional e a educação progressiva ([19]). Se as idéias básicas daquela forem formuladas amplamente, sem o rigor requerido para uma definição exata, poderiam ser expressas da seguinte forma: as matérias de ensino consistem em conjuntos de informação e destrezas elaborados no passado; por conseguinte, a principal tarefa da escola é transmiti-los à nova geração. No passado foram também desenvolvidos modelos e normas de conduta; a educação moral consiste, pois, em formar hábitos de ação de conformidade com essas regras e modelos. Finalmente, a norma geral de organização escolar (pela qual entendo as relações dos alunos entre si e com os mestres) faz da escola um gênero de instituição social. Recorde-se a escola ordinária, seus horários, seus sistemas de classificação, de exame e

---

(19) "A escola do passado apega-se às matérias de estudo e despreza o dinamismo, o poder evolutivo inerente à experiência da criança. A escola nova, ao contrário, acentua esse impulso livre e espontâneo e pretende que os programas se organizem de acordo com as necessidades infantis, assim como as necessidades da vida da comunidade." René Hubert, *op. cit.*, p. 337.

de promoção, suas regras de ordem e creio que compreendereis o que penso por "norma de organização". Se depois comparais esta cena com a que ocorre, por exemplo, na família, apreciareis o que representa o fato de a escola ser uma instituição essencialmente diferente de qualquer outra forma de organização social.

As três características mencionadas determinam os fins e métodos da instrução e disciplina. Seu principal propósito ou objetivo é preparar o jovem para as futuras responsabilidades e para o êxito na vida por meio da aquisição dos conjuntos organizados de informação e das formas preparadas de destreza que apresentam as matérias de instrução. Posto que os objetos de ensino, assim como os modelos de boa conduta, são tomados do passado, a atitude dos alunos deve ser, em geral, de docilidade, receptividade e obediência. Os livros, e especialmente os livros de textos, são os órgãos mediante os quais os alunos são postos em relação efetiva com a matéria. Os mestres são os agentes mediante os quais se comunicam o conhecimento e as destrezas e impõem-se as regras de conduta ([20]).

Não fiz este breve resumo com o propósito de criticar a filosofia que lhe serve de base. O nascimento do que se chama nova educação e escolas progressivas é em si um produto do descontente respeito à educação tradicional. Com efeito, é uma crítica desta última. Quando a crítica

---

(20) "Toda pedagogia está unida a pelo menos uma filosofia da educação, e a que, desde o início vivificou a chamada pedagogia da escola nova, foi principalmente a derivada de Rousseau, o fundador da filosofia naturalista." José Antônio Tobias, *Filosofia da Educação*, São Paulo Editora do Brasil S/A, 1967, p. 92. A filosofia naturalista, contrária à escola tradicional, subestima o valor dos livros e enfraquece a posição dos mestres. Remontando ao aspecto do texto em análise, percebe-se a intenção depreciativa de Dewey, em relação aos dois elementos citados. Nestes dois pontos há muito em comum entre ele e Rousseau, que diz: 1. em relação aos livros: "Livros! Que triste mobiliário para sua idade (a do rapaz)!" *Emílio ou da Educação*, trad. de Sérgio Milliet, São Paulo, Difusão Européia do Livro, 1968, p. 166; 2. em relação aos mestres: "...será preciso, sem dúvida, guiá-la (a criança) um pouco, mas muito pouco e sem que o perceba. Se se enganar deixai-a fazer, não corrijais seus erros, esperai em silêncio que ela esteja em condições de vê-los e de corrigi-los ela própria". *Id., ibid.*, p. 180.

implícita faz-se explícita, diz-se como se segue: o esquema tradicional é, em essência, uma imposição de cima e de fora. Impõe modelos, matérias e métodos adultos àqueles que apenas se estão desenvolvendo lentamente até a maturidade. A separação é tão grande, que as matérias e os métodos de aprender e proceder requeridos são alheios à capacidade dos jovens. Aqueles estão além do alcance da experiência que possui o jovem que aprende[21]. Conseqüentemente, têm que ser impostos, ainda quando os bons mestres empreguem artifícios, tanto para encobrir a oposição como para livrá-la de aspectos evidentemente brutais.

Mas, o abismo entre os produtos maduros e adultos e a experiência e capacidade do jovem é tão amplo que a mesma situação impede uma participação muito ativa dos alunos no desenvolvimento do que se ensina[22]. Seu dever é fazer... e aprender, como o papel dos seiscentos era

---

(21) Para compreender este pensamento de Dewey é interessante complementá-lo com excertos de outra obra sua: "A criança vive em um mundo em que tudo é contacto pessoal. Dificilmente penetrará no campo de sua experiência qualquer coisa que não interesse diretamente seu bem-estar ou o de sua família e amigos (. . .). Opondo-se a isso, o programa de ensino que a escola apresenta, estende-se, no tempo, indefinidamente para o passado, e prolonga-se, sem termo, no espaço. A criança é arrancada de seu pequeno meio físico-familiar — um ou dois quilômetros quadrados de área, se tanto — e atirada dentro do mundo inteiro, até os limites do sistema solar. A pequena curva de sua memória pessoal e a sua pequena tradição vêm-se assoberbadas pelos longos séculos da história de todos os povos.
Além disso, a vida da criança é integral e unitária: é um todo único. Se ela passa, a cada momento, de um objeto para outro, como de um lugar para outro, fá-lo sem nenhuma consciência de quebra ou transição. Não há isolamento consciente, nem mesmo distinção consciente (. . .). Vai ela para a escola. E que sucede? Diversos estudos dividem e fracionam seu mundo. A Geografia seleciona, abstrai e analisa uma série de fatos, de um ponto de vista particular. A Aritmética é outra divisão; outro departamento a Gramática, e assim por diante". John Dewey, *Vida e Educação, I A Criança e o Programa Escolar, II — Interesse e Esforço,* trad. e estudo preliminar de Anísio S. Teixeira, 5.ª ed. São Paulo, Edições Melhoramentos, 1965, pp. 43 e 44.
(22) "A fraqueza da educação antiga estava nas suas irritantes comparações entre a imaturidade da criança e a maturidade do adulto, considerando aquela como alguma coisa de que nos tínhamos que libertar tanto quanto possível e tão cedo como possível." *Id., ibid.,* p. 50.

fazer e morrer. Aprender aqui significa adquirir o que está incorporado nos livros e nas cabeças dos maiores (23). Por outro lado, o que se ensina é pensado como essencialmente estático. Ensina-se como um produto acabado, tendo pouco em conta o modo em que originalmente foi formulado ou as mudanças que ocorrerão no futuro. É em grande parte produto cultural de sociedades que supunham que o futuro seria muito parecido com o passado, e, sem embargo, usa-se, como alimento educativo em uma sociedade na qual a mudança é a regra e não a exceção.

Se tratarmos de formular a filosofia da educação implícita nas práticas da educação mais nova, podemos, creio, descobrir certos princípios comuns entre a diversidade de escolas progressivas agora existentes. À imposição de cima, opõe-se a atividade livre, ao aprender de textos e mestres, o aprender mediante a experiência (24). À aquisição de destrezas e técnicas isoladas por adestramento opõe-se a aquisição daquelas como meio de alcançar fins que interessam direta e vitalmente; à preparação para um futuro mais ou menos remoto opõe-se a máxima de utilização das oportunidades da vida presente (25); aos fins e materiais estáticos opõe-se o conhecimento de um mundo submetido a mudanças.

---

(23) "A mentalidade adulta está tão familiarizada, todavia, com a noção de uma ordem lógica dos fatos, que não reconhece — não pode reconhecer — o espantoso trabalho de separação, de abstração e manipulação, que têm de sofrer os fatos de experiência direta para que possam aparecer como uma "matéria" ou um ramo do saber." *Id., ibid.*, p. 44.

(24) A atividade livre e o aprender mediante experiência, eis mais dois pontos que a educação nova tomou emprestado de Rousseau. Senão, vejam: "...conceder às crianças mais liberdade verdadeira e menos voluntariedade, em deixá-las com que façam mais por si mesmas e exijam menos dos outros". *Op. cit.*, p. 50. "Não deis a vosso aluno nenhuma espécie de lição verbal; só da experiência ele a deve receber." *Id., ibid.*, p. 78. "...ponde todas as lições aos jovens em ações e não em discursos; que nada aprendam nos livros do que a experiência lhes pode ensinar". *Id., ibid.*, p. 287.

(25) A inspiração vem de Rousseau, outra vez: "Que pensar então dessa educação bárbara que sacrifica o presente a um futuro incerto, que cumula a criança de cadeias de toda espécie e começa por torná-la miserável a fim de preparar-lhe, ao longe, não sei que pretensa felicidade de que provavelmente não gozará nunca?" *Id., ibid.*, p. 70.

301

Agora bem, todos os princípios em si mesmos são abstratos. Fazem-se concretos somente nas conseqüências que resultam de sua aplicação. Justamente porque os princípios expostos são tão fundamentais, tudo depende da interpretação que se lhes dá quando se os aplica na escola e no lugar. Neste ponto é onde a referência feita antes às filosofias do "um ou do outro" resulta particularmente adequada. A filosofia geral da nova educação pode ser sã e, entretanto, a diferença dos princípios abstratos não decidirá o modo como se aplique a preferência moral e intelectual suposta. Em um novo movimento existe sempre o perigo de que, ao revidar os fins e métodos do que se quer substituir, possa-se desenvolver seus princípios de um modo negativo. Então toma como guia para a prática o que revida, em lugar de fazê-lo do desenvolvimento construtivo de sua própria filosofia.

Considero que a unidade fundamental da nova pedagogia encontra-se na idéia de que existe uma íntima e necessária relação entre os processos da experiência real e educação. Se isto é certo, então o desenvolvimento positivo e construtivo de sua própria idéia básica dependerá de que se possua uma idéia correta da experiência (26). Considere-

---

(26) É oportuno transcrever-se aqui um parecer: "O problema mais sério da educação é o de seus fins. As filosofias pragmáticas e utilitaristas da educação, no geral, são falhas nesse sentido. A maior crítica que se levanta contra a filosofia da educação de Dewey é a de que falha em valores. Fala-se num ideal de educação mas esse ideal é algo flutuante, nada determinando, ao ponto de dizer-se que o fim da educação é a própria educação. Dewey, ao desejar elidir o absoluto, estabeleceu um conceito dinâmico de totalidade, considerando o universo como uma grande experiência, uma perpétua reconstrução, afirmando que nada é estático. Com isso criou o absoluto da reconstrução contínua. Por outro lado, elidiu o fim último. Estudando as características daquilo que considera um fim, diz: é uma ação intencional, com aspiração em busca de algo que é fim, enquanto buscado e que uma vez atingido, transforma-se em meio para a busca de novos fins. Relativizou assim o conceito de fim. Transportando tal conceito para a educação, criou dentro de sua pedagogia um ceticismo, um educar sem saber para quê, um reconstruir que é um fim em si mesmo". "O Manifesto e a Educação" *in Revista Brasileira de Estudos Pedagógicos,* n.º 71, julho-setembro de 1958, pp. 160 e 161. Compare-se agora esse ponto de vista com o seguinte: "Nada menos inexato do que imaginar que a pedagogia de Dewey tenda a produzir utilitaristas, no sentido pejorativo do termo, com o desprezo da cultura

-se, por exemplo, a questão das matérias de ensino organizadas, que será discutida com algum pormenor depois. O problema para a educação progressiva é: qual o lugar e sentido das matérias de ensino e da organização da experiência? Como funcionam as matérias? Existe algo inerente na experiência que tenda até a organização progressiva de seu conteúdo? Que resultados se produzem quando os materiais da experiência não se organizam progressivamente? Uma filosofia que procede sobre a base do revide ou da pura oposição, descuidar-se-á destas questões. Tenderá a supor que, porque a velha educação baseava-se em uma organização confecionada previamente, bastará revidar o princípio da organização *in toto*, em lugar de esforçar-se para descobrir o que ele significa e como se o há de alcançar sobre a base da experiência. Poderíamos seguir com todos os pontos de diferença entre a nova e a velha educação e alcançaríamos conclusões semelhantes. Quando se revida o controle externo, surge o problema de encontrar os fatores de controle que são inerentes à experiência. Quando se revida a autoridade externa, não se segue que deva revidar-se toda autoridade, senão que é necessário buscar uma fonte de autoridade mais eficaz. Porque a velha educação impusera o conhecimento, os métodos e as regras de conduta da pessoa adulta ao jovem, não se segue, exceto sobre a base da filosofia extremista do "um ou do outro", que o conhecimento e a destreza da pessoa madura não

---

ou dos valores sociais e morais. O que ele não podia admitir é que isso pudesse ser obtido por meios impositivos resultando de uma concepção de experiência em termos estáticos. Daí, também a errônea interpretação de que pessoas pouco conhecedoras de sua obra dão àquela afirmação de que a educação não tenha outro fim "senão mais educação". Mais educação significa maior capacidade de pensar, comparar e decidir com acerto e íntima convicção. De outra forma, não há liberdade". John Dewey, *Vida e Educação,* ed. cit., prefácio de Lourenço Filho. Mas, a questão complica-se mais ao atentar-se para esta terceira observação: "Expõe John Dewey que o homem perfeito é o que se adapta à sociedade, da maneira que melhor sirva aos interesses dela e só a eles; *Democracia e Educação* é o manual da teoria da educação em que o homem foi feito sem liberdade e psicologia individuais, em função da sociedade e do ambiente". José Antônio Tobias, *op. cit.,* p. 112.

tenha valor para a experiência da imatura. Pelo contrário, basear a educação sobre a experiência pessoal pode significar contactos mais numerosos e mais inéditos entre o ser maduro e imaturo que os que existiam na escola tradicional e, conseqüentemente, ser mais um guia em vez de sê-lo menos para os outros. O problema é, pois, ver como podem estabelecer-se esses contactos sem violentar os princípios do aprender mediante a experiência pessoal (27). A solução deste problema requer uma filosofia bem meditada dos sociais que operam na constituição da experiência individual.

O que se indicou nas observações anteriores é que os princípios gerais da nova educação não resolvem por si mesmos nenhum dos problemas da direção e organização reais ou práticas das escolas progressivas. Pelo contrário, aqueles apresentam novos problemas que terão de ser resolvidos sobre a base de uma nova filosofia de experiência. Os problemas não são reconhecidos e muito menos resolvidos, quando se supõe que basta revidar as idéias e práticas da antiga educação e passar ao extremo oposto (28). Sem embargo, estou convencido de que se compreenderá o que penso quando digo que muitas das escolas novas tendem a fazer pouco ou nada a respeito de um programa organizado de matérias de estudo. Proceder como se qualquer forma de direção e guia pelos adultos fosse uma invasão da liberdade individual, e como se a idéia de que a educação concerne só ao presente e ao futuro, significa que o conhecimento do passado desempenha pouco ou nenhum papel na educação. Sem levar estes defeitos ao extremo exagero, explicam ao menos o que significa uma teoria e prática de uma educação

---

(27) "O que queremos e necessitamos é uma educação pura e simples, e realizaremos progressos mais seguros e rápidos quando nos dedicarmos a descobrir justamente o que é educação e as condições que se hão de cumprir para que a educação possa ser uma realidade, não um nome ou um grito de combate. Por esta razão, somente, acentuei a necessidade de uma sã filosofia da experiência." John Dewey, *Experiencia y educación,* ed. cit., p. 117.

(28) Dewey julga que, assim como há exageros na velha educação, há-os também na nova. Nesta, o perigo está em considerar como aquisições definitivas as forças e interesses presentes da criança. John Dewey, *Vida e Educação,* ed. cit., p. 50.

que procede negativamente, ou por reação, frente ao que em educação é corrente, em vez de fazê-lo por um desenvolvimento positivo e construtivo de propósitos, métodos e matérias sobre a base de uma teoria da experiência e de suas possibilidades educativas.

Não é excessivo afirmar que uma filosofia da educação que pretenda basear-se na idéia de liberdade possa chegar a ser tão dogmática como o era a educação tradicional frente à qual reage. Pois toda teoria e seríe de práticas são dogmáticas quando não se baseiam sobre o exame crítico de seus próprios princípios básicos. Digamos que a nova educação exalta a liberdade do aluno. Muito bem. Um problema surge agora. Que significa a liberdade e quais são as condições sob as quais é capaz de realização? Digamos que o gênero de imposição externa que era tão comum na escola tradicional limitava muito mais que fomentava o desenvolvimento intelectual e moral do jovem. Muito bem, outra vez. O conhecimento desse sério defeito coloca um novo problema. Precisamente, qual é o papel do mestre e dos livros ao fomentar o desenvolvimento educativo do ser imaturo? Admitamos que a educação tradicional empregava como matéria de estudo fatos e idéias tão correlacionadas com o passado que davam pouca ajuda para tratar dos sucessos do presente e do futuro. Muito bem. Agora temos o problema de descobrir a conexão que existe atualmente *dentro* da experiência entre os fatos do passado e os sucessos do presente. Temos o problema de descobrir como o conhecimento do passado pode converter-se em um instrumento potente para tratar eficazmente o futuro ([29]). Podemos revidar o conhecimento do passado como o *fim* da educação e, portanto, realçar sua importância só como um *meio*. Ao fazer

---

(29) "Como afirmei mais de uma vez, o caminho da nova educação não pode ser seguido tão facilmente como o velho caminho, senão que é muito penoso e difícil. Assim o continuará sendo até sua maioridade, e isso exigirá muitos anos de sério trabalho cooperativo por parte de seus adeptos. O maior perigo que ameaça seu futuro, é, creio eu, a idéia de que seja um caminho fácil, tão fácil que se possa improvisar seu curso, senão de maneira repentina, pelo menos de um dia para o outro, ou de uma semana para a outra." John Dewey, *Experiencia y Educación,* ed. cit., pp. 116 e 117. Pelo menos, nisto Dewey não se equivocou.

isto nos encontramos com um problema que é novo em história da educação: Como chegará o jovem a conhecer o passado de modo que esse conhecimento seja um poderoso agente na apreciação da vida presente?

> (John Dewey, *Experiencia y Educación*, trad. arg., 9.ª ed. Buenos Aires, Editorial Losada, S/A, 1967, pp. 11 a 20.)

C. *MARIA MONTESSORI* (1870 a 1952).

1. *Notícia sobre o autor.* Maria Montessori é natural da Itália. Foi a primeira mulher a cursar a Universidade de Roma. Nomeada auxiliar da Clínica de Psiquiatria, entrou em contacto com crianças anormais, interessando-se muito pelos estudos delas. Inspirou-se em Itard [30] e Séguin [31]. Expos suas idéias sobre o tratamento de deficientes no Congresso Pedagógico de Turim. O Ministério da Instrução Pública entusiasmou-se com seus estudos e convidou-a para dar um curso a professores.

Posteriormente, achando que os métodos de ensino para crianças normais estavam bastante atrasados, Montessori resolveu aplicar o resultado de suas investigações também a elas. Abriu, então, a primeira *Casa dei bambini,* em 1907.

Outras escolas, inspiradas em seus princípios, não tardaram a propagar-se por muitas localidades da Itália e outros países. Helen Parkhurst, discípula de Montessori e criadora do Plano Dalton, ministrou um curso para preparação de professores do método, na América do Norte. Os princípios montessorianos também se estenderam na Alemanha, Holanda, Dinamarca, Inglaterra, Escócia, Hungria, Espanha, Canadá, México, Venezuela, Brasil e muitos outros países.

---

(30) A respeito de Itard, Montessori diz que "foi o primeiro educador a pôr em prática a *observação* do aluno" e que seus trabalhos pedagógicos "representam os primeiros passos no caminho da pedagogia experimental". Para ela, ainda, "Itard pode ser considerado o fundador da pedagogia científica, e não Wundt e Binet, que são, na realidade, os fundadores de uma psicologia fisiológica, que pode ser, também, facilmente aplicada nas escolas". Maria Montessori, *Pedagogia Científica,* trad. bras., São Paulo, Livraria Flamboyant, 1965, p. 29.

(31) A iminente educadora também não esconde seu entusiasmo por Séguin, ao dizer: "...interessando-me pelas crianças mentalmente deficientes, vim a conhecer o método especial de educação idealizado por Edoard Séguin para esses pequenos infelizes, compenetrando-me da idéia, então nascente, admitida, mesmo nos círculos médicos, da eficiência da cura "pedagógica" para várias formas mórbidas, como a surdez, a paralisia, a idiotia, o raquitismo, etc." *Id., ibid.,* p. 27.

De início, depois de ter decidido aplicar o método às crianças normais, Montessori fê-lo apenas na faixa da idade pré-escolar; depois estendeu-o à segunda infância. Mais tarde, em alguns países, outras experiências foram feitas e o método foi aplicado até mesmo a adolescentes. É o caso da Dinamarca, onde Montessori ganhou notável penetração, chegando o método a ser aplicado a rapazes de até quinze anos. É o caso, ainda, do Liceu Montessori de Amsterdã, onde foi aplicado a jovens entre doze e dezoito anos.

Hoje, ninguém mais ignora Maria Montessori no campo da educação. É sempre lembrada, quer para ser enaltecida, pelas inúmeras contribuições que trouxe à Pedagogia, quer para ser criticada por aqueles que não acreditam mais nos frutos de seu método (32).

Entre as obras mais conhecidas de Maria Montessori, destacam-se: *Pedagogia Científica, A Criança*, e *Etapas da educação*,

2. *O método Montessori e a educação moderna*. Este texto, a exemplo do de Kerschensteiner, foi extraído da obra já citada de Lorenzo Luzuriaga (33). E, também, apresenta-se como um todo completo que supõe as idéias essenciais do autor.

3. *Elementos para o comentário do texto*. Maria Montessori procura demonstrar, através do artigo, o que é seu método. Enaltece a importância do ambiente no que se refere tanto ao local, quanto ao mobiliário.

Fala, também, sobre uma educação para idade mais avançada, propondo-lhe o respectivo programa de estudos. Demonstra que o fim de seu método é "a busca da "saúde psíquica" e, através dela, a possibilidade de satisfazer as necessidades espirituais da alma humana".

O método visa a libertar o menino do professor (34); o aluno, através de atividades pessoais, descobrirá o que lhe é necessário e possível obter. Criar condições para agir e conceder liberdade para manifestar-se — eis o caminho certo para o conhecimento do menino.

---

(32) Um educador brasileiro, abordando o problema de nossas casas de ensino, escreve: "Para muitas escolas, o *dernier cri* é ainda o método Montessori, devidamente mistificado por Lubienska. A formação do professorado está atrasado de mais de um século de conquistas pedagógicas, psicológicas e sociológicas". Lauro de Oliveira Lima, *O Impasse na Educação*, Petrópolis, Editora Vozes Ltda., 1968, p. 55.

(33) Cf. nota de rodapé n.° 2, neste mesmo capítulo, p. 284.

(34) Cf. nota de rodapé n.° 40, neste mesmo capítulo, p. 311.

4. Texto.

O método Montessori e a educação moderna

O método Montessori é a resolução prática de muitos problemas pedagógicos que hoje se apresentam nas questões educativas: como o problema da educação individual, da educação espontânea, da liberdade, do desenvolvimento da vontade, etc. Todos estes problemas principais juntos, resolvem-se, ou melhor, as questões desaparecem ante o novo plano que abre assim, de um modo simples, o caminho real.

O menino teria, por sua natureza, a capacidade de desenvolver-se espontaneamente, desde o ponto de vista psíquico; mas encontra duas dificuldades: uma é o ambiente, incapaz de oferecer os meios necessários ao seu desenvolvimento; a outra é o trabalho do adulto, que involuntariamente constrói obstáculos que impedem o desenvolvimento do menino. *Criar* um ambiente apropriado ao menino é o estudo "científico" mais importante do método Montessori. O ambiente refere-se tanto ao local e ao mobiliário, como aos objetos que conduzem diretamente ao desenvolvimento mental (material didático) [35].

Neste ambiente, criado para ele, e determinado sobre larga e exata experiência, o menino pode desenvolver sua vida, não sofrer uma educação no sentido que se entende ordinariamente. Os móveis, em dimensão e peso apropriados à sua atividade motriz, os objetos úteis em uma casa onde possa desenvolver múltiplas ações, exigem uma atividade ordenada e inteligente [36]. O que, em outros tempos, foi um campo de jogo e ficções para o menino, converte-se aqui em campo de trabalho e realidade. O menino pequeno tem um armário pessoal para suas próprias roupinhas, guarda-louças verdadeiros, mesas para comer, pratos e vasos com os quais pode preparar a mesa. Veste-se, desveste-se,

---

(35) Junto com o material didático, concede-se decisiva importância ao ambiente, que deverá ser são e agradável.

(36) A sala de aula converter-se-á num lugar atraente para que possa oferecer à criança motivos de atividade.

sacode-se, escova-se, põe e tira a mesa e realiza, não por jogos, mas verdadeira e utilmente, as ações necessárias à vida ([37]).

Ademais, tem à sua disposição vários objetos, experimentalmente determinados, que possuem a propriedade de atrair intensamente sua atenção e provocar exercícios espontâneos, que constituem na contínua repetição do mesmo ato. Com estes meios desenvolve sua atividade sensorial na distinção das cores, da forma, da qualidade tátil e térmica, dos ruídos e dos sons. Isto coloca a criança num estado de "preparação" tão intensa que pode observar as coisas externas, e se interessa vivamente por tudo que a rodeia. Outros objetos preparam a mobilidade da mão do menino de um modo tão fino e complexo, que chega a desenhar e a escrever sem nenhum esforço, e o ato da escrita adquire a forma de uma explosão motriz, preparada intensamente em seus componentes elementares. Assim, o menino de 4 ou 5 anos converte-se em uma pessoa que se basta a si mesma, que sabe observar inteligentemente as coisas, que sabe ler e escrever; etc. ([38]).

([37]) Na mesma sala, ou se for possível, numa pequena habitação anexa, as crianças deverão ter à sua disposição um lavabo, escovas, toalhas, esponjas, bacias, etc. Será interessante que os alunos comam na escola; nesse caso, deverão ter, também, à sua disposição, pratos, toalhas de mesa, talheres, copos, guardanapos, bem como vasos para flores (porque se deve procurar satisfazer, ao lado das necessidades físicas — alimentação — as necessidades psíquicas — alegria).

([38]) O fato é narrado pela autora do método, referindo-se a crianças normais de uma das primeiras *casa dei bambini*, de San Lorenzo, em Roma; "Era um dia ensolarado de dezembro; havíamos subido ao terraço. As crianças brincavam, correndo livremente; algumas tinham ficado perto de mim; assentara-me junto ao tubo da chaminé; logo depois, disse a uma menina de 5 anos, ao mesmo tempo que lhe dava um pedaço de giz: "Desenha esta chaminé". Ela inclinou-se e desenhou, de maneira reconhecível, sobre o pavimento, a chaminé; como era de meu hábito, prorrompi em elogios.

A criança me olhou, sorriu, ficou como que prestes a explodir de alegria; depois, exclamou: "Eu sei escrever; já sei escrever!", e, inclinando-se novamente, pôs-se a escrever no chão: mão (em italiano, *mano*); depois, entusiasmada, escreveu ainda: chaminé (em italiano, *camine*); e, finalmente: teto (em italiano, *tetto*). E, enquanto escrevia, continuava

Sobre o mesmo princípio pode desenvolver-se a vida psíquica em idade mais avançada. É necessário determinar experimentalmente um ambiente de vida psíquica (de trabalho), buscando o material capaz de atrair o interesse e atividade do menino. Deste modo foi já determinado o método para todos os graus elementares; os meninos aprendem Gramática, Aritmética, Geometria, Línguas Estrangeiras, Desenho, Música e aperfeiçoam-se na Literatura até o estudo da métrica. Ademais, para os meninos maiores, desenvolve-se aquela atividade espontânea que conduz à compreensão das coisas e a uma sensível precocidade de aprender. Mas o que tem mais valor é o desenvolvimento da disciplina, que vem se desenrolando no menino através desta atividade ordenada, movendo-se sempre em meio de fins claros e interessantes ([39]). O menino que trabalha, escolhe suas ocupações e sente suas responsabilidades, desenvolve o poder volitivo, isto é, a enérgica capacidade de atuar, a rápida decisão da eleição, a constância no trabalho. Uma atmosfera de amor, de serenidade, de paz, surge nesta comunidade ativa e inteligente. Coisa muito clara de compreender quando já está estabelecida. Com efeito, como pode desenvolver-se a individualidade senão por ações da individualidade mesma? Acreditávamos ser o mestre, a mãe, as pessoas que deviam desenvolver a atividade do menino; mas nada pode desenvolver a atividade

---

a exclamar: "Eu sei escrever; já sei escrever!" As outras crianças, acorrendo aos seus gritos, fizeram um círculo ao seu redor, olhando-a admiradas. Duas ou três dentre elas, vibrando de entusiasmo, me pediram também pedaços de giz: "Giz!... Eu também sei escrever!"; e, efetivamente, puseram-se a escrever palavras várias: *mamãe, papai, Rita*. Algumas dentre elas jamais tinham segurado um giz ou algum outro instrumento de escrita; era a *primeira vez* que escreviam. Traçavam uma palavra inteira, assim como, quando pela primeira vez falaram, disseram igualmente uma palavra inteira". Maria Montessori, *op. cit.*, pp. 207 e 208.

(39) "...como manter a *disciplina* numa classe de crianças completamente livres em seus movimentos?

Inicialmente, convém dizer que é bem outra a nossa concepção de *disciplina*. A disciplina deve, também ela, ser *ativa*. Não é um disciplinado o indivíduo que se conserva artificialmente silencioso e imóvel como um paralítico. Indivíduos assim são aniquilados, não disciplinados." *Id., ibid.*, p. 45.

de outro; cada qual pode desenvolver a própria coin o próprio esforço constante no exercício ([40]).

O que diferencia o método Montessori dos modernamente surgidos nas chamadas "Escolas Novas" é a interpretação das necessidades profundas da alma humana. As chamadas "Repúblicas Infantis" consideram as ações externas como as que dirigem e aperfeiçoam o homem. Estas puseram sobre a responsabilidade da coletividade infantil a sanção dos próprios atos, colocando nas mãos dos meninos os princípios sociais que regem a vida coletiva do adulto e criando uma espécie de "democracia" na escola.

Nada disso tudo se encontra no método Montessori. É um ponto de vista puramente naturalista ou bem mais *espiritual*, aquele que unicamente informa no método Montessori. A busca da "saúde psíquica" e, através dela, a possibilidade de satisfazer as necessidades espirituais da

---

(40) Falando sobre as necessidades da criança de 7 a 12 anos, diz Montessori: "L'éducation doit être un guide, en cette période plus critique de la vie et de l'école; aussi faut-il enseigner au maître ses limites, tout comme nous les lui avions établies à l'égard du petit enfant. Pour le petit enfant, il devait "compter ses mots", ici, il doit être sûr de ce qu'il doit faire, de ce qu'il doit dire, et de la mesure dans laquelle il doit répondre aux questions. Il doit avoir clairement conscience que son devoir est de dire peu, de ne dire que la vérité, et non pas toute la vérité. Ici encore, il doit dire le "nécessaire et le suffisant". Ce qui est indispensable à l'enfant, c'est de sentir la sécurité de l'adulte.

L'essentiel pour lui, dans toutes les périodes de sa vie, c'est de disposer de possibilités d'activités propres, afin de conserver un équilibre entre l'acte et la pensée. Sa pensée aurait, en effet, tendance à se perdre dans l'abstraction par des raisonnements sans fin, de même que le petit enfant se perdait dans la fantaisie dans le monde du fantastique. Au petit enfant, nous apportions des objets déterminés dans une ambience préparée par lui; il y acquérait son indépendence, grâce à son propre effort, et son activité lui conférait la dignité. C'était sa propre expérience qui lui apportait des réponses exactes. *Le rôle de l'éducation consiste à intéresser profondément l'enfant à une activité extérieure à laquelle il consacrera toutes ses possibilités.* Il s'agit de lui apporter la liberté et l'indépendance en l'intéressant à une réalité que son activité lui fera découvrir par la suite. Et c'est pour lui le moyen de s'affranchir de l'adulte". *De l'enfant a l'adolescent*, traduit par Georgette J. J. Bernard, 2.ª ed. Belgique, Desclée de Brouwer, s/d, pp. 25, 26 e 27.

alma humana, é o único fim da escola Montessori [41]. Não devemos dar aos meninos imaturos nossos princípios sociais; não nos devemos fazer de juízes, nem de diretores na coletividade dos meninos, senão dar-lhes só os meios necessários a fim de que os meninos imaturos alcancem a plenitude da conquista da saúde interior. Um companheiro que sanciona seus condiscípulos vai contra a lei da justiça que diz: "não julgar", e ademais, descarrega sobre os ombros das gerações futuras os erros e as injustiças sociais que talvez sejam um impedimento à nossa felicidade e bondade. Deixemos que as vidas novas se manifestem em suas expressões naturais e talvez nós, adultos, aprendamos dos meninos mais altas formas de justiça e moralidade [42].

Nas repúblicas infantis o mestre atua menos diretamente, é verdade; mas deposita sobre os ombros do menino as leis, as injustiças, os erros que há na sociedade dos adultos. Antes de retirar-se, dá-lhes uma lei mais opressora que ele mesmo; não lhes dá a liberdade de desenvolver-se segundo as íntimas necessidades da vida espiritual. Até nas escolas chamadas modernas, onde se crê dar a educação individual, existe uma acentuada diferença com as escolas de Montessori. Ali existe um mestre que ensina a cada aluno, em lugar de ensinar uniformemente à coletividade. Conceito profundamente diferente do de Montessori, que consiste em livrar o menino do mestre que ensina, e em substituir o mestre por um ambiente onde o menino

---

(41) "Estamos ainda influenciados por preconceitos e idéias fixas: verdadeiros escravos do pensamento. Cremos que a liberdade de consciência e de pensamento consiste na negação de alguns princípios, entre os quais os princípios religiosos; visto não existir liberdade quando se luta por abafar alguma coisa; só há liberdade quando é permitida uma limitada expansão da vida. Aquêle que, verdadeiramente, não crê, não poderá temer aquilo em que não crê, nem combater o que, para ele, não existe." Maria Montessori, *Pedagogia Científica,* ed. cit., p. 298.

(42) "Le problème de l'éducation présente aujourd'hui une importance d'ordre général. Il faut que sa solution aide et protège le développement de l'homme. C'est en aidant à l'amélioration de l'individu, que l'éducaction doit améliorer la societé." Maria Montessori, *De l'enfant a l'adolescent,* ed. cit., p. 106.

possa escolher o que é apropriado a seu esforço pessoal e às necessidades íntimas de sua personalidade ([43]).

Enfim, até o outro critério moderno de se ter que conhecer o educando antes de educá-lo, sobre o qual se fundamenta o predito "educação individual", é também distinto do princípio científico e do método de Montessori. Segundo este não se pode conhecer o educando *a priori*, porque as atividades psíquicas são "latentes" e só a concentração e a atividade podem revelá-los. E, por isso, a educação mesma é a que faz manifestos os caracteres psíquicos infantis: é a "pedagogia" que revela a psicologia, e não vice-versa. Para conhecer o menino é necessário oferecer-lhe os meios necessários à sua vida interior e deixá-lo em liberdade para manifestar-se.

> (Lorenzo Luzuriaga, *Ideas pedagógicas del siglo XX*, Buenos Aires, Editorial Nova, 1954, pp. 148 a 151.)

---

(43) Montessori acredita firmemente que nenhum ser humano pode receber educação de outro ser. O que a criança não aprende por ela mesma, jamais aprenderá.

313

BIBLIOGRAFIA

1. AGUAYO, A. M. — *Novas Orientações da Educação*, trad. bras., São Paulo, Saraiva & Cia., 1939.
1. DE HOVRE, F. — *Pensadores Pedagógicos Contemporâneos*, trad. esp., Madrid, Ediciones Fax, 1951.
3. FOULQUIÉ Paul — *As Escolas Novas*, trad. bras., São Paulo, Companhia Editora Nacional, 1952.
4. HUBERT, René — *História da Pedagogia*, trad. bras., São Paulo, Companhia Editora Nacional, 1957.
5. LARROYO, Francisco — *História General de la Pedagogia*, 10.ª ed. México, Editorial Porrúa, 1967.
6. LUZURIAGA, Lorenzo — *Ideas pedagógicas del siglo XX*, Buenos Aires, Editorial Nova, 1954.
7. RUDE, Adolf — *La Escuela Nueva y sus Métodos*, volumen I, adaptación española de R. Crespo y F. Payarola, Col. *El Tesoro del Maestro*, Barcelona, Editorial Labor, S/A, s/d.
8. SANTOS, Theobaldo Miranda — *Noções de História da Educação*, 4.ª ed. São Paulo, Companhia Editora Nacional, 1952.